Psychologie und Sozialmedizin in der Frauenheilkunde

Vorträge des 6. Fortbildungskurses „Gynäkologie und Geburtshilfe"
der I. Frauenklinik der Universität München

Herausgegeben von J. Zander und R. Goebel

Mit 19 Abbildungen

Springer-Verlag Berlin · Heidelberg · New York 1977

Prof. Dr. J. Zander
Direktor der I. Frauenklinik
und Hebammenschule der Universität
Maistraße 11, 8000 München 2

Priv.-Doz. Dr. R. Goebel
Oberarzt an der I. Frauenklinik
und Hebammenschule der Universität
Maistraße 11, 8000 München 2

ISBN-13: 978-3-540-08180-7 e-ISBN-13: 978-3-642-95299-9
DOI: 10.1007/978-3-642-95299-9

Library of Congress Cataloging in Publication Data. Zander, Josef, 1918– Psychologie und Sozialmedizin in der Frauenheilkunde. 1. Gynecology–Psychological aspects. 2. Gynecology–Psychosomatic aspects. 3. Gynecology–Social aspects. 4. Sexual disorders. I. Goebel, Richard, 1939– joint author. II. Title. RG103.5.Z36 618.1'001'9 77-3143

Das Werk ist urheberrechtlich geschützt. Die dadurch begründeten Rechte, insbesondere die der Übersetzung, des Nachdruckes, der Entnahme von Abbildungen, der Funksendung, der Wiedergabe auf photomechanischem oder ähnlichem Wege und der Speicherung in Datenverarbeitungsanlagen bleiben, auch bei nur auszugsweiser Verwertung, vorbehalten.

Bei Vervielfältigungen für gewerbliche Zwecke ist gemäß §54 UrhG eine Vergütung an den Verlag zu zahlen, deren Höhe mit dem Verlag zu vereinbaren ist.

© by Springer-Verlag Berlin Heidelberg 1977.

Die Wiedergabe von Gebrauchsnamen, Handelsnamen, Warenbezeichnungen usw. in diesem Werk berechtigt auch ohne besondere Kennzeichnung nicht zu der Annahme, daß solche Namen im Sinne der Warenzeichen- und Markenschutz-Gesetzgebung als frei zu betrachten wären und daher von jedermann benutzt werden dürfen.

2123/3321-543210

Vorwort der Herausgeber

In der Frauenheilkunde der Gegenwart nehmen Probleme der
Psychologie, der Psychosomatik, der Sexualmedizin und der
Sozialmedizin zunehmend einen breiten Raum ein. Sie haben
nicht nur infolge der in diesem Fachgebiet längst erkann-
ten mannigfachen Wechselbeziehungen mit manchen Erkrankungen der weiblichen Fortpflanzungsorgane wowie Störungen der
Fortpflanzungsfunktionen ihre Bedeutung. Eine Medizin, die
bereit ist, sich nicht nur dem körperlichen, sondern ebenso
dem psychischen Wohlbefinden des Patienten zuzuwenden, muß
notwendig solche ehemaligen Randgebiete mit in das Zentrum
ihrer Wirksamkeit einbeziehen. Für die Frauenheilkunde trifft
dies vielleicht in besonderer Weise zu. Dieses Fachgebiet begleitet Frauen über weite Spannen ihrer Lebensphasen, von
denen jede ihre eigenen psychologischen, psychosomatischen,
sexuellen und sozialen Probleme mit sich bringt. Frauenärz-
tinnen und Frauenärzte gewinnen außerdem in ihrer praktischen
Tätigkeit vielfach einen schnelleren und engeren Kontakt mit
Bereichen der Intimsphäre des anderen als es sonst in der
Medizin üblich ist. Sie müssen sich aus solchen Gründen neben
den medizinisch-naturwissenschaftlichen Kenntnissen ein außer-
ordentliches Rüstzeug und Erfahrungsgut aus den genannten Gebieten erwerben, wollen sie der Fülle der ärztlichen Begegnungen, von denen jede in gewisser Weise einzigartig ist,
auch nur einigermaßen gewachsen sein. Sie müssen außerdem
erlernen, die eigenen Verhaltensweisen in diesen Begegnungen
ebenso sorgfältig zu beobachten und zu erkennen wie die des
Partners; denn es hängt sehr wesentlich von diesem Verhalten
ab, ob eine Frau die Bereitschaft gewinnt, sich mehr und mehr
zu eröffnen, oder ob sie sich trotz des Verlangens nach Hilfe
eher verschließt.
Die vorliegende Monographie will in dieser Richtung Orien-
tierungshilfen geben. Sie ist entstanden aus den Vorträgen
und nachfolgenden Diskussionen des 6. Fortbildungskurses in
der I. Frauenklinik und Hebammenschule der Universität München
in der Zeit vom 17. bis 19. März 1976, in dem aktuelle und
praxisbezogene Themen aus dem höchst umfangreichen Gesamtge-
biet behandelt wurden. Die Monographie richtet sich an alle,
die sich zu Problemen des Fachgebietes der Frauenheilkunde
besonders hingezogen fühlen und die bereit sind, besser verstehen zu lernen. Sie geht davon aus, daß der Frauenarzt eben-

so wie der Arzt für Allgemeinmedizin keineswegs gleichzeitig
ein perfekter Psychologe, Psychotherapeut, Sexualmediziner oder
Sozialmediziner sein kann, und daß eine differenzierte Diagnostik
und Behandlung in dieser Richtung dem sachkundigen Spezialisten
vorbehalten bleibt. Er muß aber in der Lage sein, alle pathogenetischen Faktoren, auch aus den hier angesprochenen Bereichen, in seine differentialdiagnostischen Überlegungen mit einzubeziehen. Durch die voreilige Diagnose eines primär organisch
bedingten Leidens ohne ausreichende Berücksichtigung psychogener Faktoren kann ebensoviel Schaden angerichtet werden wie
umgekehrt durch die voreilige Diagnose eines psychogen bedingten Leidens ohne ausreichende Berücksichtigung somatischer
Faktoren.

Mitarbeiterverzeichnis

BENKERT, O., Priv.-Doz. Dr.,
Psychiatrische Klinik und Poliklinik der Universität
München, Nußbaumstr. 7, D-8000 München 2

BRÄUTIGAM, W., Prof. Dr.,
Psychosomatische Klinik der Universität Heidelberg,
Voßstr. 2, D-6900 Heidelberg

EICHER, E., Priv.-Doz. Dr.,
II. Frauenklinik der Universität München, Lindwurmstr. 2a,
D-8000 München 15

FIKENTSCHER, R., Prof. Dr.,
Noéstr. 21, D-8000 München 71

FRICK, Viola, Dr. phil., Dipl. Psych.,
Universitäts-Frauenklinik Tübingen, Schleichstr. 4,
D-7400 Tübingen

GOEBEL, R., Priv.-Doz. Dr.,
I. Universitäts-Frauenklinik München, Maistr. 11,
D-8000 München 2

HEUSER, Hedda, Dr.,
Brünnsteinstr. 13, D-8203 Oberaudorf

KOCKOTT, G., Dr.,
Max-Planck-Institut für Psychiatrie, Psychologische Poliklinik München, Kraepelinstr. 10, D-8000 München 23

LAU, Ephrem Else, Dipl. Soz.,
Weilburgerstr. 5, D-6250 Limburg/Lahn

MALL-HAEFELI, Marianne, Priv.-Doz. Dr.,
Universitäts-Frauenklinik des Kantonsspitals Basel,
CH-4000 Basel

PRILL, H.J., Prof. Dr.,
Evangelisches Krankenhaus Bonn-Bad Godesberg, Waldstr. 73,
D-5320 Bonn-Bad Godesberg

SCHAEFER, H., Prof. Dr.,
 I. Physiologisches Institut der Universität Heidelberg,
 Im Neuenheimer Feld 326, D-6900 Heidelberg

WACHINGER, L., Dr., Dipl. Psych.,
 Institut für Lebens- und Eheberatung, Rückertstr. 9,
 D-8000 München 2

WENDERLEIN, J.M., Dr., Dipl. Psych.,
 Universitäts-Frauenklinik Erlangen, Universitätsstr. 21/23,
 D-8520 Erlangen

ZANDER, J., Prof. Dr.,
 I. Universitäts-Frauenklinik München, Maistr. 11,
 D-8000 München 2

ZERSSEN, D. v., Prof. Dr.,
 Max-Planck-Institut für Psychiatrie, Abt. für Psychiatrie,
 Kraepelinstr. 10, D-8000 München 40

Inhaltsverzeichnis

I. Sozialmedizinische Aspekte

H. Schaefer: Sozialmedizinische Probleme der Gynäkologie und Geburtshilfe 3
H. Heuser: Die Stellung der Frau in unserer Gesellschaft 17
M. Mall-Haefeli: Der Sozialmedizinische Dienst in der Praxis der Frauenheilkunde 31
E.E. Lau: Der Tod im Krankenhaus 53

II. Psychologische und psychosomatische Aspekte

H. Wachinger: Praxis der Eheberatung (und Partnertherapie) 67
W. Bräutigam: Psychologie der Empfängnisverhütung 77
J.M. Wenderlein: Psychologische Aspekte der Empfängnisverhütung 83
D. v. Zerssen: Psychische Störungen im Wochenbett 87
J.M. Wenderlein: Präoperative Psychologie in der Gynäkologie 111
R. Fikentscher: Psychologische Probleme in der sterilen Ehe 119
W. Eicher: Die Sterilisation der Frau und ihre Folgen .. 129
J.M. Wenderlein: Psychologische Aspekte bei der Hormonsubstitution im Klimakterium 135
R. Goebel: Das Problem der Angst in der Gynäkologie und Geburtshilfe 141
H.J. Prill: Das Sprechstundengespräch 155
V. Frick: Derzeitige Möglichkeiten der Aus-, Weiter- und Fortbildung im Bereich der Psychosomatik der Gynäkologie 165

III. Sexualmedizinische Aspekte

V. Frick: Diagnostik und Therapie weiblicher Sexualstörungen in der gynäkologischen Praxis 175
O. Benkert: Funktionelle Sexualstörungen beim Mann 189
G. Kockott: Die Transsexualität 197

Sachverzeichnis 205

I. Sozialmedizinische Aspekte

Sozialmedizinische Probleme der Gynäkologie und Geburtshilfe

H. Schaefer, Heidelberg

Der Sozialmediziner hat es mit den Wechselwirkungen zwischen Gesellschaft und Krankheit (oder Gesundheit) zu tun, der Geburtshelfer mit dem Leben zweier Menschen, die oft in gemeinsamer Gefahr stehen, also auch gemeinsam vom Tode gerettet werden können. Der Gynäkologe hat es mit dem Generationsorgan schlechthin zu tun, von dessen Funktion die Existenz der Menschheit in erster Linie abhängt. In beiden therapeutischen Diensten handelt es sich also um sozialmedizinisch besonders bedeutsame Tätigkeiten.

1. DIE SONDERSTELLUNG DER FRAU

Die Frau als "Zielgruppe" des Fachgebietes Frauenheilkunde hat über die Rolle als Trägerin der Fortpflanzung hinaus nun noch viele andere Besonderheiten. Es ist zunächst auffällig, daß wir Männer so gerne der Frau die Rolle der Erhalterin des Menschengeschlechts zuweisen, so als ob der männliche Anteil am Generationsvorgang statistisch zu vernachlässigen sei. Dieser Irrtum geht bis in die Meinung der Männer hinein, eine unfruchtbare Ehe sei in der Regel von der Frau verursacht. Wir sollten uns diesen Gesichtspunkt in all seinen Konsequenzen klar machen. Er hat eine lange Entstehungsgeschichte. Die männliche Haltung ist in Perioden der Menschheitsgeschichte entstanden, wo die Frau tatsächlich mit dem Austragen und Aufziehen der Kinder in Form eines "full time job" beschäftigt war. Die Senkung der perinatalen Sterblichkeit hat die Sinnhaftigkeit dieses "Geschäftes" zweifelhaft erscheinen lassen, denn wir verdanken ihr bekanntlich die katastrophale Bevölkerungsexplosion mit all ihren Folgen in erster Linie. Was dann durch die Senkung der Kinderzahl aus der Frau wurde, kann man eigentlich nur mit dem Zustand der männlichen "Arbeitslosigkeit" vergleichen. Wir Männer suchen in solchen Fällen einen neuen Job, lassen uns z.B. umschulen, und was derzeit im weiblichen Lager geschieht, ist eine natürliche soziale Folge der Verlagerung der Tätigkeitsschwerpunkte. Die Frau ist nicht mehr die große Gebärerin, als die sie in Geschichte und Literatur einging. Der Mythos der Mütter (man denke an

Goethes Faust!) ist falsch geworden. Die "Emanzipation" der Frau ist nichts als ein großartiger Umschulungsprozeß, der die gesellschaftliche Funktion der Gebärerin durch die in einem industriellen Dienstleistungsbetrieb ersetzt. Bei ihm "Gleichberechtigung" zu fordern, ist erst dadurch sinnvoll, daß die Männer dieser Umschulung den inneren Konsensus weitgehend verweigern. Die eingeborenen Verhaltensmuster des "vorprogrammierten" Mannes, um EIBL-EIBESFELDT zu zitieren, legen dieser Entwicklung eben einige Hindernisse in den Weg (1).

Das wichtigste aller Hindernisse scheint mir darin zu liegen - und hier spreche ich als Physiologe -, daß der Mann, als Beauftragter für die Verteidigung der Art, eine Reihe genetisch fixierter, hormonaler Eigenschaften hat, die zu denen der Frau in einem Widerspruch stehen, der vor Jahrzehnten noch seinen Sinn hatte, nun aber sinnlos geworden ist. Der Mann hat ein erheblich höheres Aggressionsniveau. Das kennzeichnet schon die Buben in der Schule den Mädchen gegenüber. Buben sind dementsprechend kontaktschwächer. Fast nur Buben sind Stotterer, was man sofort versteht, wenn man weiß, daß Stottern gehemmte Aggression symbolisiert (2). Die *Frau* ist die Trägerin der sozialen Kohärenz. Das drückt sich dann in mancherlei Phänomenen aus. Buben haben mehr *Schulprobleme* als Mädchen (2), die Frauen sind diejenigen Vertreter der Familien, welche soziale Kontakte herstellen und pflegen. Wo die Ehefrau kontaktscheu ist (also männlich reagiert) bricht der soziale Kontext der Familie zusammen.

Diese Tatsachen sind hormonal bedingt. Man kann z.B. nachweisen (so in Experimenten des Labors v. EIFF in Bonn (3)), daß in erregenden Testsituationen Frauen sich weniger aufregen, dadurch weniger Blutdruckanstieg entwickeln. Die merkwürdige Zunahme der Hypertonie der Frauen in letzter Zeit ist daher ein besonders alarmierendes Symptom, das darauf hinweist, daß soziale Bedrohungen so stark geworden sind, daß sie diese hormonalen Schutzmechanismen zu überspielen beginnen. Der Infarkt ist übrigens ein Ereignis, bei dem die Risikofaktoren Hochdruck und psychosozialer Stress (die letztlich vielleicht identisch sind) eine dominierende Rolle spielen (4). Die Frau war bislang gegen den Infarkt erstaunlich immun. Gerade in den letzten 3 Jahrzehnten aber nahm die Infarkthäufigkeit der Frauen so erschreckend zu, daß auch hierin die Zunahme emotionaler und sozialer Risikofaktoren erweislich wird. Dies aber ist ein Symbol für andere, weniger leicht faßliche Umstellungen der hormonalen Sphäre. Auch die Generationsorgane stehen unter dem Kommando des zentralen Erregungsniveaus, über den Hypothalamus, über dessen Releasing Factors, welche Hypophysen-Hormone freisetzen oder hemmen, und die Hemmung der Produktion von Ovarialhormonen ist die notwendige Folge solcher sozialer Stimuli. Viele Probleme ehelicher Unfruchtbarkeit liegen primär hier.

Nun müßten solche Phänomene in ihrer Entstehungsgeschichte weiter zurückverfolgt ("hinterfragt") werden. Hier kommt uns sofort der Mechanismus in den Sinn, den wir soeben etwas schulmeisterlich mit "Umschulung" bezeichnet haben.

Die hormonalen Steuerungen sozialer Gleichgewichte sind, sofern diese Gleichgewichte genetisch fixiert sind, nur schwer sozialpolitisch beeinflußbar, um so schwerer, als der für Aggression und Verteidigung hormonal zuständige Partner in der Gesellschaft, der Mann, diese Politik weithin noch selber zu bestimmen hat. Man darf aber nicht von der sicher irrigen Hypothese ausgehen, als sei die Frau gegen soziale Deklassierung gleichsam hormonal unempfindlich.

Um eine "Deklassierung" aber handelt es sich wirklich, wenn man die "umgeschulte" Frau als einen sozialen, geschlechtsneutralen Faktor betrachtet. Diese soziale Deklassierung (die, um es zu wiederholen, nur im System "umgeschulter" Frauen auftritt) besteht in einer Reihe sozial evidenter Tatsachen:

1. Die Frau ist durchwegs schlechter bezahlt als der Mann. Diese Tatsache findet sich in allen Berufen. Sie drückt sich freilich dort, wo starre, geschlechtsneutrale Tarife herrschen, darin aus, daß Frauen durchschnittlich weniger hohe Tarifstufen, Beamtenstellen etc. erreichen. Darüber gibt es inzwischen viele Dokumentationen. 1965 fanden sich z.B. im höheren Dienst der Ministerien nur 5%, unter Ordinarien nur 1,7% Frauen (5).

2. Die Frau ist durchwegs schlechter ausgebildet.

3. Die Frau wird vom Mann immer noch als ein Mensch betrachtet, die ihm "unterstellt" ist ("Zuhause regiere ich", soll Prinz Bernhard gesagt haben). Wo Frauen in leitenden Stellungen Männer als Untergebene haben, macht sich das oft drastisch im Ausbruch von Rollenkonflikten bemerkbar.

Dabei ist folgendes durch Testung erwiesen: die Frau ist nirgendwo in der Arbeit dem Mann *unter*legen, oft sogar merklich überlegen (6). In der Schule haben wir Jungens uns über die Tatsache der "besseren" Mitschülerin damit getröstet, daß wir uns eine höhere "Kreativität" zuschrieben, die sich eben nicht in Schulnoten ausdrückt, ja sie sogar senken mag, da die "Pauker" eben schulmeisterlich genormte, und nicht kreativ-absonderliche Leistungen honorieren. Daran ist zwar ein Korn Wahrheit. Frauen sind in ausgesprochen kreativen Berufen in der Tat statistisch schlechter vertreten, und die Hochintelligenz, die sich im Berufsleben als solche ausweist, hat oft (keineswegs immer!) schlechte Schulnoten (als Beispiel: Studienstiftung!). Kreativität ist mit Aggression gekoppelt, und das macht Frauen, hormonal bedingt, etwas weniger kreativ. Wer aber hochbegabte Frauen kennt (ich habe sie in der Studienstiftung jahrelang beobachten können), zweifelt daran, ob dieser Mangel der Frau de facto so groß ist, ob es der Frau nicht vielmehr auf andere Dinge ankommt als dem Mann.

2. DAS PROBLEM DER GLEICHBERECHTIGUNG

Der Gesetzgeber hat nun, in einer kaum angreifbaren Weise, der Frau die Gleichberechtigung gegenüber dem Mann in Art. 12 GG zugesprochen. Ein Urteil des BVerG (24.7.1963) hat überdies der Frau bescheinigt, daß die Tätigkeit als Mutter (und als Hausfrau selbst im kinderlosen Haushalt) einer vollen Berufstätigkeit gleichkommt. Welch altmodische Ansichten! Die Frau begehrt nun, nach Art. 1 GG, die Möglichkeit, sich ihren Neigungen entsprechend zu entwickeln, gleich wie sie aussehen oder ob sie sozial tolerabel sind.

Das Jahr der Frau hat wohl dazu beitragen sollen, der Männerwelt einiges von diesen Problemen nahezubringen. Ich bezweifle, daß sich viel geändert hat. In Fragen, die so emotional beladen sind, nutzt erfahrungsgemäß bloße Belehrung wenig. Wir kennen diese Nutzlosigkeit z.B. von der Raucherkampagne. Der Kampf um die Gleichberechtigung der Frau ist daher nur mit anderen Mitteln zu führen, und er steht überdies in Gefahr, ständig mit falschen Argumenten zu operieren. Die Frau sollte *gleichberechtigt* sein, doch fragt sich, wie man die Rechte definieren könnte. Rechte gründen sich immer auf *Funktionen* gesellschaftlicher Art und werden erstritten, um *Ansprüche* zu legalisieren. Ich habe fast nie davon gehört, daß man die *spezifischen* Rechte der Frau im Kampf um die Gleichberechtigung hervorhob. Vielmehr waren es de facto gleiche *Formalrechte*, die man erstritt, denen notwendigerweise gleiche *Formalpflichten* zugestellt sind, was man im Zeitalter schrankenlosen Eigennutzes gerne vergißt, was aber ein gesellschaftspolitisch keineswegs erwünschter Zustand sein kann. Gleichberechtigung soll durch das Mittel des Rechts durchgesetzt werden. Das Recht ist, um RADBRUCH (7) zu folgen, die Wirklichkeit, die den Sinn hat, der Gerechtigkeit zu dienen, und Gerechtigkeit bedeutet Gleichheit. Doch sollte uns die abstrakte rechtsphilosophische Diktion nicht verleiten zu übersehen, daß Gleichheit nur unter vergleichbaren Verhältnissen definierbar ist. Mann und Frau sind aber nicht gleich. Ihre Gleichheit vor dem Gesetz kann also auch nur unter denjenigen Verhältnissen definiert werden, wo Mann und Frau gleich sind, und das ist im sozialen Bereich nur dort der Fall, wo wir die auf Dienstleistung industrieller Art umgeschulte Frau vor uns haben. Dort ist sie berechtigt und notwendig. Um so mehr aber muß die *Ungleichberechtigung* der Frau in anderen Sektoren betont werden, und das geschieht derzeit meist unter absolut schizophrenen Grundvorstellungen, bei denen die Verhältnisse vergleichbarer Situationen auf solche totaler Unvergleichbarkeit übertragen werden. Die Frau hat aber (als Geschlechtswesen) grundsätzlich andere Funktionen als der Mann, von denen keiner mehr spricht, die aber geschützt werden sollten, und nur dann schützbar sind, wenn die Männer diese Funktionen wieder total ernst zu nehmen bereit sind. Unsere gesellschaftliche Gefahr liegt gerade in dem Widersinn, daß unsere Frauen nicht willens sind, diesen Streit zu führen, im Gegenteil ihre biologischen Funktionen der falsch verstandenen Gleichberechtigung opfern, die "Umschulung" sozusagen auch selber fordern und perfektionieren, obgleich sie damit ihr eigenstes Wesen aufgeben.

3. DIE BIOLOGISCHE BEVORZUGUNG DER FRAU UND IHRE MEDIZINISCHEN PARADOXIEN

Die biologische Sonderstellung der Frau führt also, wie man am Kampf um die Gleichberechtigung sieht, zu Paradoxien, die sich im medizinischen Bereich noch an vielen Stellen nachweisen lassen. Bekanntlich hat die Frau eine längere Lebenserwartung als der Mann, die immerhin runde 6 Jahre ausmacht. Die längere Lebenserwartung der Frau ist begründet in ihrem hormonalen Schutz vor Streßfaktoren. Das zu beweisen, gelingt heute vielleicht noch nicht in allen Punkten, denn die Sterblichkeit der Frauen ist bei fast allen Krankheiten niedriger als die der Männer, und eine theoretisch befriedigende Rechnung liegt noch nicht vor. Vor allem sinkt diese Sterblichkeit fast überall rasch ab.

Hierbei gibt es sehr interessante Daten (Tabelle 1). Die Gesamtsterblichkeit der Frauen beträgt nur 66% der der Männer. Sie sinkt mit der Zeit ab, wobei die Abnahme aber merklich langsamer wird, während bei Männern die Sterblichkeit steigt. Man kann nun leicht diejenigen Krankheiten, bei denen Frauen eine relativ höhere Sterblichkeit als Männer aufweisen, feststellen. Es sind nur die Karzinome der Harn- und Geschlechtsorgane und der Brustkrebs, der Diabetes, die perniziöse Anämie, die multiple Sklerose, Erkrankungen der Gallenblase und seltsamerweise die Hypertonie (die aber in der Welt eine deutlich sinkende Tendenz aufweist).

Tabelle 1. Standardisierte Sterbeziffern 1967. (Zahlen aus: Das Gesundheitswesen. Hrsg. vom Bundesministerium für Jugend, Familie u. Gesundheit, Bd. 4)

	Männer	Frauen	% der weiblichen von der männl. Sterblichkeit
Alle Todesursachen	1086	717	66 %
Alle bösart. Tumoren	211	167	79
Bösart. Tumoren nur Geschlechts- u. Harnorgane	30	40	131
Brustkrebs	0,3	24	8000
Diabetes	11	15	136
Perniciöse Anämie	0,2	0,4	200
Multiple Sklerose	1,6	2,0	125
Hypertonie	17	20	118
Gallenblasenerkrankung	4	8	200

Diejenigen Todesursachen hingegen, die bei *Männern* stark an Häufigkeit zunehmen, nämlich Herzinfarkt, Lungenkarzinom, Bronchitis, Leberzirrhose und Verkehrsunfälle, zeigen bei Frauen eine Sterblichkeit, die prozentual weit unterhalb der durchschnittlichen relativen Sterbeziffer aller Todesursachen liegt (Tabelle 2). Freilich nehmen die *Häufigkeiten* dieser Todesursachen z.T. auch bei Frauen zu (bei Infarkt, Lungen-Ca, Leberzirrhose und Verkehrsunfällen), zwar meist prozentual langsamer, doch bei Autounfällen sogar rascher, was mit der zunehmenden Beteiligung der Frau am Autoverkehr vermutlich erklärt ist. Die Frauen holen also die Männer, was die Sterblichkeit anlangt, nicht ein. Sie erreichen aber vermutlich in rund 20 Jahren das Sterblich-

Tabelle 2. Standardisierte Sterbeziffern 1967. (Gesundheitswesen, Bd. 4)

	Männer	Frauen	Prozentsatz der weiblichen von der männl. Sterblichkeit
Alle Todesursachen	1086	717	66 %
Herzinfarkt	154	56	36 %
Lungenkarzinom	53	7	13 %
Bronchitis	22	6	27 %
Leberzirrhose	28	12	43 %
Verkehrsunfälle	43	13	30 %

keitsniveau, das die Männer derzeit aufweisen. Für die
Leberzirrhose wird das vermutlich auf den steigenden Alkoholkonsum zu beziehen sein, da beide eng miteinander korreliert sind (8).
 Eine Modelltheorie, welche diese Daten erklären könnte,
ist derzeit nur mit einiger Spekulation zu geben. Die starken Zunahmen der Sterbeziffern für Infarkt, Lungen-Ca und
Bronchitis der Männer ist auf Rauchen, Überernährung und
(last not least) *psychosozialen Stress* beziehbar (4).
Rauchen ist zum größten Teil selber eine Folge zunehmender
Stress-Situationen, wenngleich nach dem Augenschein insbesondere die Jugendlichen mehr als früher rauchen. Bei
Frauen ist die Streß-Situation weniger ausgeprägt, was
ihrer Biologie entspräche. Wohl aber ist die soziale Bilanz
der Frau zunehmend schlechter, was am steigenden Alkoholismus, auch an zunehmendem Tabakkonsum der Frauen ablesbar
ist. Sie flüchten sich in Ersatzbefriedigung und Betäubung.
Diese so harmlos erscheinenden Symptome sind tief beunruhigend. Denn gerade da die Frau ein so sehr psychisch ausgeglichenes Temperament hat, sind diese Entartungserscheinungen um so bedeutsamer. Die Frau scheint, wenn diese
Frühsymptome sozialer Krankheit nicht täuschen, rasch in
ein Stadium sozialer Dekompensation zu geraten, das die
Familie ihres wesentlichen Stabilisationsfaktors beraubt.
Die Prognose der gesellschaftlichen Zukunft wird dadurch
nicht gerade freundlich.

4. DIE MORBIDITÄTEN DER FRAU

Auch die Morbiditätsdaten bieten zahlreiche sozialmedizinische Probleme, die wenigstens erwähnt seien. Es erweist sich auch bei den gesellschaftsspezifischen Gesundheitsproblemen, was sich an der Gesamtbevölkerung leicht
nachweisen läßt: daß Morbidität und Mortalität keine
strikte Beziehung zueinander haben. Wir sterben zunächst
nicht an den Krankheiten, an denen wir krank sind (9).
Die häufigsten Todesursachen und die häufigsten Krankheitsursachen sind total verschieden. Karzinome und Infarkte
sind sehr seltene Beratungsursachen der praktizierenden
Ärzte. (Für den Gynäkologen sieht diese Statistik etwas
anders aus!) Die so erheblich längere Lebenserwartung der
Frau ist mit einer bedeutend höheren Morbiditätsziffer gekoppelt, eine Paradoxie, die überall anzutreffen ist.
 Wie Krankenstände immer, so sind auch die erhöhten Krankenstände der Frau sicher sozial bedingt, durch medizinischklinische Maßnahmen also kaum beeinflußbar. *Ledige* haben
einen minimalen Krankenstand, getrennt lebende und verwitwete einen besonders hohen. Frauen gehen prozentual

öfter als Männer aus Gründen zum Arzt, die man als psychosozial bezeichnen muß, wie BLOHMKE in einer Studie fand.

Eine besondere Paradoxie bieten die Risikofaktoren der Frau. Unter einem Risiko verstehen wir bekanntlich eine Gefahr, die wie das Korallenriff (riza = Wurzel) umfahren werden kann (risicare). Sie ist also unsichtbar, vermeidbar, aber im Kollisionsfall gefährlich, wenn nicht tödlich. Frauen haben nun in der Regel mehr Risikofaktoren als Männer, in unteren sozialen Schichten mehr als in der Oberschicht. Es sind freilich andere Risikofaktoren, was z.T. die geringere Sterblichkeit der Frau schon erklärt. Dennoch ist der hormonale Schutzfaktor gegen die Wirkung der Risiken offenbar ausschlaggebend.

Der größte Risikofaktor klassischer Art bei Frauen ist die Fettsucht. Man hat fast den Eindruck, daß diese zahllosen übergewichtigen Frauen der wandelnde Beweis dafür sind, daß irgend etwas an der Metaphysik unseres Risikofaktors "Fetternährung" nicht stimmt. Das sagen denn auch neue epidemiologische Befunde bei Männern (4).

5. SOZIALMEDIZINISCHE DATEN ZUR SCHWANGERSCHAFT UND GEBURT

Die Frau wurde soeben in ihrer Sozialrolle als Gebärerin apostrophiert. Die Veränderungen der Geburtenziffern, so bedrohlich sie für den Fortbestand der deutschen Bevölkerung sind, sollen uns dennoch hier nicht beschäftigen, zumal pessimistische Prognosen schwer zu erhärten sind. Nirgends so sehr wie auf dem Gebiet der Bevölkerungsbewegung sind Prognosen unsicher, da sich, wenn auch oft mit langer Phasenverschiebung, soziale Trendwenden einzustellen pflegen, welche die Methode der Hochrechnung unstatthaft machen. Hier gilt in ähnlichem Maße das, was für das Umweltproblem vom Club of Rome postuliert wurde: daß nämlich die Menschheit nicht blind ist und für deutlich erkennbare Gefahren meist Rückstellkräfte wirksam werden, solange es technisch praktizierbare Abhilfen gibt (10). Das ist sowohl bei der Überbevölkerung als auch beim Geburtenmangel der Fall.

Man beklagt oft den Verfall der Sitten. Auch das ist ein Problem, dem man mit oberflächlichen Diagnosen nicht beikommt. Die unreifen Ideen von Familienkommunen mit gemeinsamer Kindererzeugung und -aufzucht ("Jede schläft mit Jedem") sind von unseren Mädchen mit solcher Leidenschaft abgelehnt worden, daß die an solchen Experimenten immer etwas interessiertere Männerwelt zur Physiologie zurückgebracht wurde. Die angeborenen Verhaltensmuster sind stärker als Ideologien. Allerdings ist es richtig, wenn marxistische Revolutionäre hie und da zu behaupten scheinen, man untergrabe die kapitalistische Gesellschaft am besten durch sexuelle Promiskuität und Hyper-Sexualisierung. Die Zahl der unehelich Geborenen sinkt aber in Deutschland erheblich stärker ab als der Rückgang der Geburtenzahl, so daß auf 100 Lebendgeborene 1950 noch 9,7 uneheliche Kinder entfielen, 1966 nur mehr 4,6, also weniger als die Hälfte! (In England, Schweden und USA ist übrigens der Trend umgekehrt!) Da die Säuglingssterblichkeit der unehelichen Kinder rund doppelt so hoch ist wie die der ehelichen, könnte das auch eine bevölkerungspolitisch günstige Entwicklung sein. Es ist aber zu befürchten, daß in vielen zu jungen Ehen der Standard der Kinderpflege niedrig ist. Wir kennen die Zahlen leider nicht.

Nicht sehr beruhigend ist nämlich in diesem Zusammenhang die Tatsache, daß uneheliche Kinder vorwiegend der Unterschicht entstammen (Tabelle 3). Die sozial besonders gefährdeten Schichten haben also auch besonders viele problematische Schwangerschaften (70% aller Unehelichen entstammen der Unterschicht) [11]. Die Geburtenziffer ist gerade in diesen Schichten hoch, freilich bei hoher Sterbeziffer, die aber hier immer noch unter der Geburtenziffer liegt. Die Unterschichten pflanzen sich also besser fort als die Oberschichten, eine Entwicklung, die dann durch die zunehmende Bildungsbereitschaft der Kinder aus der Unterschicht wieder leidlich wettgemacht wird. Hinsichtlich der Abtreibungen liegen verläßliche Daten natürlich nicht vor.

Tabelle 3. Schwangere nach Familienstand und Sozialschicht. Aus: Mackensen [11]

	ledig	verheiratet nach Eintritt der Schwangerschaft
Unterschicht	70 %	66 %
Mittelschicht	24 %	28 %
Oberschicht	6 %	6 %
	100 %	100 %

Die Freigabe der Abtreibung ist für ein Volk, das so sehr vom Absterben bedroht ist wie das unsere, eine bedrohliche Maßnahme, und zwar wegen der Senkung der Geburtenzahl. Es muß aber gefragt werden, ob

1. die Geburtenzahlen durch Legalisierung des Schwangerschaftsabbruchs sinken; ob
2. die Alternativen genügend durchdacht sind.

Das erste Problem ist nicht ärztlich, sondern politisch. Ich übergehe es.

6. § 218

Die wichtigste Alternative zum Schwangerschaftsabbruch ist die Geburt eines unerwünschten Kindes. Das Schicksal solch unerwünschter Kinder, erst recht solcher, deren Wünschbarkeit von asozialen Eltern nicht einmal mehr verantwortlich entschieden werden kann, ist von der Sozialpädiatrie klar beschrieben worden. Es sind drei Stufen von Entartungserscheinungen, von denen eine mit hoher Wahrscheinlichkeit von dem Kinde später durchlaufen wird: seelische Spannungen mannigfacher Art und Verhaltensstörungen; Steigerung solcher Störungen zur psychotischen oder neurotischen Erkrankung; Kriminalität. Man darf z.B. sicher sein, daß man die Kriminalität durch einen verständig vorzunehmenden Schwanschaftsabbruch senken kann. Unser Problem spitzt sich also auf die Frage zu, ob man das Prinzip des Schutzes werdenden Lebens gegen eine Erfahrung, nämlich die einer hohen Gefährdung dieses Lebens im postnatalen Zustand, durchsetzen soll. Oder, um einen emotionalen Slogan etwas abzuwandeln: hat das noch Ungeborene auch ein Recht auf seine spätere verpfuschte Existenz? *Dagegen* ist zu sagen: das Ungeborene hat eine *Chance*, ein befriedigendes Leben zu führen. Sie ist nur klein. Sie wäre um so größer, je besser die Fürsorge der Gemeinschaft für das gefährdete Kind und insbesondere auch die uneheliche Mutter ist. Es scheint mir zu billig für ein moralisches Gewissen, ein Postulat zu verteidigen, das richtig ist, aber die Konsequenzen der Erfüllung des Postulates Anderen zu überlassen. Die Welt kommt nicht durch moralische Forderungen in Ordnung, sondern durch tätige Menschenliebe. Ehe nicht die, die solche Verantwortung für praktische Menschenliebe tragen, sich mit aller Kraft für eine Versorgung der Kinder einsetzen, für ein besseres Adoptionsrecht, für Kinderdörfer usw., ist die Moral deprimierend.

Die zweite Frage betrifft die Definierbarkeit "menschlichen Lebens". Die katholische Moraltheologie, der man nicht gerade Ruchlosigkeit wird nachsagen können, verurteilt den verantworteten Schwangerschaftsabbruch keineswegs. Der Foet ist *potentielles* menschliches Leben. Das "Menschliche" entsteht erst mit dem Geistigen. Das ist thomasische Philosophie. Hier muß also konstatiert werden, daß "Mord an Menschen" eben nur an Menschen, nicht an potentiell menschlichem Gewebe, geübt werden kann. Wie will man also die "Menschlichkeit" des Foetus definieren? Ich sage selbst *gegen* diese Frage (bzw. zu ihrer Lösung), daß die Schwierigkeit in der Grenzziehung liegt. Die Menschwerdung erfolgt ohne "Hiatus". Das macht die Lösung des Problems mit physiologischen Argumenten unmöglich.

Für mein Verständnis von Humanität wiegt das Schicksal unerwünschter Kinder schwer. Dies wird uns im letzten

Kapitel noch beschäftigen. Zuvor eine kurze Bemerkung zur sozialmedizinischen Problematik der Familienplanung. Die Alternativen zur Geburtenbeschränkung durch Antikonzeptiva sind zunächst:

1. Steigerung des Wohlstandes der Bevölkerung der dritten und vierten Welt, wodurch die Geburtenziffer aller Erfahrung nach sinken würde.
2. Weltweiter Hunger mit den Katastrophen, die von ihm ausgehen müssen.

Zur ersten Lösung sind wir nicht bereit und vermutlich auch gar nicht fähig, weil die technischen Probleme derzeit unlösbar sind. Die Lösung Hungerkatastrophe ist bekanntlich die unmittelbare Folge der von uns praktizierten Wohltaten einer medizinischen Bekämpfung des perinatalen Todes. Diese Wohltat ist nicht mehr zurücknehmbar. Eine dritte Alternative wäre: die Enthaltsamkeit vom Geschlechtsverkehr, die jedenfalls nicht verordnet und gesetzlich geregelt werden kann.

Wer also die Methode der Antikonzeption verbietet, muß die Möglichkeit zu einer Alternative schaffen. Und zwar muß er das selber tun, in glaubhaftem Ausmaß. Es ist unverantwortbar, ein Remedium zu verbieten (also hierfür die Verantwortung auf sich zu nehmen) und die Folgen des Verbotes von sich abzuwälzen. Der Moralist müßte also auch hier selber beginnen, die Welt mit anderen als den bekämpften Mitteln in Ordnung zu bringen. Welche Anstrengungen, so frage ich ihn, macht er dazu? Hat er überlegt, ob das Argument von der Unnatürlichkeit der Antikonzeption trifft? Ist dann nicht auch die Medizin als unnatürlicher Eingriff zu verbieten? Wenn nicht, wo liegen die Unterschiede? Wo ist der Kodex der "Naturlehre" einsehbar positiv begründet?

Eine wissenschaftliche Erörterung muß Fragen stellen und Antworten erbitten. Sie muß freilich auch ihre Fragen gegen sich selber richten. Es ist daher zu fragen, welches die Alternativen z.B. der Pille *bei uns* sind. Haben *wir* etwa noch Überbevölkerung und Geburtenüberschuß? Hat die Pille Nebenwirkungen? Ist die Pille (oder eine andere Methode) in den Ländern mit hohem Geburtenüberschuß überhaupt anwendbar? Warum wehren sich die Politiker dieser Länder gegen Familienplanung? Das Problem erweist sich als extrem verwickelt. Wir wickeln meist nur einen Teil desselben aus. Eine Patentlösung existiert nicht.

7. DAS MUTTER-KIND-PROBLEM

Wir sprachen von dem Schicksal unerwünschter Kinder. Die Dramatik dieser Schicksale sollte bekannt sein. Der Koblenzer Mordprozeß hat sie erneut bewiesen. Dennoch ist es erschütternd, wie ahnungslos Juristen dieser Frage gegenüberstehen.

Die öffentliche Diskussion hat sich aber weit mehr am Problem der berufstätigen Mutter und dem Programm "Tagesmütter" der Bundesregierung entzündet. Auch hier sind unbequeme Fragen am Platz.

Unbezweifelbar ist, daß die natürliche Umwelt des Kindes die elterliche Wohnung ist, in der eine Mutter ganztags waltet. Die "Umschulung" der Frau hat nun, selbst wenn sie anfangs nicht so gemeint war, den Effekt gehabt, ein neues Lebensgefühl der Frau zu entwickeln: die öffentliche soziale Rolle wird begehrt. Berufstätigkeit erscheint als höhere Sinnerfüllung denn die durch Mutterschaft und Hausfrau. Die Gründe sind einsehbar und liegen im sozialen Wandel der Familie. Der Leidtragende des Entwicklungsprozesses ist das Kind. Es fragt sich, wie groß das Leid ist.

Zunächst die Quantitäten: die Berufstätigkeit der Frau steigt an: von 1950 auf 1971 stieg die Zahl der in *Dienstleistungsbetrieben* tätigen Mütter auf 460% des Ausgangswertes (11). Der Anstieg ist bei Frauen *mit* Kindern höher als bei kinderlos Verheirateten (400%). Die Zahl der erwerbstätigen Frauen insgesamt nahm im gleichen Zeitraum nur auf 160% zu. Die erwerbstätige Mutter strebt also bevorzugt in den Dienstleistungssektor, der sie notwendigerweise ganztags in Anspruch nimmt.

Nun ist, von HASSENSTEIN, HELLBRÜGGE, MEVES, PECHSTEIN und vielen Anderen die alte Lehre von R. SPITZ vorgetragen und erweitert worden, daß das Kind mit Mutterentbehrung Schaden leidet. Diese Annahme ist zwar zum Teil, aber nicht so absolut richtig. Eine sehr umfangreiche Literatur aus aller Welt zeigt, daß die Mutter ersetzbar ist. Die Schulerfolge von Kindern mit berufstätigen Müttern sind nicht immer schlechter, wenngleich sich die Studien z.T. widersprechen. Wir selbst fanden in einer Studie in Mannheim deutliche Schulschwierigkeiten (2). Es ist aber aus der Literatur, die U. LEHR (12) sorgfältig zusammengetragen hat, der multifaktorielle Ansatz deutlich geworden. Es gibt eben auch andere Schwierigkeiten für das Kind, z.B. Streit im Elternhaus, lieblose Mütter, die schlechter sind als keine Mutter, falsche Erziehungsmethoden usf.. Die sog. "Tagesmutter" kann in solchen Fällen sehr wohl eine Rettung sein. Die Mutter-Ideologie ist eben nur solange richtig, als die Mutter selber intakt (ideal) ist. Eine sehr erfolgreich auf männliche Berufsinstinkte umgeschulte

Mutter muß nicht mehr notwendigerweise ideal sein. Eine lieblose Behandlung oder gar totale geistige und seelische Verwahrlosung wie bei den Koblenzer Mördern ist aber in jedem Fall deletär. Die Dinge sind so zwanghaft, daß das Ehepaar GLUECK (13) die Kriminalität von Kindern mit großer Präzision aus den Befunden der Elternhäuser voraussagen konnte (14). Berufstätigkeit der Mutter führt allein also nicht zur Kriminalität der Kinder, und wenn, dann spielt der Vater die größere Rolle.

Das Ergebnis dieser kurzen Sozialanalyse der Frau ist in vieler Hinsicht entmutigend. Die Risikofaktoren des täglichen Lebens nehmen überall zu. Wir werden eine langsam aber sicher kränker, neurotischer und krimineller werdende Gesellschaft haben. Daran wäre nur etwas zu ändern, wenn wir auf unserem Weg umkehren. Ich glaube, die Umkehr könnte bei unseren Frauen beginnen. Sie sind die Bewahrerinnen des Heils. Darauf hat ein großer Frauenarzt, AUGUST MAYER, ehemals Tübingen, in einem bewegenden Büchlein hingewiesen (15). Die moderne Welt ist dabei, das Heile zum Unheil, das Heilige zum Profanen entarten zu lassen.

LITERATUR

1. EIBL-EIBESFELDT, J.: Der vorprogrammierte Mensch. Wien, München, Zürich: Molden 1973
2. SCHMIDT-KLÜGMANN, R., SCHERG, H.: Verhaltensstörungen bei Viertklässlern im Spiegel einer standardisierten Befragung. Öffentl. Gesundh.-Wesen *37*, 310-317 (1975). Buben zeigten 10 mal häufiger Stottern als Mädchen. Die hohe Aggression der Knaben belegt: FREDERKING, U.: Häufigkeiten, somatische und soziale Bedingungen von Verhaltensstörungen zehnjähriger Schulkinder. Praxis Kinderpsychol. *24*, 204-213 (1975)
3. EIFF, A.W., von, PLOTZ, E.J., BECK, K.J., CZERNIK, A.: Der Einfluß der Östrogene auf die Blutdruckregulation. Symp. Dtsch. Ges. Endocrin. *15*, 154 (1969)
4. SCHAEFER, H., BLOHMKE, M.: Epidemiologie der koronaren Herzkrankheiten. In: BLOHMKE, M., FERBER, CH., von., KISKER, K.P., SCHAEFER, H.: Handbuch der Sozialmedizin. Bd. 2. Stuttgart: Enke, erscheint 1977
5. Die Frau in Beruf, Familie und Gesellschaft. Presse- u. Informationsamt d. Bundesregierung 1966. S. 27
6. LEHR, U.: Die Frau im Beruf. Frankfurt, Bonn: Athenäum 1969
7. RADBRUCH, G.: Rechtsphilosophie. Stuttgart: Koehler 1956
8. SCHAEFER, H. (Hsg.): Folgen der Zivilisation, S. 85. Frankfurt: Umschau 1974

9. SCHAEFER, H., BLOHMKE, M.: Sozialmedizin, S. 140. Stuttgart: Thieme 1972
10. MEADOWS, D.: Die Grenzen des Wachstums. Stuttgart: dva 1972
11. MACKENSEN, R., WEVER, H. (Hsg.): Dynamik der Bevölkerungsentwicklung. München: Hanser 1973
12. LEHR, U.: Die Rolle der Mutter in der Sozialisation des Kindes. Darmstadt: Steinkopff 1974
13. GLUECK, S. u. E.: Jugendliche Rechtsbrecher. Stuttgart: Enke 1972²
14. Die umfangreiche Literatur ist großenteils zitiert bei HASSENSTEIN, B.: Verhaltensbiologie des Kindes. München, Zürich: Piper 1973
15. MAYER, A.: Emanzipation, Frauentum, Muttertum, Familie und Gesellschaft. Stuttgart: Enke 1962

Die Stellung der Frau in unserer Gesellschaft

Hedda Heuser, Oberaudorf

Wir haben das Jahr der Frau hinter uns. Alles scheint genügend beleuchtet, diskutiert bis zum Übermaß. Die Frauenfrage ist - so sagt man - in unserer Gesellschaft gelöst. Es geht - so sagt man - eigentlich nur noch darum, die Gesellschaft als Ganzes zu emanzipieren. Sich emanzipieren bedeutet, sich aus Abhängigkeit befreien. Wovon kann eine Gesellschaft abhängig sein? Vor allem von Klischees, die sie einengen.

KLISCHEES

Klischees erleiden meist ein gleiches Schicksal: sie werden aufrecht erhalten und zugleich überwunden. Das mag widersprüchlich klingen. Übersetzen wir es: sagen wir statt Klischees: Gesellschaftliche Normen. Gesellschaftliche Normen sind nichts Statisches. Sie finden zwar immer wieder ihren Niederschlag in Gesetzen, die sich eine Gesellschaft verordnet, aber schon vom Tag ihrer Inkraftsetzung an entsteht eine Inkongruenz zwischen Gesetz und gesellschaftlicher Wirklichkeit. Geändert werden dann solche Gesetze, weil entweder diese Inkongruenz zu groß geworden ist, d.h. also, der Gesetzgeber vollzieht die gesellschaftliche Wirklichkeit nach oder weil der Gesetzgeber seiner Gesellschaft eine bestimmte Norm von sich aus verordnen will.

Auch der Status der Frau in unserer Gesellschaft kann weitgehend von Gesetzgebung abgelesen werden. Dabei finden sich viele Widersprüche. Schon in unserem Grundgesetz wird das deutlich: Einerseits wird dort die freie Entfaltung des Einzelnen proklamiert, andererseits stehen dem die ausgeprägten Rechte der Institution Familie entgegen. Nicht, daß dies die einzigen Widersprüche wären, nur, hier betreffen sie die Frauen gerade am deutlichsten.

INDIVIDUUM FRAU UND DAS RECHT DER FAMILIE

Sie werden sagen, es sei schon im Ansatz falsch, das Recht der einzelnen Frau in einen Gegensatz zum Recht der Familie zu bringen, denn schließlich sei sie ein wichtiger Bestandteil der Familie und damit sozusagen Nutznießer gleich zweier Rechte. Vordergründig betrachtet erscheint dies richtig. Aber es ist richtig nur dann, wenn dieses Wechselspiel zwischen eigenem, persönlichem Rechtsanspruch und dem dieser Gemeinschaft Familie gerecht auf die Einzelnen verteilt ist.

Verstehen Sie mich nicht falsch, ich meine nicht *gleich*, ich meine *wirklich gerecht*. Und gerecht bedeutet *gleich* nur *unter gleichen Voraussetzungen*. Hier genau liegt der Bruch. Innerhalb der Familie ebenso wie innerhalb der Gesellschaft ist der Anspruch, den das Kollektiv gegenüber dem Individuum Frau auf Einschränkung, Beschränkung, Bereithaltung, Opfer erhebt, größer als gegenüber dem Individuum Mann oder Kind. Dieser Anspruch wird von allen erhoben, das heißt also auch von den Frauen gegenüber der Frau. Er entspringt einem Rollenverständnis von der Frau, das in unserer Gesellschaft aus einem Mißverständnis entstanden ist. Um dies darzustellen, muß man einen Schritt zurück ans Ende des vorigen Jahrhunderts gehen, in die Zeit des Übergangs von der Agrar- zur Industriegesellschaft.

Das hervorstechendste Merkmal der Agrargesellschaft war die Einheit von Heim und Arbeitsstätte, der unmittelbare Bezug zwischen Familie und Leistung für die Familie, für die Gemeinschaft. Die industrielle Revolution bewirkte einen Einbruch in diese Einheit. Bestimmte handwerkliche Tätigkeiten wurden zusammengefaßt in Betrieben - der Arbeitsplatz der Männer verlagert in den außerhäuslichen Bereich.

Die Frau dagegen verblieb im häuslichen Bereich, und nur noch Hauswirtschaft und Kindererziehung waren ihre Aufgabe. *Vor* dieser Revolution hat die Frau zu allen Zeiten äußerst tätig am wirtschaftlichen Leben der Gemeinschaft teilgenommen. Ihre Doppelaufgabe, Kinder großzuziehen und wirtschaftlich produktive Arbeit zu leisten verschmolz zu einer einheitlichen Lebensform der Arbeit im Haus-Umkreis.

DIE ROLLENVERTEILUNG

Mit der Trennung von Arbeitswelt und Familie wurde aus unterschiedlichen Schwerpunkten bei der gemeinsamen Bewältigung gemeinsamer Arbeit die abgegrenzte Rollenverteilung von Mann und Frau. Und sogleich wurde diese Rollenverteilung mit Wertvorstellungen betrachtet.

Der Mann sicherte den Lebensunterhalt der Familie, er übernahm die "Außenvertretung", wie Liselotte FUNCKE dies einmal nannte, die Frau dagegen die "Innenvertretung".

Zugleich mit dieser Begrenzung wurde die Frau "verinnerlicht". Ihr Auftrag war Liebe, Fürsorge, Opferbereitschaft, Geduld, Hingabe und unermüdliche Arbeit für Mann und Kinder.

Entscheidend für die Gesellschaft war dabei, daß der Mann viel von seinem unmittelbaren Einfluß auf die Erziehung der Kinder, die Frau ihren Einfluß auf die Gesellschaft verlor. Es entstand die *vaterlose Familie* und die *mutterlose Gesellschaft*.

Das Ergebnis dieser Exkursion in die Vergangenheit ist also: das traditionelle Leitbild der Familie mit der Rollenverteilung Mann ist gleich "draußen" - Frau ist gleich "drinnen" ist nicht von Natur aus in dieser Abgrenzung vorgegeben, sondern ein Ergebnis der Industrialisierung.

Dieses Rollenverständnis aber ist seitdem die Grundlage des Anspruchs an die Frau. Das macht es nicht richtiger.

Aber, da es für einen großen Teil der Gesellschaft von unschätzbarem Vorteil ist, wird trotz dieser Erkenntnis daran festgehalten. Wenn ich hier von einem großen Teil der Gesellschaft spreche, so meine ich damit nicht nur die Männer, sondern auch einen Teil der Frauen und insofern gehe ich einig mit unserer Kollegin Esther VILAR, die ja der Meinung ist, Frauen seien durchaus in der Lage, ihrerseits Abhängigkeiten zu erzeugen, um sich so anderen Pflichten gegenüber der Gesellschaft auf das Bequemste zu entziehen.

DIE LEDIGEN

Schon zu Beginn der Industrialisierung waren es die ledigen Frauen, die infolge der Auflösung der bäuerlichen Großfamilie ihren Platz dort verließen und in das außerhäusliche Erwerbsleben gingen. Das Rollenbild dieser Frauen war - analog zu dem Vorhergesagten - ein negatives Bild. Sie, die nicht mehr in der Familie, sondern alleine lebten, die sich alleine versorgen und selbst im Alter auf die Geborgenheit der Großfamilie verzichten mußten, hatten die Hypothek der Zweitrangigkeit der Unverheirateten aus der Großfamilie mit in ihren neuen Status übernommen. Ihre gesellschaftliche Stellung war unklar. Sie hing im Laufe der Jahrzehnte immer mehr von ihrer eigenen Stellung im Beruf ab.

MÜTTER ZURÜCK IN DIE PRODUKTION

Was die verheirateten Frauen und Mütter veranlaßte, den Weg zurück in das Erwerbsleben, d.h. nun heraus aus ihrem häuslichen Bereich zu gehen, war - und das darf nicht vergessen werden - zunächst und zumeist die Notwendigkeit, zum Unterhalt der Familie beizutragen. Und obwohl dieses Mehr an Belastung, das sie damit auf sich nahmen, für alle sichtbar war, hat es ihre gesellschaftliche Position nicht gestärkt, sondern eher geschwächt und es hat den Piedestal, auf dem die *nicht* erwerbstätige Mutter stand, eher gefestigt als erschüttert.

DIE FRAUEN-ENQUETE

Am deutlichsten wurde das 1966, als die Bundesregierung die vom Deutschen Bundestag geforderte Enquete über die Situation der Frau in Familie, Beruf und Gesellschaft vorlegte.

Das Leitbild der nicht erwerbstätigen Familienmutter stand über allem. Von den unverheirateten, den geschiedenen, den verwitweten Frauen war wenig zu finden.

Dabei waren sie es, die zu diesem Zeitpunkt 19 Millionen bundesdeutschen Haushalten vorstanden - im Gegensatz zu heute, wo dies auf etwa 5,9 Mill. Haushalte zutrifft.

Die Darstellung der Doppelrolle der Frau in Beruf und Familie mit den bekannten Auswirkungen sowohl auf die Familie wie auch auf die eigene Gesundheit nahmen einen breiten Raum ein.

Obwohl dies alles öffentlich beklagt wurde, ging der Trend zur Erwerbstätigkeit familiengebundener Frauen weiter.

Aber es ergaben sich doch gewisse Verschiebungen sowohl in der Motivation der Frauen zur Berufstätigkeit als auch in der Beurteilung dieser Tatsache durch die Gesellschaft.

Der Berichtszeitraum der Frauen-Enquete war ausgefüllt durch den Wiederaufbau, die Vorrangigkeit dringender materieller Ansprüche. Er war auch gekennzeichnet durch einen wirtschaftlichen Boom, der eine äußerst angespannte Arbeitsmarktlage zur Folge hatte. Die Frauen galten also als ein willkommenes Objekt dieses Arbeitsmarktes. Man unternahm alles mögliche, um sie dort hinein zu locken. Angebote, ihr Arbeitsmöglichkeiten zu bieten, die auch ihrer familiären Situation gerecht wurden, wie zum Beispiel die Teilzeitarbeit, mehrten sich.

FRAUEN UND ARBEITSMARKT

Man könnte nun sagen - gleichgültig, aus welchen Gründen immer solche Angebote kommen, die Hauptsache ist, es wurden überhaupt einmal Arbeitsplätze auf die Frau hin konzipiert. Die Erfahrung hat aber gezeigt, daß die Motiva-

tion solcher Angebote zumindest für die Frauen als Arbeitnehmer eben doch eine große Rolle spielt. Sobald nämlich der Arbeitsmarkt abgesättigt ist, die Auswahl an Arbeitnehmern zunimmt, sind es die Frauen - deren Sonderstaten ohnehin die Produktion verteuern und die Arbeitsorganisation erschweren - die vornehmlich entlassen oder garnicht erst eingestellt werden. Also gerade dann, wenn Erwerbstätigkeit und Existenz am engsten miteinander verknüpft sind.
 Dieser Mechanismus gilt genauso heute und in allen Sparten. Familienpolitiker begrüßen diese Entwicklung mitunter. Sie kennen sicher die Überschriften "Berufstätigkeit der Mutter pathogen für die Kinder". Ich glaube, man sollte mit solchen Urteilen vorsichtiger sein.
 Erinnern Sie sich bitte an die Auseinandersetzung zwischen Individualrecht und Familienrecht, die ich zu Anfang gezeigt habe:
 Es ist unbestritten, daß Kinder zu bestimmten Zeiten ausschließlich oder vornehmlich ihrer Mutter bedürfen - und umgekehrt. Das wird von unseren Frauen ja auch akzeptiert und praktiziert. 47% aller Frauen, die verheiratet sind oder es einmal waren, gaben vor ihrer Eheschließung bzw. im Jahre ihrer Eheschließung die Erwerbstätigkeit auf.
 Aber: über ein Drittel unserer Mütter ist erwerbstätig und von den geschiedenen Müttern sind es fast drei Viertel. Und: bei einer Zunahme von 24% der erwerbstätigen Frauen von 1950 bis 1973 steigt die Zahl der erwerbstätigen Mütter weiter an, darunter die der Mütter mit Kindern unter 15 Jahren um das Fünffache! Was ist da geschehen und was geschieht da noch?
 Wie klärt man diese Widersprüche?

ROLLENBILD UND WIRKLICHKEIT

Wieso kommt es, daß hartnäckig am traditionellen Rollenbild festgehalten, aber anders gehandelt wird?
 Mütter sind erwerbstätig, weil sie, oder ihr Mann oder sie beide der Meinung sind, es sei dies zur Erhaltung des Lebensstandards notwendig.
 Mütter sind *auch* erwerbstätig, weil sie ihren Beruf gerne ausüben, weil sie diesen Freiheitsraum für sich als Person beanspruchen, weil sie Bestätigung, persönlichen Kontakt wünschen und glauben, dies innerhalb der Familie organisieren zu können. Die erste Kategorie - das muß man wissen - ist die Mehrheit, wobei man meiner Meinung nach noch unterteilen müßte zwischen Müttern, die zum *gewohnten Lebensstandard* und denen, die notwendig zum *Unterhalt* der Familie beitragen. Eine solche Untersuchung habe ich aber nicht gefunden.

STATUSVERBESSERUNGEN SELBST ERKÄMPFT

Man darf nicht verkennen, daß seit 1918, d.h. seit dem Jahr der Wahlberechtigung der Frauen in unserem Land, sich ihre soziopolitische Situation, ihre Arbeitsbedingungen zusehends gebessert haben.
  Es gibt Mutterschutzgesetze, es gibt den freien Zugang für Mädchen zu allen Bildungs- und Ausbildungszweigen und es gibt Hilfen, ihre Doppelbelastung in Beruf und Familie zu erleichtern.
  Aber von der Garantie zu wirklich gerecht verteilten Lebensbelastungen in der Gesellschaft, wie sie das Grundgesetz und auch die christliche Sozialethik postulieren, bis hin zur Wirklichkeit dieser Garantie ist noch eine gute Strecke Wegs zu gehen.

GESELLSCHAFTSVERHALTEN GEMESSEN AN GESETZEN

Lassen Sie mich einige Beispiele sozialpolitischer Bemühungen schildern.
  Als noch vor Jahren die Mutterschutzregelungen im Bundestag novelliert wurden - und das zur Zeit eines wirtschaftlichen Aufstiegs - waren große Gruppen in diesem Parlament für eine Vermehrung pauschaler Erleichterungen, wie z.B. für eine Ausdehnung der Schonfristen vor der Entbindung auf bis zu 10 Wochen. Ich habe damals vor allzu weitgehenden pauschalen Erleichterungen dieser Art gewarnt, weil sie einer Gruppe, der man zu Zeiten wirtschaftlicher Prosperität durchaus einen Gefallen tun kann, in schwierigeren Zeiten aber, wenn sie auf Arbeitsplätze angewiesen ist, nur schadet. Weil dann nämlich genau der Mechanismus eintritt, den ich vorhin geschildert habe: Arbeitskräfteüberschuß: Frauen raus.
  Viel sinnvoller ist es, dafür zu sorgen, daß im begründeten Einzelfall eine durchaus viel frühere Arbeitsaufgabe unter sozialen Garantien gewährt werden kann.
  Lassen Sie mich noch ein Beispiel vorlegen: Man hat unlängst dem mittelständischen Kleinunternehmer die Möglichkeit eingeräumt, für seine Mitarbeiter Alterssicherungen abzuschließen und diese steuerlich geltend zu machen. So weit, so gut. In der Praxis der Finanzämter aber wurden die jeweiligen Ehefrauen als Begünstigte einer solchen Regelung ausgeschlossen.
  So entstand die kuriose Situation, daß Frau Bäckermeister A. diese Vergünstigung im Laden des Kollegen B. durchaus in Anspruch nehmen kann, dagegen nicht, wenn sie im Laden des eigenen Mannes mitarbeitet. Nun gibt es im Bundesministerium des Innern ein Referat, das prinzipiell alle Ge-

setzentwürfe daraufhin zu überprüfen hat, ob sie dem Gleichheitsgrundsatz zwischen Mann und Frau entsprechen.

Der reine Gesetzestext hätte eine Auslegung, wie sie die Finanzämter nun in einigen Fällen praktiziert haben, gar nicht provoziert, sonst hätte er dieses Referat ja nicht passieren können.

Die praktizierte Auslegung aber ist ein weiterer Beweis für die Unachtsamkeit gegenüber der Frau einerseits und vielleicht sogar für familienpolitische Vorstellungen, die die Frau eben auf jeden Fall vom Erwerbsleben fernhalten wollen.[1]

Der ganze Dschungel der Steuergesetzgebung ist durchdrungen von solchen sublimen Diskriminierungen für die berufstätigen Frauen. So gibt es z.B. die Steuerabsetzbarkeit von Haushaltshilfen und solchen, die Kinder betreuen, erst ab dem 2. Kind. Was für ein Nonsens. Als ob *ein* Kind nicht betreut werden müßte. Hier ist sogar ein Verfassungsgerichtsverfahren anhängig, das durch eine Anwältin, der sich andere Frauen angeschlossen haben, initiiert worden ist.

Aber nicht die Steuergesetze, hinter denen man solche Feinheiten ja gar nicht vermutet, sind hier anzusprechen, sondern doch vornehmlich die Ehe- und Familienrechte.

Sie alle kennen die Auseinandersetzungen um die Neuordnung des Scheidungsrechtes. Hier sind ideologische Positionen besonders deutlich. Während die einen ausschließlich davon ausgehen, daß die Frau vor, in und nach der Scheidung zu schützen ist, stehen andere auf dem Standpunkt, daß die Scheidung als solche möglich sein muß auch gegen den Willen eines Partners, daß unabhängig davon, ob es sich um Frau oder Mann handelt, allein die sozialen und persönlichen Umstände zur Beurteilung der Schutzwürdigkeit herangezogen werden sollen. Hier ist also Gleichberechtigung im wahrsten Sinne des Wortes gefragt. Ausbildungsbeihilfen, finanzielle Möglichkeiten zur Wiedereingliederung einer geschiedenen Frau in den Beruf sind Angebote, die hier auf den Einzelfall abstellen, nicht auf eine ganz allgemeine Vorstellung davon, was eine geschiedene Frau ist oder zu erleiden hat.

Die Schwierigkeit, die hier im Vordergrund steht, nämlich die Versorgung der Frauen *danach* kann nur aufgefangen werden, wenn sich diese Gesellschaft endlich dazu entschließt, den Frauen, auch wenn sie nicht erwerbstätig sind, eine eigene soziale Sicherung zuzubilligen, - Vorschläge dazu gibt es genug.

Es ist halt *eines*, das hohe Lied der nicht erwerbstätigen Mutter zu singen und ein *anderes*, diese ihre Arbeit auch materiell zu werten, eine individuelle Sicherung dar-

---

[1] Inzwischen durch Erlaß des Bundesfinanzministers vom 1.2.1977 geregelt.

aus abzuleiten und ihr damit wirklich Unabhängigkeit im bescheidenen Rahmen zu geben.

Solche Brüche im Denken vollziehen sich ständig.

Denken Sie an die Forderung nach gleicher Bezahlung bei gleicher Arbeit. Eine Forderung, die nicht nur von den Frauenverbänden, von allen Parteien, von den Gewerkschaften lauthals seit Jahren verkündet wird.

Manchmal ist sie sogar Inhalt einer tarifrechtlichen Auseinandersetzung. Aber man gewinnt den Eindruck, daß sie dort nur enthalten ist, um etwas zu haben, das man aufgeben kann, ohne allzuviel einzubüßen von dem, was man eigentlich erreichen will.

Denken Sie daran, daß nach unserem Recht der Mann darüber entscheidet, ob seine Frau berufstätig sein darf oder nicht. Noch kann er dem Gesetz nach sie zum einen oder anderen zwingen.

Oder denken Sie an unser Namensrecht. Früher einmal sagte man, die Frau nähme mit der Heirat den Namen des Mannes an, so wie ein Feldherr den Namen der Schlacht annahm, die er gewonnen hatte. Nun, das hat auch eine andere Seite: Der Name ist Eigentum des Mannes. Er hat darüber zu befinden, ob zum Beispiel seine geschiedene Frau seinen Namen weitertragen darf oder nicht. Und wenn sie sich wiederverheiratet und sich vielleicht gar mit diesem einen "eigenen Namen" in Beruf und Öffentlichkeit gemacht hat - sie muß dieses Eigentum zurückgeben. Ich selbst trage - meinen Namen widerrechtlich und weiß, wovon ich rede.

Nun, das neue Familienrecht enthält eine Reihe von Verbesserungen, die dem Gleichheitsgrundsatz nahekommen; nur, es ist noch nicht verabschiedet[2], es gibt noch zuviele Widerstände.

DAS SCHLECHTE GEWISSEN

Wenn wir von der Doppelrolle der Frau sprechen, vergessen wir eine wesentliche, die dritte Last dabei, nämlich ihr schlechtes Gewissen. Die meisten Frauen stehen nämlich zwischen der Notwendigkeit, für die Familie ins Erwerbsleben gehen zu müssen und den erkennbaren Nachteilen, die wiederum die Familie durch ihre Abwesenheit erleidet. Dies schlechte Gewissen nimmt ihnen niemand ab. Im Gegenteil, es wird ihnen ständig neu bewußt gemacht. Von den Ärzten, von Psychologen und Pädagogen. Es ist deren Pflicht, das zu tun. Es wäre nur wünschenswert, wenn auf der anderen Seite die Gesellschaft - und auch Ärzte, Psychologen und Pädagogen sind Gesellschaft - dafür sorgen würden, daß solche Erwerbstätigkeit nicht notwendig, oder, da dies

---

[2] Inzwischen verabschiedet.

unrealistisch ist, so zu bewältigen wäre, daß Schäden nicht
auftreten.
Dazu gehört nun zweierlei. Die notwendige Bereitstellung
von Kinderbetreuung im besten Sinne können wir hier vernachlässigen – sie ist ja nur eine von mehreren Maßnahmen.
Was mir viel notwendiger erscheint ist, nicht nur die
Situation *berufstätige Mutter/Kind* zu betrachten, sondern
vielmehr die jeweilige familiäre *Gesamt*situation.
Und damit kommen wir auf die für mich wesentlichsten
Ansätze, um das unrealistische, überlebte Rollenbild von
der Abgrenzung zwischen Mann und Frau aufzulösen.
Ich will hier gar nicht die sattsam bekannte Forderung
nach der Mithilfe des Mannes im Haushalt nachbeten.
Ich will auf etwas anderes hinaus.

FAMILIENPLANUNG ANDERS GESEHEN

Ich habe die Emanzipation der Frau durch die Pille, ihre
sexuelle Befreiung und was immer sonst noch auf diesem
Feld im Gespräch ist, bei meinen Betrachtungen ausgelassen
– dazu gibt es ja hier Fachleute genug – wenn *ich* also von
Familienplanung spreche, meine ich damit eben nicht nur
die Verteilung und Anzahl der Kinder, sondern den gesamten
Familienablauf. Und da es sich dabei um Menschen, um Leben,
also um viel Unvorhergesehenes handelt, ist es notwendig,
einen solchen Plan miteinander nicht nur zu haben, sondern
ihn immer wieder neu zu überprüfen: Ob er der Wirklichkeit,
den eigenen Vorstellungen, den Möglichkeiten entspricht
oder noch entspricht. Das zu tun, hielte ich für emanzipiert. Eine solche Emanzipation täte der Gesellschaft gut.
Sie würde teure Programme, die andere für andere ausdenken, überflüssig machen.
Aber die Voraussetzung dafür wäre eine andere Art der
Erziehung. Da Erziehung bei Erwachsenen so schlecht funktioniert, müßte man wohl bei den Kindern wieder anfangen.
Wenn Sie die bayerische Verfassung lesen und den Abschnitt Schule betrachten, so finden Sie da einen Nachsatz,
der sinngemäß lautet, daß die Mädchen (und natürlich *nur*
die Mädchen) in der Hauswirtschaft, der Säuglingspflege
und der Kindererziehung zu unterweisen seien. Ich frage,
warum nur die Mädchen?
Ich frage, warum Jungen in der Schule nur basteln und
Mädchen nur handarbeiten (wo es doch die Frauen sind, die
nachher mit all dem technischen Zeug im Haushalt umzugehen
haben).
Ich frage alle Eltern, warum sie seit Jahrzehnten immer
wieder lange Gespräche darüber führen, was denn der Sohn
einmal werden soll, bezüglich ihrer Töchter aber einen

möglichst kurzen Ausbildungsweg - wenn überhaupt einen - anstreben, "denn sie heiraten ja doch"?

Die gleichen Bildungs- und Ausbildungschancen für beide Geschlechter sind nahezu Realität, nur, was danach kommt, ist nicht mehr gleich, kann nicht mehr gleich sein. Auch aus biologischen Gründen nicht.

EIN LEBEN AUS ZWEITER HAND

Ist es notwendig, dies alles ständig außer acht zu lassen? Anstatt es in einen Lebensplan von vorneherein mit einzukalkulieren?

Die Frauen leben weitgehend ein Leben aus zweiter Hand. Sie sind Meister in der Improvisation. Aber sie sind dies meist allein. Und das macht ihre Situation so schwierig und läßt die Gleichberechtigung so widersprüchlich erscheinen.

Ich finde, daß die Ansprüche innerhalb einer Familie wechseln können und wechseln müssen. Sonst gibt es immer die gleichen Benachteiligten. Das muß Unzufriedenheit verursachen und negative Auswirkungen auf die Familie haben.

Helge PROSS, die im vergangenen Jahr eine Untersuchung über die Wirklichkeit der Hausfrau herausgegeben hat, stellt fest, daß die sogenannten Nur-Hausfrauen gegen dieses Dasein an sich gar nichts einzuwenden haben - sie haben nur unterschiedliche Einwendungen gegen das "Wie" dieses Daseins. Sie beklagen die Einseitigkeit der Lastenverteilung, sie vermissen den Kontakt mit früheren sozialen Bereichen, sie beklagen ihre Unkenntnis in vielen Dingen.

Natürlich versuchen sie, sich selbst am Schopf da herauszuziehen. Jede dritte Befragte ist in einem Verein. Jede vierte hat einmal einen Kurs besucht, einen Kurs in Hauswirtschaft, Kindererziehung, Mengenlehre.

Das sind doch Signale. Signale dafür, daß die Frauen ihren Nachholbedarf erkennen und versuchen, ihn abzudecken. Sie haben nicht genug für das gelernt, was für sie das Wichtigste geworden ist, nämlich ihre Familie zu organisieren, funktionell und auch personell.

Und sie gehen hin, und nehmen auch das wieder auf sich. Tun die Männer das auch?

Ich frage deswegen danach, weil wir uns ja zu erinnern haben an die Anfangsaussage von der *vaterlosen Familie* und der *mutterlosen Gesellschaft*.

Wenn also die Frauen - (siehe Mengenlehre, aber die ist es ja nicht allein) - so eine Art Hilfslehrerinnen der Nation geworden sind - dann sollte man nicht alleine die Schulsysteme kritisieren, sondern auch einmal über die

Einbuße in der Rolle des Mannes nachdenken, die da deutlich wird.

Denn in der Schule werden ja die weiblichen Lehrkräfte auch immer mehr. Das heißt also, daß die Einwirkung der Frauen auf die Gesellschaft, die durch die Industrialisierung verloren ging, auf dem Umweg über Erziehung und Ausbildung wieder verstärkt wird.

Ob dies allein aber die wünschenswerte Form der Beteiligung an der Sozietät ist, bleibt eine Frage. Für die Kinder, die Jungen wie die Mädchen, kann meines Erachtens eine solche einseitige Prägung sowohl hinsichtlich ihrer persönlichen Entwicklung als auch ihrer Auffassung von Familie und Partnerschaft in der Gesellschaft nicht gut und nicht sinnvoll sein.

Erziehung und Bildung finden aber nicht allein im Elternhaus und nicht allein durch die Mutter statt. Einen gewaltigen Anteil daran hat das Fernsehen.

Und seine unterhaltenden, informierenden, bildenden und verbildenden Wirkungen machen ja nicht bei den Kindern halt, sie werden von einer ganzen Nation aufgenommen.

FRAUEN IM FERNSEHEN

Pünktlich zum Abschluß des Jahres der Frau legte Erich KÜCHENHOFF im Auftrage des Bundesministeriums für Jugend, Familie und Gesunheit eine Untersuchung über die Darstellung der Frau und die Behandlung der Frauenfragen im Fernsehen vor.

Die wichtigsten Ergebnisse dieser empirischen Untersuchung lassen sich in sieben Thesen fassen:

1. Die Frauen sind im Deutschen Fernsehen unterrepräsentiert. Qualitativ wird festgestellt, daß sie dort nur dekorativen oder Hilfs-Charakter haben.

2. Die Mittelschichtorientierung in der Darstellung von Frauen steht im Gegensatz zur gesellschaftlichen Realität.

Das heißt, die deutsche Fernsehfrau bewegt sich fast ausschließlich im Milieu der Mittelschicht. Das widerspricht der Tatsache, daß 35% aller Frauen, die erwerbstätig sind, Arbeiterinnen sind. Unter den 233 untersuchten Frauenrollen gab es nur drei Arbeiterinnen.

3. Neben dem traditionellen Leitbild der Hausfrau und Mutter steht das Leitbild der jungen, schönen, unabhängigen Frau.
- darauf müssen wir noch einmal zurückkommen-

4. Charakteristisch ist die mangelnde Thematisierung der Berufstätigkeit und die Nichtbehandlung der Probleme der Frauenarbeit mit ihrer Doppelbelastung. Berufstätigkeit

von Frauen in Sendungen mit Spielhandlung dient im wesentlichen der Zuweisung des sozialen Status und der Legitimierung des Lebensstandards.

5. Die Fernsehfrau ist unpolitisch. Sie zeigt sich wenig informiert und wird daher auch nicht politisch oder gesellschaftlich aktiv.

6. Die Behandlung von Frauenfragen, das heißt die kritische Auseinandersetzung mit der besonderen Situation der Frau wird in den Programmen des deutschen Fernsehens vernachlässigt.

7. Auch die medieninterne Rollenverteilung in den Fernsehanstalten weist eine deutliche Benachteiligung der Frau auf.

Lassen Sie mich dazu ein paar Bemerkungen machen. Zunächst die, die ich spontan gegenüber Professor KÜCHENHOFF äußerte, nämlich ob die Darstellung der Männer die gesellschaftliche Wirklichkeit besser anträfe. Er hat mir als Wissenschaftler natürlich nicht ad hoc darauf eine Antwort geben können.

Die andere Bemerkung ist die, daß das Fernsehen ja nicht nur eine informierende, bildende Rolle hat, sondern eben auch eine unterhaltende. Ich glaube, die Darstellung der eigenen Misere ist nicht unbedingt das, was die Fernsehzuschauerin am Abend erleben will. Also wäre es ja nur konsequent, wenn das Fernsehen gerade nicht dies, sondern erfreulichere Situationen schilderte, Unerfreuliches, Abenteuerliches aber auf Frauentypen legt, die nicht der eigenen Identifikation dienen.

Insgesamt wird dem Fernsehen insofern Unrecht getan, als es gerade dort engagierte Frauen wie etwa Lisa KRAEMER gibt, die Sendungen für Frauen machen - nur halt nicht zu den attraktivsten Sendezeiten - aber das hat wieder mit der eingangs erwähnten Unterrepräsentation zu tun.

KONSUMARTIKEL FRAU

In der Küchenhoff-Studie wird die Werbung ausgespart. Aber ich glaube, es bedarf auch gar keiner Studie, um feststellen zu können, wie realitätsfern die Darstellung der Frau gerade in der Fernsehwerbung ist. Erinnern Sie sich an die These 3? Sie sagt, es stehe neben dem traditionellen Leitbild der Frau und Mutter das der jungen, schönen, unabhängigen Frau.

Wenn man genau hinsieht, findet man in der Untersuchung, daß die beiden keineswegs nebeneinander, sondern vielmehr hintereinander stehen. Die Schöne, Junge, Unabhängige natürlich vorne.

Was bedeutet das für die an Alter, Aussehen und Talenten durchschnittliche Frau? Sie muß doch meinen, daß sie eben nicht jung, nicht schön, nicht tüchtig genug sei - mit eins: in ihrer eigenen Vorstellung von sich selbst muß ihr nahezu alles fehlen, was die smarten jungen Damen haben, die da jeden Abend über den Bildschirm flimmern und von der flauschigen Wäsche über den aufmunternden Schnaps bis zur verbindlichen Schneehöhe dem Zuschauer anbieten, was das Leben erst so recht lebenswert macht.

Die Frau in der Werbung ist eigentlich das Infamste, was den Frauen angetan wird. Weil sie selbst zum Konsumartikel aufs Tiefste verunsichert und in einen Konkurrenzkampf getrieben werden, den sie nicht oder nur unter Substanzverlust bestehen können.

Zur Rolle der ewig jungen Frau verurteilt zu sein, um nur dadurch Anerkennung und Chance zu finden oder zu erhalten, ist eine Pein. Diese seit Jahren verordnete Beschränkung auf nur einen kleinen Ausschnitt dessen, was eine Frau sein kann, müßte für meinen Geschmack genausoviel Protest bei Ärzten und Psychologen hervorrufen, wie die vorhin geschilderten Beeinträchtigungen unserer Kinder.

Die Frage ist, ob die Frauen diese Rolle aufnehmen müssen. Sicher müssen das nicht alle Frauen, die im Erwerbsleben stehenden aber sehen sich genau diesem Zwang ausgesetzt.

Die Ärztin, um einmal diese Ausnahme zu nennen, ist da fein heraus. Sie gleitet im Zuge ihrer beruflichen Tätigkeit ganz unversehens in eine Mütterlichkeit hinein, die ihrem Beruf geradezu immanent ist, akzeptiert, ja gewünscht wird.

Für Pädagoginnen gilt das bedingt, aber eben nur bis zu einem gewissen Grad - dann kommen die jungen Nachfolgerinnen, die noch dazu mit neuen fachlichen Methoden aufwarten können, als harte Konkurrentinnen auf den Plan.

LOYALITÄT UNTER FRAUEN

"Der größte Feind der Frau ist die Frau" - das hat ein Mann gesagt. Er hatte gar nicht so unrecht.

Falschverstandene Gleichberechtigungssüchte haben uns viel verdorben.

Mangelndes Zutrauen in die Fähigkeiten von Frauen, auch in Bereichen, die den Männern vorbehalten schienen, führten dazu, daß Frauen eben Frauen nicht wählten.

Mangelndes Zutrauen in sich selbst hält Frauen immer wieder davon ab, im Beruf Aufstiegschancen wahrzunehmen.

Die Frauen sind also nicht deswegen quantitativ und qualitativ in den wichtigsten Bereichen unterrepräsentiert, weil die Gesellschaft es nicht zuläßt, sondern auch, weil Frauen, obwohl sie die Mehrheit darstellen, sich verhalten wie eine Minderheit. *Noch* tun sie das.

Das kann im Laufe einer einzigen Generation vorbei sein.

Ich wünschte mir für meine Tochter, daß sie gescheit würde, anspruchsvoll gegen sich und andere. Ich wünschte ihr, daß sie die Sicherheit und die Freiheit besäße, sich mit allen ihren Gaben zu entfalten und dies gemeinsam mit Menschen, die sie liebt.

Und ich wünschte, sie würde nichts um jeden Preis wollen oder tun, sondern freiwillige Einschränkungen als persönlichen Reichtum empfinden können. Schließlich wünschte ich ihr, sie würde in einer Gesellschaft leben, die gerade dies verstünde und für alle verbindlich hielte.

Wenn Sie glauben, diese Wünsche vertrügen sich nicht mit den Fakten und Meinungen, die ich bis dahin vorgelegt habe, so muß ich Ihnen widersprechen.

Den Frauen die Chance zu mehr Ausbildung, zu qualifizierteren Berufswegen zu geben, bedeutet ja nicht, sie in den Beruf zu zwingen.

Zu verlangen, daß erwerbstätigen Müttern ihre Vielfachbelastung erleichtert wird, heißt nicht, die Erwerbstätigkeit der Mütter mit kleinen Kinder zu propagieren.

Die Frauen auffordern, sich in der Öffentlichkeit zu engagieren, heißt nicht, die Männer daraus vertreiben zu wollen.

Die Gesellschaft in ihrer Einstellung zu den Frauen an ihren Gesetzen messen, heißt nicht, die Frauen außerhalb dieser Gesellschaft zu stellen.

Aber: erst wenn Evas Töchter wirklich mündig sind, ist auch die Gesellschaft mündig.

Der Sozialmedizinische Dienst in der Praxis der Frauenheilkunde

Marianne Mall-Haefeli, Basel

A. STRUKTUR UND AUFGABENBEREICH DES SOZIALMEDIZINISCHEN DIENSTES

Der Sozialmedizinische Dienst der Universitätsfrauenklinik Basel ist eine Abteilung der gynäkologischen Klinik, ein Ambulatorium, das pro Jahr rund 30'000 medizinische und soziale Konsultationen durchführt. Diese Abteilung übernimmt aber neben den Beratungen auch die sich daraus ergebende medizinische Therapie und gewährleistet die notwendige soziale Hilfe. Ein Team von Gynäkologen, Endokrinologen, Psychiatern, Sozialarbeitern und den beiden Seelsorgern der Klinik arbeitet zusammen, um die dringenden Probleme unserer rat- und hilfesuchenden Frauen zu lösen.
 Dem Sozialmedizinischen Dienst steht der private Verein "Mütterhilfe" zur Seite, dem beträchtliche finanzielle Mittel zur Verfügung stehen: Mitgliederbeiträge, Spenden der Privatwirtschaft und eine staatliche Subvention.
 Die überwiegende Mehrheit unserer Patientinnen sind Frauen im gebärfähigen Alter. Sie kommen von sich aus, zum Teil in Begleitung ihrer Partner oder ihres Ehemannes, der Mutter oder einer ihnen nahestehenden Person, oder sie werden von praktischen Ärzten, Polikliniken und Fürsorgeämtern dem Sozialmedizinischen Dienst zugewiesen.
 Die Stellung der Frau in unserem modernen Industrie- und Konsumstaat ist für das Individuum und die Gesellschaft immer noch in der Entwicklung und in Wandlung begriffen. Die Ambivalenz der meisten Frauen zwischen dem Emanzipationsstreben und ihrer biologischen Aufgabe spiegelt sich im fehlenden Leitbild der modernen Frau. Die Hintergründe der häufigen Konfliktsituationen unserer Frauen sind die Diskriminierung, Rollenkonflikte, Ehe- und Erziehungsschwierigkeiten mit den Kindern, beruflich bedingte Überforderung, Doppelbelastung durch Familie und Beruf, sowie die Vereinsamung in der unpersönlichen Atmosphäre der Großstadt. Die daraus entstehenden Störungen und Krankheitssymptome manifestieren sich in der zunehmenden Zahl depressiver Krankheitsbilder, den Suchtkrankheiten, wie Alkohol-, Tabak-, Drogen- und Medikamentenabusus, den psychosomatischen Erkrankungen und den psychosexuellen Störungen. Falsche Partnerwahl und unerwünschte Schwangerschaften sind die weiteren Folgen dieser Zustände.

Die Familienplanungsstelle muß heute einen weiteren Teil jener Funktionen übernehmen, die früher der Familie oblagen und die immer mehr vom Staate übernommen worden sind. Der Staat muß es heute übernehmen, einen Großteil der Kinder in Schulen und Heimen zu erziehen, er ist gezwungen, Alterswohnungen zu bauen, die Sorge und Pflege der Akut- und Chronischkranken zu übernehmen, Fürsorgeeinrichtungen zu schaffen und für das Wohl der Bedürftigen zu sorgen. Der Familie bleibt die Gestaltung ihres Konsums. Ihre Hauptaufgabe jedoch, Wärme, Geborgenheit und Zuneigung für die Nachkommen zu garantieren, ist ihr unter den gegebenen Verhältnissen in vielen Fällen nicht mehr möglich. Trotz guter Lebensbedingungen leidet heute ein Großteil der Menschen an einem Gefühl der äußeren und inneren Leere, ihr Lebensgefühl ist das einer großen Lebensangst, die sie Rat und Hilfe suchen läßt.

Der Aufgabenkreis des Sozialmedizinischen Dienstes ist teils durch diese Verhältnisse gegeben. Seine Aufgabe gliedert sich in prophylaktische Maßnahmen, Therapie und Hilfe, sowie die Förderung sozialpolitischen Engagements der Leiter und Mitarbeiter solcher Stellen (Tabelle 1, 2, 3).

Tabelle 1. Der Aufgabenkreis des sozialmedizinischen Dienstes

Universitätsfrauenklinik Basel

1. Prophylaxe

    Sexualaufklärung
    Kontrazeptionsberatung (Einzel- oder Paarberatung)
    Kurse (Weiterbildung von Lehrern, Seelsorgern
        und Pflegepersonal)
    Vorträge (Hochschule, Vereine)
    Studentenunterricht
    Publikationen

2. Therapie

    Das Gespräch
    Psychotherapie (Gruppentherapie, Verhaltenstherapie, Analyse)
    Gynäkologische Beratung und Therapie
    Endokrinologische Beratung und Therapie
    Genetische Beratung und Therapie (Fruchtwasserpunktionen)

3. Förderung des sozialpolitischen Engagements

    Mitarbeit in Expertenkommissionen
    Parlamentarische Tätigkeit

Tabelle 2. Zielpublikum und soziale Unterstützungsmöglichkeiten Sozialmedizinischer Dienst, Basel, Universitätsfrauenklinik

1. Jugendliche und ihnen nahestehende Personen	2. Reife ledige und verheiratete Frauen und ihnen nahestehende Personen
Abklärung, Beratung und Hilfe erstrecken sich auf folgende Gebiete: a) Elternhaus, andere mögliche Unterkunfts- und Wohngelegenheiten b) Vormundschaft und Jugendamt c) Schule d) Schularzt, Schulpsychologischer Dienst, Schulpsychiater e) Berufsberatung f) Lehrstellenvermittlung g) Stipendienabklärung- und Vermittlung h) Stellenvermittlung i) Finanzielle Unterstützung k) Probleme der Invalidenversicherung l) Suchtkrankheiten und ihre Probleme	Abklärung, Beratung und Hilfe erstrecken sich auf folgende Gebiete: a) Ehe- und Familienberatung Beratung lediger Frauen und ihrer Partner b) Entlastung im Haushalt (Hauspflege etc.) c) Vermittlung von Kinderhorten, Kinderheimen, Tagesheimen und Pflegeplätzen d) Finanzielle Beratung (Budgetberatung) finanzielle Unterstützung e) Fürsorge am Arbeitsplatz f) Wohnungsvermittlung g) Unterstützung von Schwangeren h) Beratung und Betreuung der Partner i) Adoptionsberatung k) Wiedereingliederung nach Geburt und Wochenbett l) Wiedereingliederung im Präklimakterium m) Probleme der Invalidenversicherung

Der Sozialmedizinische Dienst arbeitet zusammen mit den bestehenden staatlichen und privaten Institutionen. Der Kontakt zwischen den verschiedenen Ämtern wird vom Sozialmedizinischen Dienst für die Patientinnen vermittelt und gewährleistet. Die Problematik in den verschiedenen Spezialsprechstunden überschneidet sich. Um eine klare Darstellung der einzelnen Probleme zu erhalten, werden wir die einzelnen Spezialbereiche gesondert betrachten.

Tabelle 3. Medizinische Beratung und Betreuung durch den Sozialmedizinischen Dienst, Universitätsfrauenklinik Basel

---

a) Gynäkologische Untersuchung
   ev. endokrinologische und psychiatrische Abklärung

b) Sexuelle Aufklärung

c) Kontrazeptionsberatung
   (bei kranken Frauen in Zusammenarbeit mit den entsprechenden Fachspezialisten:
   Neurologe, Diabetologe etc.)
   Miteinbeziehung des Partners

d) Frühschwangerenberatung und Begutachtung
   zusammen mit Gutachtern der entsprechenden medizinischen Fachgebiete,
   den Sozialarbeitern und den Seelsorgern

e) Genetische Beratung und Betreuung
   zusammen mit dem Genetiker
   (Fruchtwasserpunktion und Betreuung im weiteren Schwangerschaftsverlauf)

f) Sterilisationsabklärung bei Mann und Frau

g) Fertilitätsberatung
   (zusammen mit Gynäkologen, Endokrinologen, Andrologen und ev. Psychiater)

h) Eheberatung

i) Beratung und Behandlung von Patienten mit sexuellen Störungen
   (sexualmedizinische Sprechstunde durch Gynäkologen, Endokrinologen und Psychiater)

1. Die Jugendlichen

Die Beratung und Betreuung Jugendlicher setzt voraus, daß der behandelnde Arzt zuerst das Stadium der psychischen und physischen Reife des zu beratenden Jugendlichen als Grundlage für jedes ärztliche Handeln feststellt. Der Stand der sexuellen Aufklärung, das Sexualwissen und die sexuelle Erfahrung des Jugendlichen ist zu eruieren und schließlich ist für den behandelnden Arzt und seine eventuell unmündige Patientin auch die rechtliche Situation zu beachten.

Von größter Wichtigkeit ist die Erforschung des richtigen Zeitpunktes bei der sexuellen Aufklärung Jugendlicher. Mit dem Eintreten der sog. Reife, d.h. dem Zeitpunkt, da aus biologischen Gründen eine Schwangerschaft möglich wird, müssen vom medizinischen Standpunkt aus Schutzmaßnahmen gegen eine ungewollte Schwangerschaft ergriffen werden.

Wird die Aufklärung durch die Eltern oder eine dem Jugendlichen nahestehende Person vorgenommen, so sollte eine individuelle, zeitlich richtige Information möglich sein. Eine gruppen- oder klassenweise Aufklärung trifft immer auf verschiedene Reife- und Entwicklungsstufen der Schüler, so daß die Aufklärung für die einen zu früh, für die anderen zu spät kommt und Komplikationen nicht zu vermeiden sind. Aufklärung darf weder Angst vor der Sexualität, noch eine zu frühe Sexualisierung bewirken. Wie es um die seelische Entwicklung Jugendlicher steht, ist umstritten. Manche sind der Meinung, daß mit der körperlichen Akzeleration auf psychischem Gebiet sogar eine Retardierung einhergehe, besonders was die Kräfte des Gemütes, des Gefühls und des Willens betreffe (5). Andere berichten, daß vorzeitig entwickelte Jugendliche auch in der Entwicklung der Gesamtpersönlichkeit im Durchschnitt anderen Jugendlichen gleichen Alters voraus seien (2). Eine dritte Möglichkeit ist die einer relativen psychischen Retardierung. So oder so begünstigt die körperliche Akzeleration eine frühe Aufnahme sexueller Beziehungen, und eine auch nur relative psychische Retardierung erschwert zugleich die kontrazeptive Beratung und Betreuung. Ein Teil der jungen Mädchen wird unter dem Druck ihrer Altersgefährten und der Angst vor dem Kontaktverlust mit dem anderen Geschlecht zu sexuellen Erfahrungen gedrängt, für die sie innerlich noch nicht reif sind und die sie oft nicht oder falsch verarbeiten. Die Zunahme der psychosexuellen Erkrankungen Jugendlicher und die häufigeren Schwangerschaften von Mädchen unter 16 Jahren dürften damit in Zusammenhang stehen.

Um eine Grundlage für diese Beratungen zu schaffen, wurde vom Sozialmedizinischen Dienst eine Umfrage in der Intimsphäre von Jugendlichen und Erwachsenen durchgeführt und die Resultate mit denjenigen einer Kontrollgruppe verglichen.

Die erste Gruppe der Befragten setzte sich aus jungen 16-18 jährigen Patientinnen des Sozialmedizinischen Dienstes zusammen. Als Kontrollgruppe diente eine Gruppe gleichaltriger Mädchen, die die Real- und Gymnasialklassen unserer Basler Schulen besuchen. Diese Mädchen stammten durchweg aus dem Mittelstand und erfüllen deshalb die Anforderungen einer eigentlichen Kontrollgruppe nicht ganz. Gruppe 3 bestand aus erwachsenen Angestellten der Basler chemischen Industrie und Gruppe 4 aus erwachsenen Patientinnen der entsprechenden Altersgruppen aller Abteilungen der Universitätsfrauenklinik. Der Vergleich zwischen der Erwachsenen-Gruppe und der Gruppe der Jugendlichen in Bezug auf die sexuelle Aufklärung zeigte, daß von den reifen Frauen 16% überhaupt nie aufgeklärt worden waren, während man bei den 16-18jährigen nur noch 2,5% nicht aufgeklärte Mädchen traf (Abb. 1).

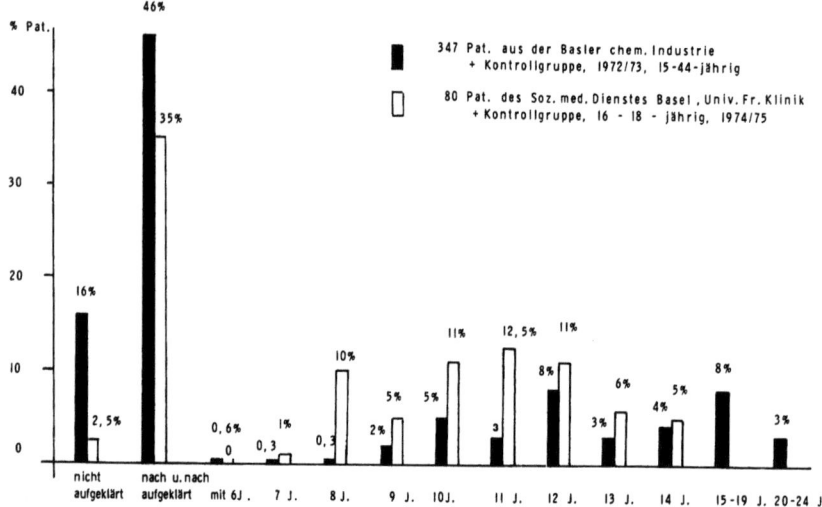

Abb. 1. Alter bei der sexuellen Aufklärung

Fast die Hälfte der Erwachsenengruppe war nach und nach aufgeklärt worden, bei den Jugendlichen war es 1/3, die in dieser Weise aufgeklärt worden waren. Die 16-18jährigen waren aber mit 14 Jahren mit Ausnahme der bereits erwähnten 2,5% alle aufgeklärt. Das Durchschnittsalter, in dem die Mädchen aufgeklärt worden sind, betrug bei der Risikogruppe (Pat. des Sozialmedizinischen Dienstes) 10,9 Jahre, bei der Kontrollgruppe hingegen 9,1 Jahre.

Die Aufklärung erfolgte bei den älteren Frauen in 29-41% durch die Eltern, bei der Risikogruppe in 66% durch die Eltern und in 20% durch die Schule, während in der jugendlichen Kontrollgruppe 86% durch die Eltern und nur 14% durch die Schule aufgeklärt worden sind (Abb. 2).

Es zeigte sich ferner, daß 100% der Mädchen, die beim 1. Coitus Ovulationshemmer verwendeten, von den Eltern und der Schule aufgeklärt worden sind (Abb. 3). Über 90% der

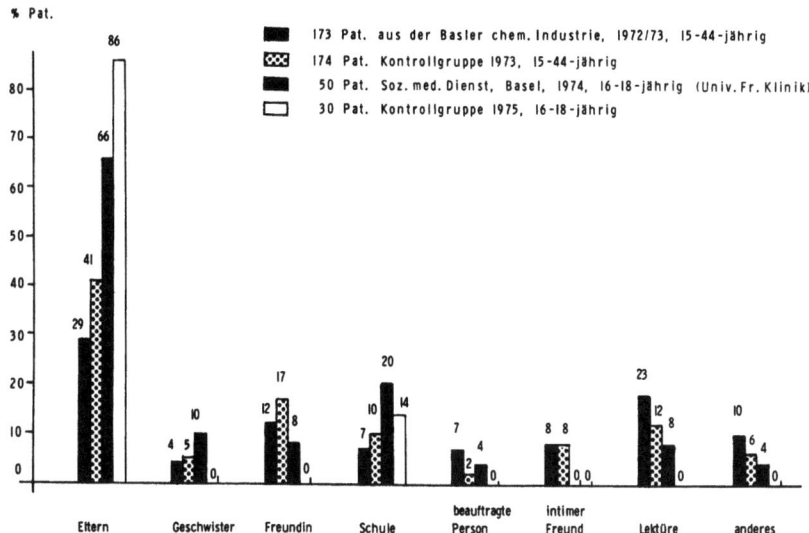

Abb. 2. Modus der sexuellen Aufklärung

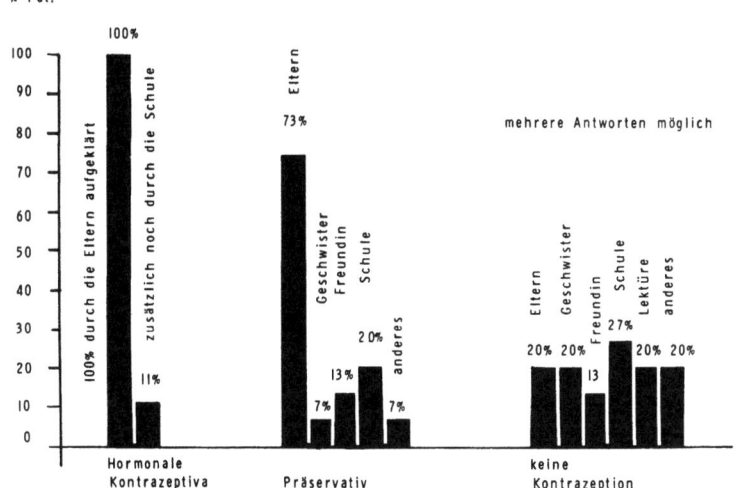

Abb. 3. Kontrazeption beim ersten Coitus und Aufklärungsmodus. Soz. med. Dienst, Universitätsfrauenklinik Basel, 1974, 50 Pat., 16-18jährig

jungen Mädchen, deren Partner beim 1. Coitus einen Condom
verwendete, waren ebenfalls durch die Eltern und die Schule
aufgeklärt worden, während jene Mädchen, die beim 1. Coitus
keine Kontrazeption verwendeten, durch Geschwister, Fremde,
Lektüre u.a. aufgeklärt worden sind. Aufklärung und Wissen
über die Kontrazeption wird heute vielfach als *das* Mittel
gegen eine unerwünschte Schwangerschaft empfohlen.

Unsere Umfrage hat gezeigt, daß 63% der gut aufgeklärten
Gymnasiastinnen keine oder eine untaugliche Kontrazeption
bei ihrem 1. Coitus durchgeführt hatten (Abb. 4).

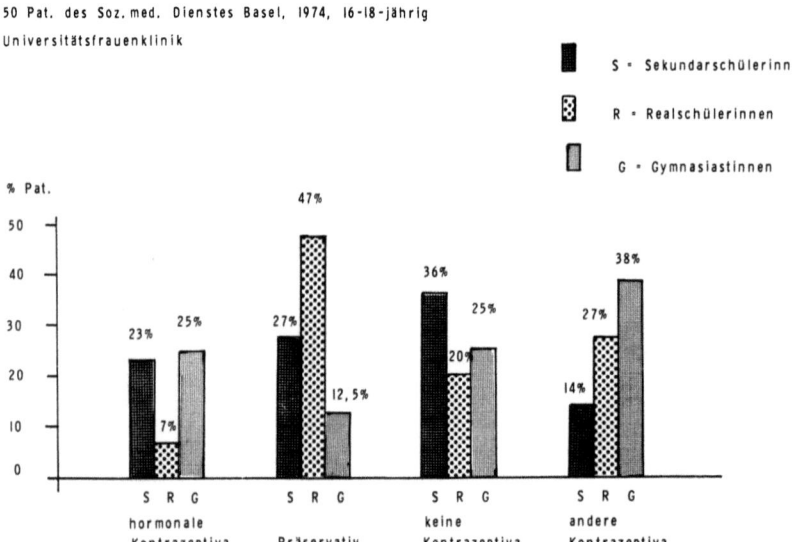

Abb. 4. Kontrazeptionsmaßnahmen beim ersten Coitus in
Abhängigkeit vom Bildungsgrad

Ein signifikanter Unterschied war im Sexualverhalten der
beiden jugendlichen Gruppen zu beobachten. Während in der
Risikogruppe 100% ein Petting und 96% einen Coitus erlebt
hatten, waren es bei der Kontrollgruppe 43% und 16% (Abb.5)
(3). Diese Resultate entsprechen anderen Untersuchungen,
die den Einfluß sozialer Faktoren auf das Sexualverhalten
beschrieben.

Befragung Soz. med. Dienst, Universitätsfrauenklinik Basel

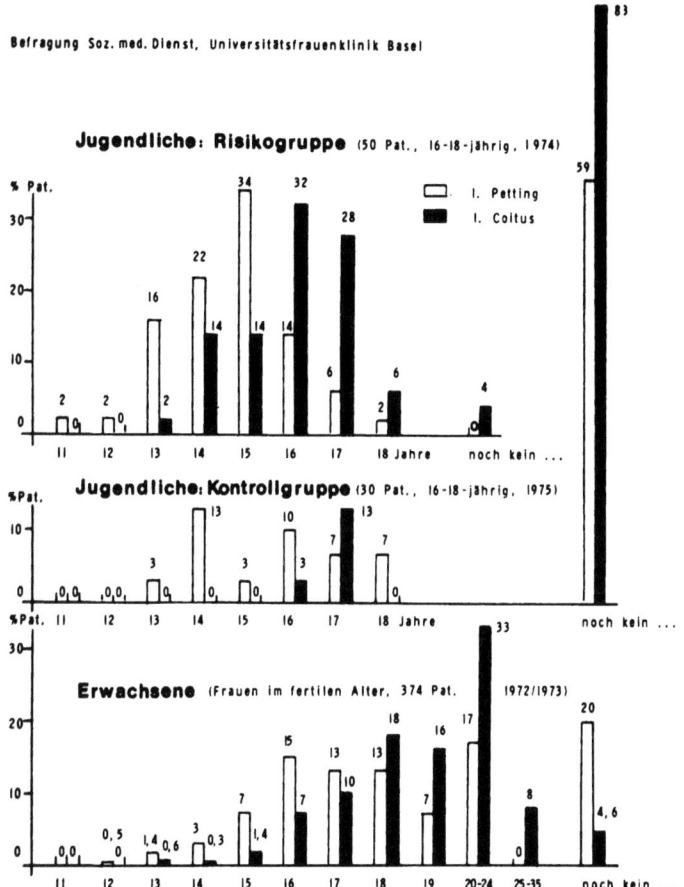

Abb. 5. Alter beim 1. Petting und beim 1. Coitus

Das Durchschnittsalter der Jugendlichen, die bereits ein Petting erlebt hatten, betrug bei beiden Gruppen 14,5 Jahre; bei beiden Gruppen erfolgte der 1. Coitus im Durchschnitt 1,3 Jahre später.

Das Sexualverhalten der Jugendlichen zwischen 16 und 18 Jahren zeigt deutlich, daß das gesetzliche Schutzalter von 16 Jahren in den meisten Fällen nicht mehr beachtet wird.
Bei unserer Risikogruppe (Patientinnen des Sozialmedizinischen Dienstes) trat 1 unerwünschte Schwangerschaft auf 8 Gymnasiastinnen auf, 1 unerwünschte Schwangerschaft

auf 4 Realschülerinnen und 1 unerwünschte Schwangerschaft auf 7 Sekundarschülerinnen.

Diese Zahlen lassen wiederum Zweifel an der Wirksamkeit des erworbenen Sexualwissens in Bezug auf seine Anwendung in der Praxis aufkommen und bestätigen uns gleichzeitig, daß andere Faktoren eine nicht zu vernachlässigende Rolle spielen.

Alle diese jungen Frauen mit unerwünschter Schwangerschaft sind im Elternhaus aufgewachsen. 55% davon erlebten die Situation im Elternhaus als gestört und disharmonisch. Die Einstellung zu der eigenen beruflichen Ausbildung war bei den jungen Gravidae nur in 44% gut, während bei den Nichtschwangeren dieser Gruppe sich 83% befriedigt über ihre Berufswahl äußerten.

Diese wenigen Zahlen aus einer umfassenderen Studie geben uns Anhaltspunkte über das Problem der sexuellen Aufklärung. Die Kontrazeption beim Jugendlichen wird im Sozialmedizinischen Dienst auf Grund endokrinologischer Studien durchgeführt. Sie gehört nicht in den Rahmen dieses Referates.

2. *Frauen mit unerwünschter Schwangerschaft*

Die Entscheidung über den Schwangerschaftsabbruch wird im Sozialmedizinischen Dienst der Universitätsfrauenklinik Basel entsprechend dem schweizerischen Gesetz zwei Ärzten übertragen, einem für den betreffenden Fall zuständigen begutachtenden Facharzt und der Leiterin des Sozialmedizinischen Dienstes. Handelt es sich, wie in der Mehrzahl der Fälle, um eine psychiatrische Begutachtung, so wird sie von einem Arzt der psychiatrischen Poliklinik, bei Mädchen unter 16 Jahren von einem Arzt der psychiatrischen Kinderpoliklinik vorgenommen. Das erwähnte Team von Gynäkologen, Psychiatern, Sozialarbeitern und Seelsorgern übt bei der Entscheidung über Gesuche um Schwangerschaftsabbruch nur eine beratende Funktion aus; sie kann sich aber auch zur Kontrollfunktion für die beiden entscheidenden Ärzte ausweiten. Die Mitarbeit der Sozialarbeiter und der Seelsorger ist wertvoll. Sie unterstehen der gleichen Schweigepflicht wie die Ärzte. Man hat es für die Frauen als unzumutbar bezeichnet, vor einem Gutachter- oder Beratergremium erscheinen zu müssen. In Wirklichkeit erscheint die Gesuchstellerin niemals vor dem ganzen Gremium; sie spricht jeweils unter vier Augen mit einer Fürsorgerin, einer Ärztin des Sozialmedizinischen Dienstes und, wenn diese es für angezeigt hält oder die Schwangere es ihrerseits wünscht, mit einem begutachtenden Facharzt. Der Seelsorger wird nur auf Wunsch der Gravida zugezogen.

Es ist die Aufgabe des Sozialmedizinischen Dienstes, den Frauen in ihrer Konfliktsituation beizustehen. Patientinnen, deren Anfrage zum Schwangerschaftsabbruch bewilligt worden ist, werden in die Klinik eingewiesen. Gleichzeitig versucht das Team, die weiteren Probleme der Patientinnen zu lösen. Gravidae mit abgelehntem Interruptionsbegehren werden, wenn sie dazu bereit sind, in der Folge fürsorgerisch und ärztlich betreut (Abb. 6 und Tabelle 4).

IN DER SOZIALMEDIZINISCHEN ABTEILUNG DER UNIVERSITÄTSFRAUENKLINIK BASEL

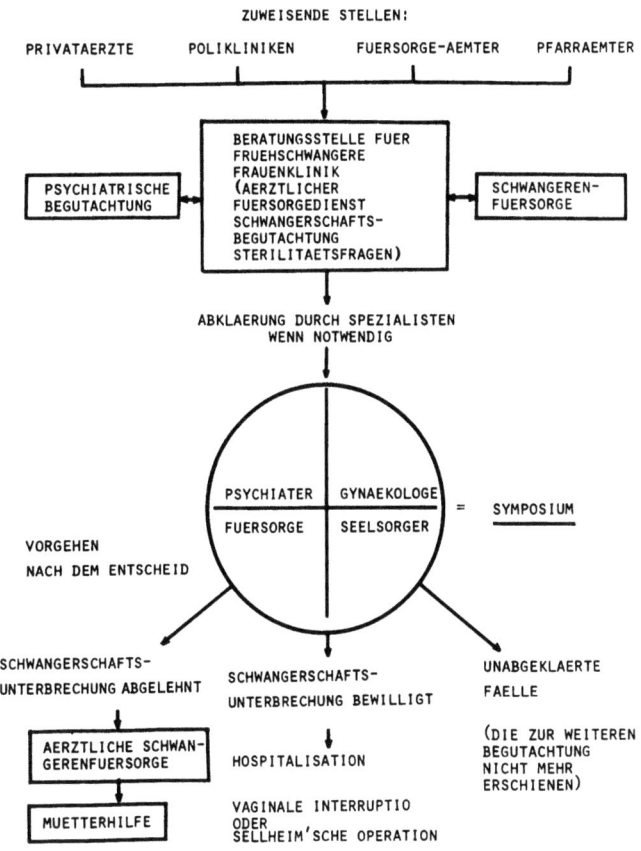

Abb. 6. Die Begutachtung der Schwangerschaftserstehungsfähigkeit. Aus "Zum Problem des Schwangerschaftsabbruchs". M. MALL-HAEFELI: Arzt und Christ, Heft 3-4/Jg. 1971, S. 197-214

Tabelle 4. Unterstützungsmöglichkeiten der Mütterhilfe

A. Beratung und Betreuung. Eheberatung. Familienfürsorge
   Frühschwangerschaftsberatungsstelle.
   Beratungsstelle für werdende Mütter: Mütterhilfe.
   Vormundschaftsbehörde. Kath. und Prot. Seelsorge

B. Arbeitsentlastung.
   Haushalthilfen, halb- oder ganztägig: Mütterhilfe.
   Wochenpflege.
   Vermittlung von Praktikantinnen: Mütterhilfe
   Kindergärten: Mütterhilfe. Ferienversorgung.

C. Materielle Unterstützung.
   Freibettinstitution.
   Mütterhilfe und andere Privatinstitutionen.
   Pro Juventute und ähnliche Fürsorgestellen.

D. Unterstützung während der Schwangerschaft.
   Schwangerenabteilung des Frauenspitals.
   Stellen- und Unterkunftsvermittlung für Schwangere.
   Pflegekinderversorgung. Adoptionsvermittlung.

Aus "Zum Problem des Schwangerschaftsabbruchs". M. MALL-HAEFELI: Arzt und Christ, Heft 3-4/Jg. 1971, S. 197-214

Der Sozialmedizinische Dienst der Universitätsfrauenklinik bemüht sich in enger Zusammenarbeit mit dem Verein "Mütterhilfe" um die Betreuung werdender Mütter und ihrer Familie von dem Zeitpunkt an, zu dem sie unsere Stelle aufsuchen und solange es erforderlich ist. Der Sozialmedizinische Dienst ist in seinen Entscheidungen an den Wortlaut des geltenden schweizerischen Rechtes gebunden. Art. 120 des schweizerischen Strafgesetzbuches anerkennt dem Wortlaut nach nur eine medizinische Indikation zum Schwangerschaftsabbruch. Der Gesetzgeber dürfte dabei in erster Linie eine Gefahr für Leib und Leben der Schwangeren im Auge gehabt haben. Doch die somatischen Indikationen zum Schwangerschaftsabbruch sind heute durch die Fortschritte der Medizin selten geworden. Der Gutachter bleibt immer und zweifellos im Rahmen des Gesetzes, wenn er prinzipiell auch die psychische Gesundheit der Explorandin miteinbezieht (wobei die kantonale Gesetzgebung verschiedene Ausführungsbestimmungen kennt). Problematisch wird die Sache erst, wenn es sich darum handelt, was psychische Gesundheit ist und wann mit einer grossen Gefahr einer dauernden schweren Schädigung gerechnet werden muss.

Hier ist dem Ermessen der beiden zuständigen Ärzte (begutachtender Psychiater und den Eingriff vornehmender "patentierter Arzt", den das Gutachten überzeugen muß) ein weiter Spielraum gelassen. Jede Notsituation kann auf diesem

Wege erfaßt werden, und auch die Indikationen, die in unserem Gesetz expressis verbis nicht angeführt sind, können so berücksichtigt werden.

Die Berücksichtigung der *sozialen Situation* der Schwangeren ist heute eine Selbstverständlichkeit geworden. Sie geht davon aus, daß für die psychische Gesundheit soziale Faktoren eine wesentliche Rolle spielen. Es wäre jedoch falsch zu glauben, daß schlechte soziale Verhältnisse allein durch einen Schwangerschaftsabbruch geändert werden können.

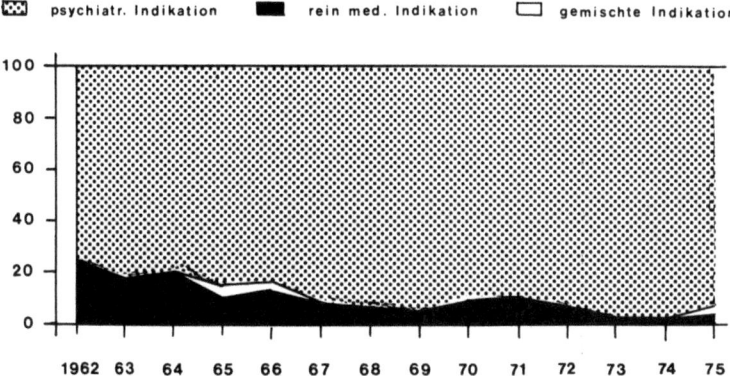

Abb. 7. Verteilung der Indikationen bei bewilligtem Schwangerschaftsabbruch 1962-1975. Sozialmed. Abteilung, Universitätsfrauenklinik Basel. Aus "Zum Problem des Schwangerschaftsabbruchs". M. MALL-HAEFELI: Arzt und Christ, Heft 3-4/Jg. 1971 S. 197-214

Es müssen auch zugleich andersartige Hilfsmaßnahmen eingesetzt werden. Die Folge dieses Vorgehens aber ist, daß die überwiegende Mehrheit aller Schwangerschaftsabbrüche im Sinne unseres Art. 120 StGB aus psychiatrischer Indikation erfolgt (Abb. 7). Die psychiatrische Indikation zum Schwangerschaftsabbruch darf um so eher gestellt werden, je ungünstiger die Lebenssituation der Schwangeren ist und in Zukunft voraussichtlich sein wird und je geringer ihre psychische Tragfähigkeit ist. Es erleichtert die Stellung einer psychiatrischen Indikation zum Schwangerschaftsabbruch, wenn diese Tragfähigkeit schon vor der Schwangerschaft reduziert war. Es darf solches aber nicht zur Bedingung gemacht werden. Es kann auch einer vorher psychisch gesunden Frau vom Austragenmüssen einer Schwangerschaft ein langdauernder oder dauernder schwerer Schaden an der psychischen Gesundheit erwachsen. Erschwerung des wirtschaftlichen Fortkommens, Verunmöglichung der Berufsbildung, Verminderung der Heiratschancen, der Makel einer unehelichen Mutterschaft bei Ledigen können sich auf die Gesundheit der Mutter ebenso auswirken wie Überforderung durch Haushalt und Berufstätigkeit, kranke oder psychisch abnorme Kinder und ungünstige Eheverhältnisse. Psychische Fehlentwicklungen, die vom Austragen einer Schwangerschaft zu befürchten sind, können in chronisch-seelischer Erschöpfung mit entsprechenden Versagenserscheinungen (manchmal auch psychisch-somatisch bedingten Symptombildungen), in chronischer Verdüsterung, Verbitterung und Vertrotzung, Depressivität und Ängstlichkeit, Reizbarkeit und Gereiztheit bestehen oder in schweren Minderwertigkeitsgefühlen und dadurch bedingter Abkapselung von der Umwelt, aber auch Verfall in sexuelle Haltlosigkeit, wie in einer Neigung zu Fehlwahlen bei der Eheschließung.

Suiciddrohungen Schwangerer sind in der Regel zum Glück nicht ernst zu nehmen. Wo sie aber ernst genommen werden müssen, ist die psychiatrische Indikation zum Schwangerschaftsabbruch gegeben. In diesen Fällen ist es aber bedenklich, der Schwangeren zuzumuten, freiwillig in eine psychiatrische Klinik zur Abklärung einzutreten. Die Gravida könnte in der Verzweiflung kurzschlüssig Suicid begehen.

Die Beiziehung des Psychiaters kann auch bei körperlichen Erkrankungen, die an und für sich keine Indikation zum Schwangerschaftsabbruch abgeben, wünschenswert sein. Er wird dann abzuklären haben, ob sich aus der evtl. bereits bestehenden und den zu erwartenden seelischen Auswirkungen des Leidens unter Berücksichtigung von Persönlichkeit und Lebenssituation der Schwangeren eine Indikation zum Schwangerschaftsabbruch ergibt. Analoges gilt für die körperliche Invalidität.

Eine eugenische Indikation kennt das schweizerische geltende Gesetz nicht. Allerdings steht in der Praxis, nach vorheriger Abklärung des tatsächlich bestehenden Risikos, der Umweg über die psychiatrische Begutachtung offen. Es darf auch einer psychisch Gesunden, durchschnittlich Tragfähigen nicht zugemutet werden, ein mit großer Wahrscheinlichkeit mißgebildetes oder mit schweren Erbkrankheiten behaftetes Kind zur Welt zu bringen. Die Gefahr eines schweren dauernden Schadens an der psychischen Gesundheit der Mutter besteht erst recht, wenn es sich um eine bereits praegravid vermindert belastbare Persönlichkeit handelt. Doch wird es auch immer Fälle geben, bei denen das Risiko für das Kind nicht genau berechnet werden kann.

Es besteht auf diesem Gebiet eine zunehmende Verunsicherung gravider Frauen, die in dieser Situation sowohl der Beratung als auch der Beurteilung bedürfen. Bei der Aufnahme der kindlichen Indikation in das Gesetz wird die Feststellung der Höhe des Risikos für das Kind die Problematik bilden, ob das Risiko "wahrscheinlich" sein muß oder ob eine "begründete Besorgnis" genügen soll.

Ebensowenig wie die kindliche Indikation kennt das schweizerische Gesetz die sog. ethische Indikation (Verursachung

einer Schwangerschaft durch eine strafbare Handlung). Die
Fälle, bei denen dieses Problem zur Diskussion steht, sind
in normalen Zeiten äußerst selten und oft auch zweifelhaft.
Im übrigen steht auch hier der Umweg über die psychiatrische Begutachtung offen. Eine entsprechende Abklärung durch
die Strafverfolgungsbehörden muß der psychiatrischen Begutachtung vorangehen, wobei allerdings auch die Mitwirkung
des Psychiaters nützlich sein kann.

Ein Schwangerschaftsabbruch darf überhaupt nur dann vorgenommen werden, wenn der Fall genügend abgeklärt ist.
Weigert sich die Schwangere dabei mitzuhelfen, so läßt
sich eine Begutachtung nicht durchführen; dazu gehört auch,
daß der Schwängerer persönlich an der Besprechung teilnimmt.

Die Frequenz des Sozialmedizinischen Dienstes steigt
jährlich; immer mehr Einwohnerinnen der Stadt und der Region nehmen diesen Dienst in Anspruch. Diese Zunahme beweist ein entsprechendes Bedürfnis der Bevölkerung.

Um die Richtigkeit unserer Entscheidungen zu überprüfen
und Veränderungen im Verhalten unserer Patientinnen und der
beratenden Ärzte und Sozialarbeiter festzustellen, wurden
Nachuntersuchungen durchgeführt, die folgende Resultate ergaben.

Eine Nachuntersuchung unserer Fälle, bei denen der Schwangerschaftsabbruch abgelehnt worden war, ergab, daß nur 32-
20% dieser Frauen einen zweiten Begutachter aufsuchten oder
ohne Begutachtung abortierten.

67-80% der abgelehnten Patientinnen trugen die Schwangerschaft aus (Abb. 8); dies darf zum Teil auf die unserem
Dienst zur Verfügung stehenden Hilfsmaßnahmen zurückgeführt
werden.

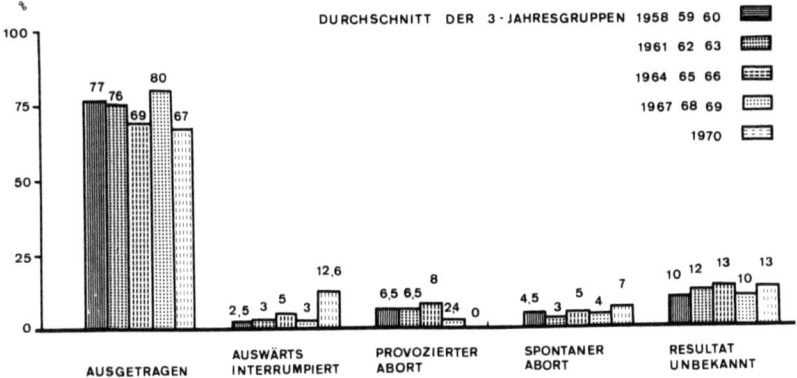

Abb. 8. Schicksal der negativ begutachteten Frauen der
sozialmedizinischen Abteilung der Universitätsfrauenklinik
Basel 1958-1970. Aus "Zum Problem des Schwangerschaftsabbruchs". M. MALL-HAEFELI: Arzt und Christ, Heft 3-4/Jg. 1971
S. 197-214

Umgekehrt hat jedoch 1/8 der Frauen, denen der Schwangerschaftsabbruch bewilligt worden war, bereits nach einem Jahr Zweifel an der Richtigkeit der durchgeführten Unterbrechung geäußert.
50% der Explorandinnen, die die Schwangerschaft hatten austragen müssen, waren dankbar für unseren Entscheid oder waren zumindest ambivalent zu ihm eingestellt. 50% allerdings beharrten auf einer vorwurfsvollen Einstellung. Bei einer analogen Untersuchung der psychiatrischen Klinik von Schaffhausen (6) gaben 40% der betreffenden 218 Patientinnen an, sie seien froh über die einstige Ablehnung ihres Begehrens um einen Schwangerschaftsabbruch.
In der Diskussion um den Schwangerschaftsabbruch wird besonders das Argument des unerwünschten Kindes hochgespielt, das später durch eine Heimerziehung Schaden davontrage. Unsere Nachuntersuchungen nach 9 Jahren (Feiner) (Abb. 9)

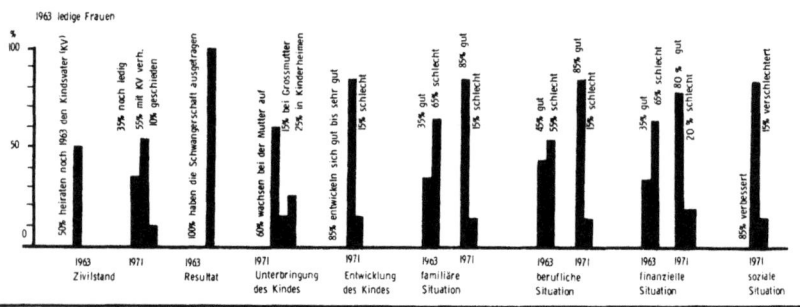

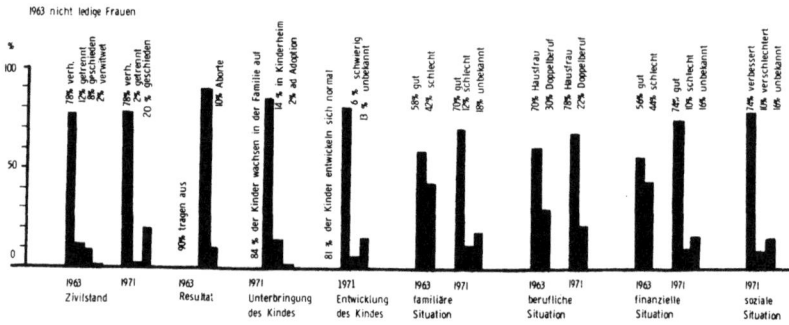

Abb. 9. Nachkontrolle der im Jahre 1963 auf ihre Schwangerschaftserstehungsfähigkeit negativ begutachteten Frauen am Frauenspital Basel, total 70 Fälle, 20 ledige, 50 nicht ledige Frauen. Aus "Zur Frage der Liberalisierung der Schwangerschaftsunterbrechung". M. MALL-HAEFELI: Schweiz. Ztschr. Gynäk. Geburtshilfe 3, 69-91, 1972

haben ergeben, daß ein erwünschtes Kind sehr oft zu einem unerwünschten werden kann (Scheidungswaise), während ungeplante, ja oft unerwünschte Kinder schon während des weiteren Schwangerschaftsverlaufs angenommen und geliebt werden. Bei den ledigen Schwangeren haben sich 15% der Kinder schlecht entwickelt, während bei den oft schwierigeren Verhältnissen der Verheirateten 19% der Kinder eine ungünstige oder ungewisse Entwicklung zeigten. Es handelt sich vermutlich um Zahlen, die sich auch bei der Durchschnittsbevölkerung finden.

Es zeigte sich ferner, daß sich die Zusammensetzung unseres Patientengutes in den vergangenen 20 Jahren in Bezug auf den Zivilstand, das Alter, die Parität geändert hat.

Soz. med. Dienst, Universitätsfrauenklinik Basel

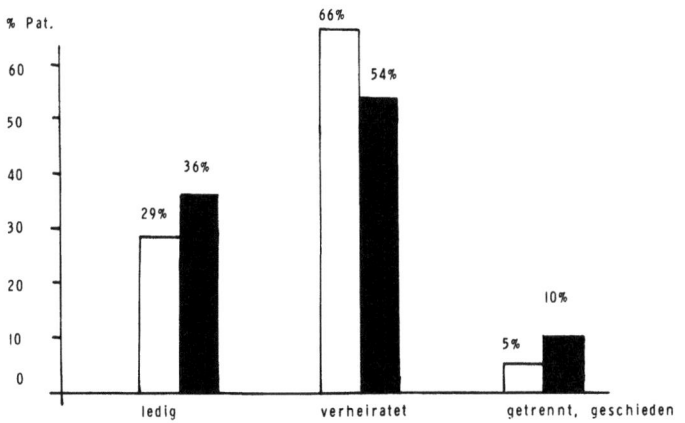

☐ Begutachtungen 1954-56, 511 Pat. (3-Jahresgruppe)

■ Begutachtungen 1975, 550 Pat.

Abb. 10. Zivilstand der Gravidae, die einen Schwangerschaftsabbruch wünschen. Sozialmed. Dienst. Univ. Frauenklinik Basel

So stieg der Anteil der ledigen Frauen während unserer 22-jährigen Beratungs- und Begutachtungstätigkeit von 29% auf 36% an, während sich die Zahl der verheirateten Frauen um 12% reduzierte (Abb. 10). Auch die Alterszugehörigkeit der Frauen, die um einen Schwangerschaftsabbruch nachsuchen, hat sich verändert. Zugenommen hat vor allem die Zahl der ganz jungen Gravidae unter 20 Jahren, sowie während einiger

Jahre die Zahl der über 40jährigen (Abb. 11). Unsere Erfahrungen in Bezug auf die jugendlichen Schwangeren decken sich mit denjenigen von England und Amerika (1); dort beobachtet man jedoch gleichzeitig eine Zunahme der jugendlichen unehelichen Mütter. Vor 20 Jahren waren es vor allem Frauen mit 3-4 Kindern, die einen Schwangerschaftsabbruch von uns forderten, heute sind es vorwiegend 0-Parae oder Frauen mit 1-2 Kindern.

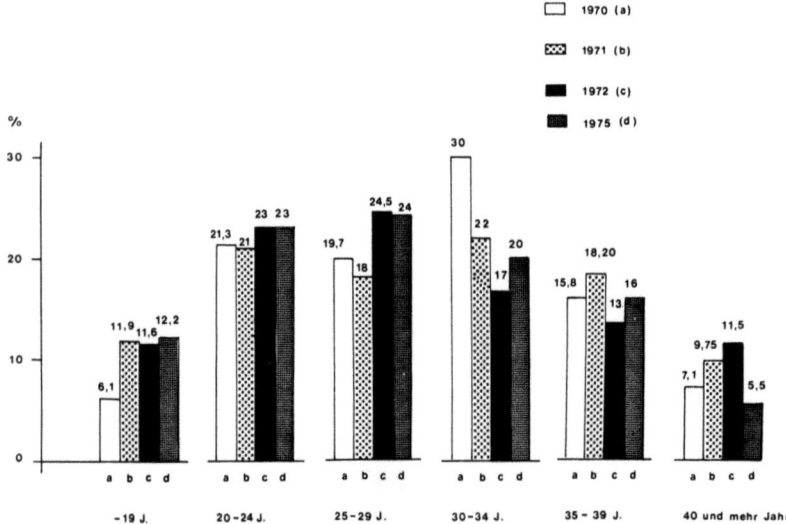

Abb. 11. Begutachtung der Schwangerschaftserstehungsfähigkeit nach Alter der Patientinnen in % des Totals der Begutachtungen. Universitätsfrauenklinik Basel 1970/1971/1972/1975 (310, 340, 372, 550 Pat.)

Seit die Diskussion um den Schwangerschaftsabbruch von der breiten Masse der Bevölkerung geführt wird, ist die Zahl der Abortgesuche stark angestiegen. Die Frauen verlassen sich auf die ihnen in der Schweiz noch nicht de lege lata zugestandene Entscheidungsfreiheit und betrachten den Schwangerschaftsabbruch als eine Möglichkeit der Familienplanung. Die steigende Anzahl der positiven Gutachten des Sozialmedizinischen Dienstes ist zum Teil die Auswirkung der öffentlichen Meinung und politischen Entscheide im In- und Ausland. Diejenigen Frauen, die sich mit der Bitte um einen Schwangerschaftsabbruch an den Sozialmedizinischen Dienst wenden, befinden sich allerdings oft in einer ganz besonders schwierigen Situation. Durch die städtischen Verhältnisse, die hektische Lebensweise, die Doppelbelastung

von Beruf und Haushalt, der die meisten Frauen ausgesetzt
sind und die dadurch umso schwierigeren familiären Verhältnisse werden auch die Beratungen und Begutachtungen immer
anspruchsvoller. Die Mentalität unserer Konsumgesellschaft
betrachtet heute den Besitz von Luxusgütern als etwas
Selbstverständliches, ja Lebensnotwendiges. Sie hat auch
die Sexualität zu einem Konsumgut werden lassen, das mit
größtmöglichem Lustgewinn ohne die Beeinträchtigung durch
die Mühsamkeit einer korrekten Kontrazeption genossen werden will.
1/6 der von uns befragten Frauen erklärten, sie würden
bei einer Freigabe des Schwangerschaftsabbruches aus diesen
Gründen auf die Verwendung der Pille verzichten. 46% unserer im Jahre 1975 begutachteten Frauen hatten zur Zeit der
unerwünschten Empfängnis auf jede Kontrazeption verzichtet,
obwohl sie über die moderne Kontrazeption orientiert waren
und diese früher auch angewandt hatten (Abb. 12).

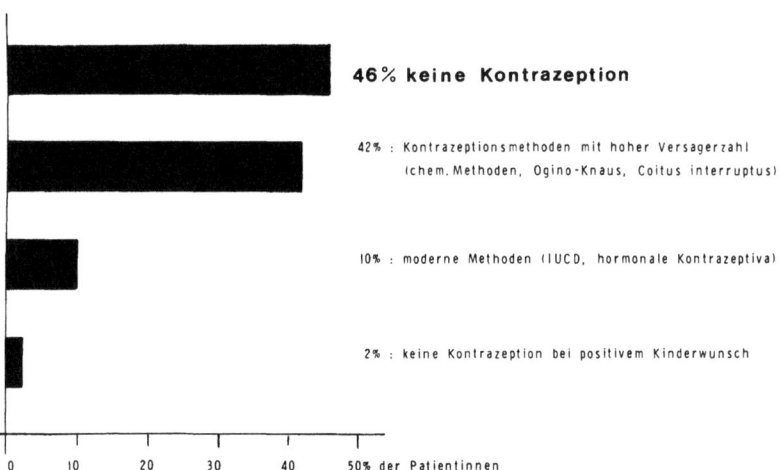

Abb. 12. Angewandte Kontrazeption bei Eintritt einer unerwünschten Schwangerschaft 550 Begutachtungen. Soz. Med.
Dienst, Univ. Frauenklinik Basel, 1975. Aus "Der Sozialmedizinische Dienst an der Universitätsfrauenklinik Basel".
M. MALL-HAEFELI: Vortrag gehalten anläßlich der Tagung der
Österreichischen Gesellschaft für Familienplanung in Pörtschach 13.-15. Mai 1976 (im Druck)

Die Zahl der Frauen, bei denen mehrere Schwangerschaftsabbrüche durchgeführt worden waren, beginnt auch bei uns
anzusteigen; so waren es im letzten Jahr bereits 9% der

Patientinnen, die mehrere Schwangerschaftsabbrüche in ihrer Anamnese angaben (Tabelle 5).

Tabelle 5. Vorausgegangene Schwangerschaftsabbrüche (SSA) Begutachtungen Soz. med. Dienst Basel 1975, 550 Pat. Universitätsfrauenklinik

Vorausgegangene SSA	0	1	2	3	4	5	6	15
Anzahl Pat.	500	41	7	1	-	-	-	1

total Pat. mit vorausgegangenen SSA = 50 = 9%

Aus "Der Sozialmed. Dienst an der Univ.-Frauenklinik Basel". M. MALL-HAEFELI: Vortrag gehalten anläßlich der Tagung der Österreichischen Gesellschaft für Familienplanung in Pörtschach 13.-15. Mai 1976 (im Druck)

Bei der Stellung der psychiatrischen Indikation zum Schwangerschaftsabbruch spielt die Institution der Beratung eine besonders große Rolle. Nur 15% der von uns zu beratenden Frauen kamen im vergangenen Jahr mit einer erkennbar ambivalenten Einstellung zum Problem des Schwangerschaftsabbruchs, und fast ausschließlich diese Gruppe ist es, die sich bei der Beratung zu einem Verzicht auf den Schwangerschaftsabbruch entschließt. Alle übrigen aber sind in dieser Hinsicht nicht umzustimmen und wünschen gar keine Beratung. Sie stehen zum Teil unter dem Druck des Partners und ihrer weiteren Umgebung, und nur ein striktes "Nein" der Beratungs- und Begutachtungsstelle ermöglicht es diesen Frauen überhaupt, ihre Situation ernsthaft zu überdenken.

Davon abgesehen ist zu berücksichtigen, daß in einer akuten Konfliktsituation die Betroffene zu einer objektiven Abwägung des Für und Wider nicht imstande ist. Der Wunsch nach einem Schwangerschaftsabbruch ist in vielen Fällen für die Frau zunächst eine überwertige Idee, erst später kommt es bei manchen Frauen zu einer Änderung ihrer Einstellung. In diesen Fällen kann, wie unsere 20jährige Erfahrung gezeigt hat, eine Beratungs- und Begutachtungsstelle der Frau Schutz gewähren, während eine reine Beratungsstelle Gefahr läuft, der Frau deutlich weniger denn je zu einer freien Entscheidung zu verhelfen.

Seit Anfang Mai 1975 haben wir unsere Beratungs- und Behandlungstätigkeit auf dem Gebiet der Sexualmedizin zusätzlich intensiviert, indem wir eine spezielle Sprechstunde für Sexualmedizin eingerichtet haben. In dieser Sprechstunde arbeiten Gynäkologen, Endokrinologen und Psychiater zusammen. Die eigentliche psychiatrische Behandlung wird von einem Psychiater, der sich auf dem Gebiet der Sexualmedizin spezialisiert hat, wahrgenommen.

Erfaßt werden die Patienten im Rahmen der Sprechstunde, sei es, daß sie speziell wegen eines sexualmedizinischen Anliegens kommen oder daß sich sexualmedizinische Probleme im Rahmen der allgemeinen Besprechung und Untersuchung auf der Sozialmedizinischen Beratungsstelle ergeben. Das erste Gespräch und auch eine erste Behandlung erfolgen somit durch die Gynäkologen der Beratungsstelle, die in einem intensiven Seminar von psychiatrischer Seite über neuere Forschungsergebnisse und vor allem über mögliche einfache Behandlungen instruiert wurden. Seit diesem Seminar kommen die Mitarbeiterinnen regelmäßig mit dem Psychiater zusammen, um die laufenden Fälle zu besprechen.

Handelt es sich offensichtlich um kompliziertere psychische Zusammenhänge, so werden die Patientinnen einer der Beratungsstelle speziell für diese Zwecke zur Verfügung stehenden Spezialärztin für Psychiatrie und Psychotherapie zugewiesen. Diese übernimmt gewissermaßen in einer zweiten Stufe die Diagnostik und auch die Therapie.

Wenn es sich aber bei der sexuellen Störung um ein Symptom im Rahmen einer schweren Neurose handelt, für die voraussichtlich eine länger dauernde intensive Psychotherapie notwendig ist, so werden diese Patientinnen entweder an einen freipraktizierenden Spezialarzt für Psychiatrie und Psychotherapie oder aber an die Psychiatrische Univ. Poliklinik in Basel überwiesen. Auf psychischer, psychosomatischer Ebene gibt es somit zwei Stufen der Behandlungsmöglichkeit. Selbstverständlich sind diese Stufen oder Bedürftigkeiten nicht scharf voneinander abgrenzbar, und die Zuweisung an die entsprechenden Therapeuten ergibt sich fließend aus den regelmäßigen Zusammenkünften und Besprechungen zwecks Supervision. In Tabelle 6 sind die wichtigsten psy-

Tabelle 6. Therapie funktioneller Sexualstörungen

Aufklärung
Coitusverbot
Paradoxe Intention
Autogenes Training
Verhaltenstherapie
   in vitro
   in vivo
Gesprächstherapie
Kommunikationstherapie
Fokale Therapien
Psychoanalyse
Daseinsanalyse
Logotherapie

PÖLDINGER, W.: "Sexualberatung in der Praxis" Wissenschaftliche Information, 1. Jg., Heft 2, S. 22-33, 1975 Hrsg. Milupa AG., Friedrichsdorf, Deutschland

chiatrischen Therapiemethoden zusammengestellt, welche an unserer Abteilung zur Anwendung gelangen; vollständigkeitshalber sind auch Therapien angeführt, die an unserer Abteilung nicht praktiziert werden, wie beispielsweise die intensiveren und sehr zeitaufwendigen tiefenpsychologischen Behandlungsverfahren. Diese psychiatrischen Behandlungsmethoden wurden deswegen an erster Stelle erwähnt, weil die Erfahrung gezeigt hat, daß ein Großteil der sexuellen Störungen funktioneller Art sind und eine psychische Ursache haben.

Sämtliche Patientinnen werden auch organisch abgeklärt; solche mit endokrinologischen und gynäkologischen Erkrankungen werden einer somatischen Behandlung zugeführt.

Wir haben die Absicht, später im Rahmen eines Forschungsprogrammes eine größere Anzahl von Frauen mit sexuellen Störungen einer routinemäßigen genaueren endokrinologischen Abklärung zuzuführen.

Abschließend soll noch einmal betont werden, daß es uns, wie schon auf dem Gebiete der Familienplanung, auch auf dem Gebiet der Sexualmedizin von ganz besonderer Wichtigkeit scheint, die Partner unserer hilfesuchenden Frauen in die Diagnostik und auch in die Therapie miteinzubeziehen.

LITERATUR

1. LANE, J.: Report of the Committee on the working of the abortion act. Volume I. London: Her Majesty's stationery Office, April 1974
2. LENZ, W., KELLNER, H.: Die körperliche Akzeleration. Überblick zur wissenschaftl. Jugendkunde *16*, München (1965)
3. MALL-HAEFELI, M.: Die antikonzeptionelle Beratung Jugendlicher. Med. Welt *27*, (N.F.), 149-154 (1976)
4. MALL-HAEFELI, M.: Der Sozialmedizinische Dienst an der Universitätsfrauenklinik Basel. Ztschr. für Präv. Med. *18*, 91-98 (1973)
5. NOLD, R.: Größenzunahme, Wachstumsbeschleunigung und Zivilisation. München: Manz-Verlag 1964
6. WANNER, O.: Das vom Psychiater abgelehnte Interruptionsbegehren im Urteil von 218 betroffenen Frauen. Schweiz. Med. Wschr. *104*, 242-249 (1974)

Der Tod im Krankenhaus

Ephrem Else Lau, München

Der Tod in der Klinik trifft den Menschen in einer ganz
bestimmten sozialen Situation. Von einer sozialen Situation
spricht die Soziologie dann, wenn jemand sein Handeln auf
Partner richtet. Unser alltägliches Leben setzt sich aus
typischen sozialen Situationen zusammen; Situationen, die
sich in zeitlichen Rhythmen wiederholen, etwa im Tages-
oder Jahreslauf - Situationen aber auch, die nur einmal im
Leben auftreten, wie die Sterbesituation. Wir alle bestimmen für andere deren soziale Situationen mit, und unsere
eigenen Lebenssituationen werden von anderen mitbestimmt.
Das gilt auch für die Situation des Sterbenden im Krankenhaus.
  Das Klinikpersonal wird mehr oder weniger häufig beruflich mit dem Sterben von Patienten konfrontiert. Als zu-
tiefst Betroffenen und Engagierten dürfte es den Mitarbei-
tern medizinischer Einrichtungen immer wieder zum Problem
werden, die Perspektiven der Partner in dieser belastenden
Situation zu übernehmen. Einen solchen Perspektivenwechsel
sollen die folgenden Überlegungen erleichtern helfen. Es
werden einige Thesen vorgelegt, die die Situation des Sterbenden im modernen Krankenhaus beschreiben. Bei ihrer Ab-
fassung habe ich mich zum Teil auf eigene Beobachtungen,
zum Teil auf soziologische Untersuchungen gestützt, die
vorwiegend aus amerikanischen Kliniken stammen [1].
  Die erste These bezieht sich auf den historischen Wandel
der Sterbeszene. "Sterben" ist eine menschliche Situation,
die man zunächst als universal, kulturübergreifend und
historisch nicht wandelbar zu sehen geneigt ist. Demgegenüber muß gesagt werden:

1. DIE STERBESITUATION HAT SICH IN DEN LETZTEN HUNDERT
JAHREN GRUNDLEGEND VERÄNDERT

Mehr als die Hälfte aller Todesfälle ereignen sich heute
im Krankenhaus, genauer im Akutkrankenhaus. Dieses wohl als
Teil des Trends zur Verlagerung von Funktionen aus den
Familien bzw. aus den Verwandtschaftsgruppierungen in
andere Institutionen zu interpretierende Geschehen schließt

verschiedene weitere Veränderungen ein. Es ändert sich nicht nur die räumliche Umgebung des Sterbenden, sondern es verlagern sich auch die sozialen Beziehungen von den Mitgliedern seiner Primärgruppe auf die Rollenträger der Krankenhausinstitution. Die Sterbesituation, die etwa den Vater inmitten seiner Kinder und Enkel zeigt, letzte Weisungen gebend und segnend – eine Situation, die der amerikanische Soziologe David SUDNOW die "Hollywood-Version des Sterbens" genannt hat (2) – diese Situation ist nicht mehr typisch für unsere Industriegesellschaften. Die modernen Sterbeszenen sind – und dahin zielt die nächste These – zunächst stark bestimmt durch die Institution, in der sie stattfinden: das Akutkrankenhaus. Konfrontiert man die Zielsetzung des Akutkrankenhauses mit den Bedürfnissen Sterbender, so muß gesagt werden:

2. DIE ZIELORIENTIERUNG UND DIE ZUR ERREICHUNG DIESER ZIELE AUFGEWENDETEN MITTEL SIND DER SITUATION VIELER STERBENDER PATIENTEN INADÄQUAT

Zunächst dürfte es hier nützlich sein, zwischen zwei Typen von Sterbesituationen zu unterscheiden, für die die Klinik je verschieden relevant wird: nämlich zwischen dem Typ des "erwarteten" und dem des "unerwarteten" Todes. Während dem "erwarteten" Tod ein Prozeß vorausgeht, der sich über eine kürzere oder längere Zeitspanne hinzieht und der den Sterbenden selbst wie seine Bezugspersonen auf das Ende vorbereitet, stellt beim Typus des "unerwarteten Todes" der Tod eine Bedrohung dar für ein Leben, das aufgrund der Funktionsfähigkeit der körperlichen Organe und auch aufgrund sozialer Erwartungen, die sich etwa auf Alter und soziale Stellung in Beruf und Familie stützen, noch nicht zu Ende gehen dürfte. Da im Falle des "unerwarteten Todes" nur das Akutkrankenhaus in der Lage ist, die materiellen Mittel und das geschulte Personal für den Kampf gegen den plötzlich drohenden und vielleicht noch abzuwendenden Tod bereitzustellen, dürfte es die adäquate Institution sein für so geartete Sterbesituationen.

Anders beim Typus des "erwarteten Todes", mit dem wir uns hier vor allem beschäftigen wollen. Hier zeigt sich, daß die Zuständigkeit des Akutkrankenhauses in seiner jetzigen Form in Frage gestellt werden könnte.

Das Akutkrankenhaus ist geprägt von der Zielsetzung der medizinisch-technischen Sorge um die Wiederherstellung von Akutkranken. Der medizinisch-technische Fortschritt findet weitgehend in diesen Kliniken statt. Die Arbeit im Krankenhaus ist ausgerichtet auf die Verlängerung des Funktionierens des menschlichen Organismus. Es fehlen daher weithin - auch in modernen Bauten - Einrichtungen, die speziell auf die Bedürfnisse von Patienten mit terminaler Diagnose abgestimmt sind. Man hält zwar im allgemeinen die Isolierung der Sterbenden von den Mitpatienten - also ihre Entfernung aus Mehrbettzimmern - für angebracht. Es sind aber kaum Räume vorhanden, in denen sie untergebracht werden könnten. Daß Patienten im Bad, günstigerenfalls im Arzt- oder im Schwesternzimmer sterben, kommt zwar nicht jeden Tag vor, gehört aber durchaus nicht in die Phantasiewelt von Illustriertenreportern. Die Technik erhält im modernen Akutkrankenhaus immer stärkeres Gewicht. Nicht wenige Patienten dürften heute unter dem Sauerstoffzelt, am Beatmungsgerät oder angeschlossen an andere Apparaturen ihr Leben beenden. Für manchen ist die Intensivstation die letzte räumliche Umgebung.

Die Rolle des Sterbenden scheint in der Klinik nicht wie die des Patienten strukturell gewollt und eingeplant. Der Sterbende spielt eher bis zuletzt die Patientenrolle.

Charakteristisch für diese Patientenrolle ist, daß sie ungewollt zu sein hat, daß man ihr recht bald wieder entkommen sollte, da Krankheit gesellschaftlich disfunktional ist und persönlich unerwünscht bleiben muß. Das gilt in noch viel stärkerem Maß für das Sterben.

Für den Sterbenden im Krankenhaus ergibt sich von seiner Patientenrolle her die Verpflichtung, solange wie irgend möglich gegen seinen Tod anzugehen. Das Dilemma, in das der Sterbende in der Klinik gerät, besteht darin, daß seine Situation zugleich unausweichlich und extrem unerwünscht ist. Er muß spüren, daß sein Zustand von der Orientierung der Institution her mißbilligt wird und daß man auch von ihm selbst erwartet, daß er diese Mißbilligung bis zuletzt teilt. Der Tod ist in der Klinik der große Feind, gegen den alle ihre Einrichtungen und Maßnahmen gerichtet sind. Diese generelle Ausrichtung der Institution Krankenhaus führt dort, wo sie mit der Unausweichlichkeit des Todes konfrontiert wird, zu typischen Handlungsunsicherheiten, auf die in der nächsten These eingegangen werden soll.

3. DIE STERBESITUATION IST FÜR ALLE BETEILIGTEN EIN ÄUSSERST UNSICHERES FELD SOZIALEN HANDELNS

Für das Handeln in sozialen Situationen ist es von großer Bedeutung, daß der Handelnde sich darüber im klaren ist, bzw. daß unter den Beteiligten Übereinstimmung darüber besteht, mit welcher Situation man es zu tun hat, welche der allgemeinen Situationskategorien am ehesten zutrifft. Es geht also darum, die wahrgenommene Situation richtig zu definieren, in einem zweiten Schritt darum, sich zu erinnern, welche Verhaltensregeln für eine derartige Situation gelten.

Für das Klinikpersonal ist das Finden der richtigen Situationskategorie - das oft unter Zeitdruck erfolgen muß - äußerst wichtig, weil das Schicksal des Patienten und damit der Erfolg des eigenen beruflichen Handelns mit allen positiven oder negativen Folgen von der richtigen Entscheidung darüber abhängt, an welchem "Ort" zwischen Leben und Tod sich der Sterbende befindet und ob die Chance besteht, ihn noch einmal zurückzurufen.

Die amerikanischen Soziologen GLASER und STRAUSS haben den Prozeß des Sterbens als "Statuspassage" beschrieben, und zwar als einen Statusübergang, für den kein Zeitplan aufgestellt werden kann (3). Zentral ist die Frage, was geschehen wird, wenn der Betroffene und die übrigen Beteiligten verschiedene Auffassungen haben über den Beginn und den voraussichtlichen Ausgang des Übergangs. Der Arzt wird in diesem Übergangsprozeß vom Leben zum Tod zur zentralen Figur, weil er für die anderen Beteiligten die Definition der Situation vornimmt.

Diese Situationsdefinition ist aber heute für den Arzt äußerst problematisch. Durch den Fortschritt der medizinischen Technik ist in vielen Fällen die Möglichkeit gegeben, in den Ablauf des Sterbeprozesses aktiv einzugreifen. Damit wird aber die Entscheidung für eine verbindliche Situationsdefinition noch belastender. GLASER und STRAUSS haben den wichtigsten Einschnitt innerhalb der Statuspassage "Sterben" bei Beginn der Phase des "Nichts mehr zu machen" angesetzt (4). Dieser Einschnitt, von dem ab vom medizinischen Standpunkt aus der Patient keine Chance mehr hat, wiederhergestellt zu werden und der letale Ausgang auch zeitlich in etwa abzusehen ist, ist für die Behandlung des Sterbenden äußerst wichtig, da von hier ab das fundamentale Ziel für den Patienten von der Wiederherstellung zur Erleichterung seiner Lage überwechselt und als eine Folge sich die Aktivität des Personals radikal ändert.

Wird die Situation durch den Experten nicht entsprechend umdefiniert, so wird sich auch das Handlungsziel des Personals nicht ändern, was für den Patienten einschneidende Konsequenzen hat. Das gilt besonders im Hinblick auf die unter bestimmten Voraussetzungen gegebene Chance, einen Organismus, der sich im Zustand des "klinischen Todes" befindet, zu reanimieren. Die technischen Möglichkeiten zur Reanimation konfrontieren den Mediziner immer wieder mit der Frage, ob ihre Anwendung im Einzelfall medizinisch sinnvoll und menschlich verantwortbar ist. Ist sein Eingreifen im Sinne einer sogenannten Reanimation erfolgreich, so kann das für den Patienten verlängertes Leben bedeuten, aber auch einen Zustand, den man nur noch als verlängertes Sterben bezeichnen kann.

In einer solchen Situation verlängerten Sterbens ist nicht
nur die hochgespielte Frage nach dem Zeitpunkt des Abschaltens von Apparaten prekär. Sehr viel öfter stellt sich wohl
im Klinikalltag die weniger dramatisch erscheinende Alternative des Absetzens oder Weiterverwendens von bestimmten
Medikamenten, die ein schmerzhaftes Sterben deutlich verlängern oder die Frage, ob man etwa dann, wenn ein lange
und schmerzhaft sich hinziehender Sterbeprozeß durch das
plötzliche Auftreten einer Infektion in eine neue Phase
tritt, gegen diese akute Krankheit mit allen Mitteln vorgehen soll oder nicht, wenn man weiß, daß eine erfolgreiche
Behandlung der Infektion den Patienten nur seinem Leiden
zurückgeben wird. Der Mediziner weiß hier wohl besser noch
als der Soziologe, daß alle diese Situationen den Arzt deshalb so sehr belasten, weil sie extrem normlos sind.

Wenn es überhaupt einen Maßstab für das ärztliche Handeln
in solchen normlosen Situationen gibt, so ist es der der
Forderung nach der "Erhaltung der Funktionsfähigkeit des
menschlichen Organismus", der gestützt ist durch den im gesellschaftlichen Wertesystem hoch rangierenden Wert "Gesundheit". Es kann also davon ausgegangen werden, daß sich
der Arzt im Konfliktfall solange wie irgend möglich zugunsten dieser allgemein akzeptierten stark wertgestützten Norm entscheiden wird. Dies hat aber Folgen für die
Lage des sterbenden Patienten. Für das medizinische Personal muß die Unsicherheit des Handelns den Streß vergrößern, der bereits vom physisch-psychischen Zustand des
sterbenden Patienten ausgeht. Auf diese Belastung durch
den Partner "schwerkranker Patient" soll sich die nächste These beziehen.

4. DAS BERUFLICHE HANDELN GEGENÜBER STERBENDEN PATIENTEN IST DURCH DIE PHYSISCH-PSYCHISCHE LAGE DES SCHWERKRANKEN UND DURCH DIE GERINGEN ERFOLGSAUSSICHTEN ÄUSSERST ERSCHWERT

Die Art des Leidens Sterbender ist wenig erforscht. "The
Lancet" berichtet 1963 von einigen Studien in Großbritannien.
Danach fand HINTON, daß bei 102 Patienten, die er während
der letzten sechs Monate ihres Lebens beobachtete und die
er mit einer gleich großen Anzahl von Patienten, deren
Krankheiten gleicher Art waren, jedoch nicht zum Tode führten, verglich, körperliche Schmerzen aller Art bei den
sterbenden Patienten nicht nur häufiger vorkamen als in
der Kontrollgruppe, sondern daß sie auch stärker und Behandlungen unzugänglicher waren. 91 der 102 sterbenden Patienten hatten physische Schmerzen, von ihnen blieben 31
während der ersten Interviewwoche ohne ausreichende Erleichterungen; demgegenüber blieben von den 66 Patienten

der Kontrollgruppe mit Schmerzen nur 2 ohne zufriedenstellende Schmerzlinderung.

Nahezu die Hälfte der sterbenden Patienten litten unter schweren Depressionen, nur bei 34 Patienten wurde die Grundstimmung als normal eingeschätzt; dagegen waren 74 Mitglieder der Kontrollgruppe frei von Depressionen. "Viele Krankheiten führen indirekt zum Tod durch Unbeweglichkeit, Sauerstoffmangel des Blutes, Unfähigkeit, Nahrung zu verarbeiten und toxische Absorption, und solche Krankheiten sind von den größten Unannehmlichkeiten begleitet. Mehr noch: Ihr natürlicher Ablauf mag sich heute länger hinziehen als früher, denn Infektionen und andere Komplikationen können verhindert oder behandelt werden, so daß der fatale Ausgang sich verzögert" (5).

Zu den körperlichen Beschwerden dürften für die meisten Patienten weitere psychische Belastungen kommen, wie Angst vor dem Unbekannten, Sorgen für Menschen und Aufgaben, die zurückgelassen werden müssen und anderes.

Zu fragen ist, wie sich die Wahrnehmung physischer und psychischer Leiden beim Patienten auf diejenigen auswirkt, die in dieser Situation zur Hilfe verpflichtet sind.

Die spontane Reaktion auf sichtbar werdendes Leid und sichtbaren Schmerz anderer könnte die der Abwehr und Flucht sein, wenn man annimmt, daß der Wahrnehmende die Stabilität seines eigenen seelischen Gleichgewichts bedroht sieht. Von manchen Völkern werden Alten, Kranken und Sterbenden gegenüber solche Abwehrreaktionen kulturell verordnet.

Für die Angehörigen der Heilberufe ist ein solcher Rückzug schon durch die mit ihren Berufsrollen verbundenen Erwartungen versperrt. Erschwerend für ihr berufliches Rollenhandeln wirkt sich dazu noch die gesellschaftliche Tabuisierung von Sterben und Tod aus. Sie führt dazu, daß in der beruflichen Ausbildung der Heilberufe Sterben und Tod kaum thematisiert werden. Wenn diese Phänomene überhaupt angesprochen werden, dann als medizinisch-technisch zu bewältigende Ausnahmesituationen. Die von Jugend an internationalisierte Tabuisierungsnorm erzeugt starke Hemmungen, wenn von Sterben und Tod gesprochen werden soll. Die Offenheit für Sterben und Tod als Gesprächsthema zwischen dem Angehörigen der Heilberufe und dem Patienten wird aber noch zusätzlich durch ein Phänomen erschwert, das ich in der nächsten These behandeln möchte:

5. IN DER STERBESITUATION ZEIGEN SICH GROSSE DIFFERENZEN IN DER BEDEUTUNG DER SITUATION FÜR DEN BETROFFENEN EINERSEITS UND FÜR SEINE BEZUGSPERSONEN ANDERERSEITS

Das gilt zunächst für die Situation als solche. Für den Sterbenden ist sie "Grenzsituation", die ihn in seiner ganzen Existenz bedroht. Er geht mit seiner gesamten Persönlichkeit, seiner ganzen Identität, in diese Situation ein. Sein Lebensraum ist reduziert auf den Ort, den ihm die Klinik zur Verfügung stellt, seine sozialen Rollen haben sich weitgehend auf die Patientenrolle reduziert, seine sozialen Beziehungen sind eingeschränkt. Sein physisch-psychischer Zustand läßt ihn ohnmächtig und abhängig werden. Seine Zeitperspektive verkürzt sich. Während also dem Sterbenden eine für ihn unausweichliche Totalrolle aufgezwungen ist, und er die Situation nicht verlassen kann, treten die Partner nur mit einem Teil ihres Selbst, mit spezifischen Rollen in die Situation ein. Sie haben die Möglichkeit zum Rollenwechsel, sie können die Situation wenigstens bedingt verlassen oder sich innerlich distanzieren. Ihre Zeitperspektiven reichen ins Unbestimmte, sie sind "quasiewig", der Tod ist für sie nicht aktuell. Mit der Entwicklung der zentralen Berufsrollen im Krankenhaus in Richtung einer immer stärkeren Professionalisierung und Spezialisierung mußten sich ihre Handlungsperspektiven von der des Sterbenden, über die sehr allgemeinen und diffusen Bedürfnissen gekennzeichnet ist, zunehmend entfernen. Die Auswirkungen einer solchen Aufeinanderentwicklung der Bedeutungen der Situation möchte ich in Zusammenhang mit der folgenden These näher beleuchten.

6. DIE ANGEHÖRIGEN DER HEILBERUFE IM KRANKENHAUS VERSUCHEN, DIE BELASTUNGEN, DIE VOM STERBENDEN PATIENTEN AUSGEHEN, WEITGEHEND INNERHALB DES MEDIZINISCH-BIOLOGISCHEN SINNSYSTEMS ZU LÖSEN

Daß das medizinisch-biologische Sinnsystem, also die Deutung von Situationen mit Hilfe medizinisch-biologischer Denkzusammenhänge, auch in der Sterbesituation seine Relevanz behält, zeigt sich vor allem im Zurücktreten anderer Denk- und Verhaltensweisen, auf die man früher zurückgriff, wenn es um Sterben und Tod ging. Dabei wäre vor allem das religiöse Sinnsystem zu nennen. Heute scheint religiöses Sprechen von Sterben und Tod und der Vollzug religiöser Sterberiten den Beteiligten mehr und mehr inadäquat angesichts der medizinisch-technisch bestimmten Krankenhausumwelt. Der Vollzug von Riten wird teilweise als "böses Omen" und

Hinweis auf das baldige Ende gesehen und möglichst lange
hinausgeschoben, so daß der Patient meist nicht mehr in
der Lage ist, sie persönlich mitzuvollziehen. Zur Tabuisierung von Sterben und Tod scheint in unserer Gesellschaft
weithin auch die Tabuisierung des Religiösen zu kommen. So
stehen religiösem Sprechen von Sterben und Tod starke Hemmungen entgegen. Solche Hemmungen existieren nicht für das
Reden in einer medizinisch-biologischen Sprache, die den
Tod versachlicht und entemotionalisiert.

Medizinisch-biologische Argumentationen werden zunächst
dazu verwendet, beim Patienten, bei Verwandten und wohl
auch beim Personal selbst - denn auch das Klinikpersonal
trauert ja um seine Patienten - die Hoffnung auf Genesung
so lange wie möglich aufrechtzuerhalten. Solchen Hoffnungen
kann verbal auch Ausdruck gegeben werden, wenn ihnen eigentlich vom medizinischen Wissen her die Grundlage fehlt.
Stirbt der Patient, so bleibt die Möglichkeit, seinen Tod
medizinisch-biologisch zu erklären und aus organischen Pro-
zessen den notwendigerweise fatalen Ausgang zu legitimieren:
"Vom Standpunkt des Arztes aus gesehen" - so schreibt SUDNOW
in seinem Buch "Organisiertes Sterben" - "liegt ein Fall
dann ideal, wenn es sich um einen Krankheitsprozeß mit unvermeidlich letalem Ausgang handelt, auf den er schon vorher, und nicht erst nachträglich, als die Todesursache hinweisen kann" (6). Solche medizinisch-biologischen Legitima-
tionsversuche sind eine Hilfe im Prozeß des Trauerns.

Auf der Grundlage medizinischer Legitimationen lassen
sich auch die typischen Verhaltensweisen rechtfertigen,
die den Mitgliedern der Heilberufe vertraut und selbstverständlich sind: Ich meine die Techniken des Verschweigens
und Verbergens von Sterben und Tod, die innerhalb der Klinik üblich sind. So ist im allgemeinen zu beobachten, daß
die Meinung, der Patient dürfe über seine Lage nicht informiert werden - unabhängig von der persönlichen Auffassung
einiger weniger Ärzte - die übliche handlungsrelevante Einstellung des Personals ist. Diese Haltung scheint nicht in
bezug auf jeden einzelnen Patienten neu eingenommen zu werden, sondern besonders dem Pflegepersonal selbstverständlich
zu sein. Noch selbstverständlicher als das Verschweigen
eines bedrohlichen Zustandes gegenüber dem Betroffenen
scheint dem Klinikpersonal das Verbergen der Vorgänge um
Sterben und Tod gegenüber Insassen und Besuchern.

Medizinisch-pflegerisches Handeln erleichtert neben solchen Techniken des Verschweigens und Verbergens den Umgang
mit dem Sterbenden. Pflegerische Maßnahmen wie das Anfeuch-
ten der Lippen, das Abwischen von Schweiß, das Fühlen des
Pulses, Veränderungen der Lage, Verabreichung von Sauer-
stoff, Erleichterung der Atmung durch Einsatz von Absaug-
vorrichtungen, stellen einen festen Kanon von Verhaltens-
elementen dar, die als angebracht und richtig angesehen

werden. Die Krankenschwester hat es hier wohl leichter als
die Angehörigen oder auch der Arzt. Für das Pflegepersonal
gibt es immer noch die Möglichkeit, "etwas zu tun", während
von den Angehörigen verlangt wird, einfach da zu sein und
ja auch der Arzt gegenüber dem sterbenden Patienten eher
indirekte Funktionen hat. Auf diese spezifischen Funktionen
des Arztes soll in der letzten These eingegangen werden.

7. DEM ARZT KOMMEN GEGENÜBER DEM STERBENDEN PATIENTEN UND
DEN ÜBRIGEN BETEILIGTEN IN DER STERBESITUATION VOR ALLEM
DEFINIERENDE UND KOORDINIERENDE FUNKTIONEN ZU

Es wurde oben vorgeschlagen, zwischen zwei verschiedenen
Typen von Tod im Krankenhaus zu unterscheiden. Diese Unterscheidung wird besonders auch für die Funktion des Arztes
in der Sterbesituation relevant. Im bezug auf den "erwarteten Tod", von dem wir gesagt hatten, daß ihm ein längerer
Sterbeprozeß vorausgeht, den man als Statuspassage beschreiben kann, kommen dem Arzt vor allem die Aufgaben zu, die
jeweils vorhandene Situation zu definieren, zu proklamieren
und die verschiedenen Ansichten der Beteiligten zu koordinieren. Mit der Feststellung des jeweiligen "Ortes" des
Patienten zwischen Leben und Tod hat der Arzt zugleich das
für die zutreffende Situationskategorie adäquate Handeln
festzulegen. Dieser Festlegung des gemeinsamen Ausrichtung
des Handelns kommt an dem Punkt besondere Bedeutung zu, an
dem der Arzt die Situation als "hoffnungslos" definiert hat
und man sich dazu entschließen muß, dem Patienten den verbleibenden Rest seines Lebens so angenehm zu machen, wie
das unter den Bedingungen seiner Krankheit möglich ist.
Ist das Ziel des Handelns festgelegt, so kommt dem Arzt
weiter die Funktion zu, die Strategie zu bestimmen, die zu
seiner Verwirklichung eingeschlagen werden soll. Die Vermittlung einer solchen Strategie an das Pflegepersonal geschieht nach den dieser Arbeit zugrundeliegenden Beobachtungen am klarsten dann, wenn sie aus Maßnahmen zur Lebensrettung oder Wiederherstellung besteht. Lautet das Handlungsziel nicht auf Wiederherstellung, so wird der Arzt dem
Pflegepersonal nach manchmal nicht sehr präzisen Anweisungen über die Schmerzbekämpfung das Feld überlassen.
Bei allen Fällen von "erwartetem Tod", die ich beobachten
konnte, war der Arzt in der letzten Phase nicht mehr zugegen, auch die amerikanischen Untersuchungen kommen zu dem
Ergebnis, daß während des eigentlichen Sterbevorgangs, wenn
er sich länger hinzieht, die Schwester, bzw. der Pfleger
die eigentliche Kontaktperson zum Patienten ist. Eine Funktion hat der Arzt erst dann wieder, wenn er als 'amtlicher
Leichenbeschauer' auftritt und den Tod offiziell feststellt.

Mit diesem Sich-zurück-ziehen des Arztes aus den eigentlichen Sterbesituationen beim Typus des "erwarteten Todes" ist eine Problematik angesprochen, die den modernen Klinikarzt vor noch unbewältigte Aufgaben stellt. Es wurde oben schon angedeutet, daß die Möglichkeiten der modernen Medizin diese Phase des Sterbens eher verlängern als verkürzen. SUDNOW ist der Ansicht, daß die nicht selten zu beobachtende Existenz des Individuums als eines - wie er schreibt - "absedierten, komatösen, mit Schläuchen und Kanülen gespickten Objekts, manipuliert und bewußtlos" (7), durch soziale Arrangements mitverursacht ist. Für ihn ist das Auftauchen des Themas der Euthanasie im öffentlichen Zeitgespräch der letzten Jahre "eine unmittelbare Konsequenz des Pflegeverhaltens und der Schmerzangst, die durch die moderne Medizin institutionalisiert worden ist" (8).

Wie weit SUDNOW mit seinem Verdacht recht hat, daß das bei manchen Sterbenden zu beobachtende Dahinvegetieren vielleicht durch das zu undifferenzierte Anwenden schwerer Schmerz- und Beruhigungsmittel mitverursacht ist, könnten nur eingehende Untersuchungen nachweisen. Es scheint aber, daß die medikamentöse Schmerzbehandlung wohl nicht zu den am besten ausgebauten Gebieten der modernen Medizin gehört. Andere als medikamentöse Behandlungen von Todesangst und Schmerz, etwa psychologische Hilfen durch Gespräche, sind in der gegenwärtigen Krankenhauswirklichkeit - soweit dies übersehen werden kann - ohnehin nicht vorhanden. Es kann vermutet werden, daß Schmerz und Todesangst bei Sterbenden in den allgemeinen Akutkrankenhäusern wenig planvoll behandelt werden.

Ansätze zu einem planvolleren Vorgehen gegen Schmerz und Depression finden sich in einigen Londoner Kliniken, über die Cecile SAUNDERS berichtet hat. Diese Kliniken wurden speziell für Patienten mit terminaler Diagnose eingerichtet. Bei uns wurden sie durch zwei Fernsehfilme bekannt, die 1971 produziert wurden. "In der St. Joseph's-Klinik" schreibt Frau SAUNDERS "benutzen wir unsere Medikamente eher dazu, den Schmerz gar nicht erst aufkommen zu lassen, statt zu versuchen, seiner Herr zu werden, wenn er erst da ist" (9). Das sich bei jeder Schmerzbehandlung ergebende Problem der Balance zwischen Schmerzfreiheit und Drogenabhängigkeit, bzw. Bewußtseinstrübung glauben die dort Verantwortlichen durch eine sorgfältige Strategie der Medikamentengaben, die auf der "Einstellung" des Patienten auf die für ihn richtige Dosis nach der Einlieferung und seinem jeweiligen Zustand entsprechenden Anpassungen beruht, lösen zu können. Ein Patient, der nicht in regelmäßigen Abständen gezwungen ist, um Erleichterung zu bitten, ist weniger abhängig von seiner Umgebung. Es wird ihm erlaubt, er selbst zu bleiben und nicht ständig an den Schmerz denken zu müssen.

Depressionen und Ängste behandelt man in den genannten Kliniken jedoch nicht nur mit Hilfe planmäßig eingesetzter Medikamente. Man sieht den sozialen Kontakt als die wichtigste Erleichterung.

Eine solche integrierte Behandlung Sterbender wäre in unseren Akutkrankenhäusern nur möglich, wenn die Ärzte die Sterbesituation - auch und gerade dann, wenn sie sich länger hinzieht, - stärker als Aufgabengebiet sähen. Es geht hier - das möchte ich deutlich betonen - nicht um aktive Sterbehilfe im Sinne von Euthanasie. Es ginge aber darum, die äußerst schwierige Behandlung von Schmerz und Depression bei Sterbenden bewußt als zentralen Bereich etwa in der medizinischen Forschung und der ärztlichen und pflegerischen Ausbildung zu sehen.

Ich möchte im folgenden noch einige Folgerungen zusammenfassen, die man aus den dargestellten Thesen für eine Verbesserung der Situation der Sterbenden in unseren Kliniken ableiten könnte. Dabei beziehe ich mich nur auf den Typus des "erwarteten Todes", also auf die Sterbeprozesse, die sich länger hinziehen.

Zunächst müßte hier überdacht werden, ob es möglich wäre, entweder zusätzlich zum Akutkrankenhaus oder innerhalb des Akutkrankenhauses Einrichtungen zu schaffen, die nicht wie das Akutkrankenhaus vor allem auf Wiederherstellung und Lebenserhaltung, sondern speziell auf die Bedürfnisse sterbender Patienten ausgerichtet wären. Eine sehr bedeutsame Variable für die Lage des Patienten wie auch für die psychische Entlastung des Personals selbst dürfte weiter die Berücksichtigung der Thematik von Sterben und Tod in der beruflichen Sozialisation der Heilberufe sein.

Es kann nicht darum gehen, der Medizin allein die Verantwortung für einen "menschenwürdigen Tod" zuzuschieben und etwa dafür zu plädieren, daß sie den Auftrag erhält, mit allen Mitteln dafür zu sorgen, daß der Patient schmerzlos in den Tod gehen kann. Eher geht es darum, der Medizin die vorrangige Zuständigkeit in der Sterbesituation zu bestreiten.

Die Empfehlung, der Inadäquatheit der Institution Akutkrankenhaus für die Betreuung Sterbender dadurch zu begegnen, daß man speziell auf die Bedürfnisse Sterbender eingestellte Institutionen schafft, sollte nur für solche Schwerkranken gelten, für die die Verbringung in eine Anstalt irgendwelcher Art nicht zu umgehen ist. Es wäre zu überlegen, ob nicht etwa durch ambulante Dienste, spezielle Schulung von Familienangehörigen und die Vergütung von Kosten, die ja auch in der Anstalt anfallen würden, es mehr Familien ermöglicht werden könnte, ihr sterbendes Mitglied bei sich zu behalten.

Die Diskussion um die Problematik der angemessenen Organisation und Institutionalisierung der Sterbesituation in unserer modernen Gesellschaft wäre wohl dringlicher als

die um die Wünschbarkeit rein medizinischer Sterbehilfen.
Es geht um den menschwürdigen Tod in einem umfassenden Sinn, um die Chance, als *der* Mensch und *das* Individuum zu sterben, das wie für sein Leben, so auch für seinen Tod Verantwortung übernehmen möchte und nicht bereit ist, diese Verantwortung unbedacht irgendeiner gesellschaftlichen Institution zu überlassen. Es geht vor allem auch darum, daß weder der Sterbende noch diejenigen, von denen zuallererst Hilfe erwartet wird, also die Familienangehörigen und Angehörigen der Heilberufe, mit ihren Problemen alleingelassen werden. Es geht nicht an, daß Sterbende ausgestoßen werden aus dem Kreis der Lebenden, daß man sie isoliert und die Auseinandersetzung mit ihrer Grenzsituation einer Berufsgruppe überläßt, von der noch dazu offiziell anderes erwartet wird, nämlich die Wiederherstellung Kranker. Das aber setzt die Bereitschaft voraus, Sterben und Tod als Gesprächsthemen im öffentlichen Zeitgespräch aufzugreifen.

LITERATUR

1. LAU, E.E.: Tod im Krankenhaus. Köln: Bachem 1975
   SUDNOW, D.: Organisiertes Sterben. Frankfurt 1973
   GLASER, B.G., STRAUSS, A.L.: Interaktion mit Sterbenden. Göttingen, 1974. (Die Zitate wurden der amerikanischen Originalausgabe entnommen: Awareness of Dying, Chicago 1965, Übersetzung E.E.L.)
2. SUDNOW, D.: a.a.O., S. 117
3. GLASER, B.G., STRAUSS, A.L.: Temporal Aspects of Dying as a Nonscheduled Status passage. American Journal of Sociology. Vol. *71*, Chicago 48-59, 1965-66
4. GLASER, B.G., STRAUSS, A.L.: Interaktion, S. 177
5. Ohne Verf.: Distress of Dying. In: The Lancet, London, 27.4.1963, S. 927 f
6. SUDNOW, D.: a.a.O., S. 111
7. SUDNOW, D.: a.a.O., S. 117
8. SUDNOW, D.: a.a.O., S. 117
9. SAUNDERS, C.: The Moment of Truth: Care of the Dying Person. In: PEARSON, L. (Ed.), Death and Dying, Cleveland, 49-78 1969

II. Psychologische und psychosomatische Aspekte

Praxis der Eheberatung (und Partnertherapie)

L. Wachinger, München

Von der Praxis der Eheberatung (und Partnertherapie) spreche ich Ihnen am besten möglichst konkret; d.h. ich spreche nicht allgemein über die verschiedenen möglichen und üblichen Beratungsformen - psychoanalytisch oder gesprächspsychotherapeutisch orientierte Beratung etwa, oder seelsorgliche, juristische oder sozial helfende Beratung - sondern von *der* psychologischen Beratungsform, nach der ich arbeite: die kommunikationstherapeutisch orientierte Ehe- und Partnerberatung, nach dem Konzept der Kommunikationstherapie, das A. und K.H. MANDEL entwickelt und in zwei Büchern (1, 2) vorgestellt haben.
Es handelt sich dabei um eine Paarberatung, d.h. im Mittelpunkt steht nicht ein Individuum mit seinen Konflikten - oder zwei Individuen - sondern (in der Regel) ein Paar mit seiner vielfältigen Interaktion oder Kommunikation (im weitesten Sinne); also die *Beziehung* zwischen zwei Menschen, mit ihren Regeln und Interaktionsmustern, mit ihren Phasen und Wachstumskrisen, mit ihren Störungen und Blockaden ist in erster Linie Gegenstand der Beratung.
Außerdem stellt die Kommunikationstherapie ein integratives Konzept dar, in dem Elemente verschiedener Therapieschulen (Psychoanalyse, Verhaltenstherapie, Gesprächspsychotherapie, Kommunikationstherapie im Sinne der Palo-Alto-Schule, besonders von P. WATZLAWICK) miteinander verschmolzen sind. Lassen Sie mich das genauer erklären und zugleich einen Einblick in Probleme und Verfahren der Eheberatung und Partnertherapie geben.

I. DAS INTEGRATIVE KONZEPT DER KOMMUNIKATIONSTHERAPIE

1. Die großen Themen oder Leitmotive der psychosozialen Entwicklung, der Haupttypen der charakterlich bedingten Wünsche und Ängste, wie sie in den psychoanalytischen Formulierungen der Persönlichkeitsentwicklung und der Charakterstrukturen (schizoid, depressiv, zwanghaft, hysterisch) dargelegt sind, bilden auch Themen und Leitmotive des Miteinanderlebens, mittels deren sich die Vielfalt der Konflikte und Probleme, wie sie in die Beratung gebracht wer-

den, in ihren immer wiederkehrenden Grundmustern erkennen, einordnen und analysieren lassen. Ich erinnere an J. WILLI, "Die Zweierbeziehung" (5), der nach den vier Hauptneurosestrukturen einen charakteristischen Sonderfall von Beziehungsstörung, nämlich das unbewußte Zusammenspiel, die Kollusion zweier Partner in vier Modellen analysiert: je ein Typ von Grundbedürfnissen bzw. Ängsten dominiert darin als gemeinsame unbewußte Paarthematik und Paardynamik, z.B. das Thema "Liebe als Einander-Umsorgen" (depressive Thematik) oder "Liebe als Einander-Besitzen und -Beherrschen" (zwanghafte Thematik).

Diese psychoanalytischen Konzepte stellen also eine grundlegende Hilfe zur Diagnostik dar; verhaltensanalytisch ausgedrückt könnte man sagen: sie fassen die soziale Lerngeschichte einer Person zusammen. Für die Planung einer Beratungsstrategie und die Intervention ergeben sich aus dieser Typisierung erste wichtige Hinweise, vor allem die Beachtung der "Keimsituationen" (F. RIEMANN), in denen eine bestimmte Reaktionsweise bzw. eine Charakterstruktur oder eine Abwehrform sich tiefer einspuren oder aber modifiziert werden kann; ferner die Sensibilisierung für die strukturspezifischen Ambivalenzen (z.B. Autonomiestreben/ Geborgenheitswünsche bei zwanghafter Struktur).

2. Diese großen Themen oder Leitmotive, die als Wünsche oder Ängste und Aggressionen manifest werden, sind einerseits so gut wie nie ungemischt, andererseits ebensowenig offen und eindeutig gegeben, sondern gebrochen und variiert durch die spätere Lerngeschichte (dazu gehört, psychoanalytisch gesagt, die Ausbildung von Abwehrmechanismen) und durch die aktuellen besonderen Umstände und Ereignisse, die etwa der Krise einer Partnerbeziehung vorausgehen oder sie begleiten: situative Momente (Zeit und Ort), soziale Situation (in einer Partnerbeziehung besonders die Stimuli, die jeweils von dem einen Partner kommen und auf den andern einwirken; doch ist dieses lineare Modell ungenügend, wie später zu zeigen sein wird!), gelernte Einstellungen und Erwartungen (sozusagen "innere", mentale Signale, die eine und dieselbe Verhaltensweise individuell verschieden de- und enkodieren), Verhaltensgewohnheiten, organismische Zustände (Intoxikationen, Defekte), und nicht zuletzt die verstärkenden oder bestrafenden Konsequenzen eines bestimmten Verhaltens.

Die lerntheoretische Verhaltensanalyse hilft, die oft versteckten steuernden oder auslösenden Stimuli und die oft ebenso schwer zu entdeckenden, das Verhalten stärkenden, unterdrückenden oder löschenden Konsequenzen, überhaupt die Gesetzmäßigkeiten, nach denen ein Verhalten gelernt oder verlernt wird, zu sehen und damit umzugehen im Sinne einer gezielten Intervention des Beraters (Therapeuten).

3. Dazu kommt, daß Beziehungen als Systeme im Sinne der Kybernetik funktionieren, also niemals durch ein lineares Reiz-Reaktionsmodell (vgl. oben!) adäquat darstellbar sind; d.h. eine Partnerbeziehung tendiert dazu, durch Rück-Koppelungsmechanismen (Regelkreis, - einfachstes Modell ist der Thermostat!) einen gegebenen Gleichgewichtszustand aufrechtzuerhalten oder wiederherzustellen, der seinerseits von Beziehungsregeln im Sinne der Systemtheorie vorprogrammiert ist.

In diesen Regelkreis der Paarbeziehung, dessen Dynamik von einer aufs Individuum zentrierten Psychologie leicht übersehen würde, sind die beiden Partner - ihrerseits individuelle Systeme, deren Funktionieren nach dem Regelkreis-Modell beschrieben und erklärt werden kann - einbegriffen; sie sind von dem Regelkreis "Beziehung" in ihren Reaktionen mitgesteuert, in ihrem Erleben und Befinden von ihm beeinträchtigt oder gehoben, - bis hin zur Störung von körperlichen Funktionen, am augenscheinlichsten der Sexualfunktion, oder aber zur "Heilung aus der Begegnung" (nach dem Buchtitel von Hans TRÜB, der von Martin BUBERS "dialogischem Prinzip" inspiriert ist).

Diese Systemdynamik einer Paarbeziehung manifestiert sich in der Kommunikation (verbal und extraverbal) der Partner. Das verstehende Gespräch und die therapeutische Handhabung der Kommunikation mit ihren Möglichkeiten der deutenden Strukturierung und Umstrukturierung eines Problems, der Meta-Kommunikation (Reden über die Kommunikation, Feedback), der Unterscheidung von Inhalts- und Beziehungsaspekt in der Kommunikation, der Neudefinition von Beziehungsregeln, bis hin zur Wirkung von Paradoxien, sind das vornehmste Mittel, in diese Systemdynamik bzw. in deren Stillstände und Stereotypen steuernd einzugreifen.

4. Wo sitzt nun das Integrative bei dieser Beratungs- (Therapie-) Form in Diagnose und Intervention?

Es soll kein ausschließliches, streng strukturiertes Interview zur Verhaltensanalyse und kein bloßes schnelles Lossteuern auf ein Symptom stattfinden, sondern auch die Entwicklung und Struktur der Persönlichkeit einbezogen werden; aber wir verlassen uns auch nicht auf die "Umstrukturierung der Persönlichkeit" auf dem langen Weg der Psychoanalyse oder auf das Vertrauen zur Selbststeuerung des Organismus (nicht-direktive Psychotherapie nach C. ROGERS und R. TAUSCH), weil damit allzu vielen Patienten aus oft äußerlichen Gründen nicht zu helfen wäre; wir setzen nicht ausschließlich beim Individuum an und nicht ausschließlich bei der dyadischen Beziehung, - sondern wir versuchen eine Intervention jeweils auf dem Niveau, das mit dem geringsten Aufwand den größten Veränderungswert verspricht.

Ich versuche, das ausführlicher zu erklären:
Die Kommunikationstherapie versteht sich als integrative Psychotherapie, nicht nur weil sie Methoden verschiedener

Therapierichtungen in eine durchgehende Strategie integriert, sondern weil schon das zugrundeliegende Funktionsbzw. Störungsmodell integrativen Charakter hat: es ist ein zweifaches Regelkreis-Modell, - einmal die individuelle Persönlichkeit als "innerer Regelkreis", dann die Kommunikation (im umfassenden Sinn) zwischen zwei Partnern, die Partnerbeziehung als "äußerer Regelkreis".

Störungen, deretwegen Klienten eine Partnertherapie suchen, - meist beide Systeme, Persönlichkeit *und* Beziehung, wenn auch mit unterschiedlicher Akzentuierung betreffend - beziehen sich auf die Selbstregulation des Systems oder der Systeme; die beratende (therapeutische) Intervention muß ihren Weg finden zwischen der Skylla einer zu eng umschriebenen Modifikation einer oder mehrerer Verhaltensweisen unter Außerachtlassung des Systemaspekts (wodurch die Konsequenzen der Intervention für das Paar außer Kontrolle gerieten oder aber wesentliche Reaktionsklassen gar nicht tangiert würden) und der Charybdis eines zu großen Vertrauens auf die Kraft der Selbstregulation oder Selbstheilungstendenz im Sinne der Gesprächspsychotherapie (wodurch das In-sich-Kreisen einer Fehlsteuerung der Systeme oder Subsysteme aufrechterhalten bliebe).

Führt man sich die verschiedenartigen Elemente und Subsysteme vor Augen, die mit ihren Interdependenzen die ineinander vernetzten Systeme Persönlichkeit und interpersonale Beziehung bilden, - von Bedürfnissen, bedingten Reaktionen über Einstellungen, emotionelle Reaktionen, Vermeidungen, innere Selbstverbalisationen bis zu Interaktionsmustern und Kommunikationsregeln, - so ergibt sich eine Reihe von Niveaus, auf denen eine Intervention möglich, sinnvoll oder notwendig ist: Niveau des Verhaltenstrainings (z.B. Löschen, Verhaltensformung, Entspannungstraining), Niveau der kognitiven Selbststeuerung (Einsicht, "Regeln" im Sinne von B.F. SKINNER), Niveau der Kommunikation (Feedback, Rollentausch, Meta-Kommunikation, einander verstärken und bestätigen), Niveau der Akzeptation des Daseins und seiner Strukturen (etwa des Getrenntseins, des Unterlegenseins, (vgl. MANDEL 2, Kapitel 11), des Todes, des individuellen So-Seins und des So-Seins des Partners: durch meditatives Durchsprechen des Selbst- und Lebenskonzeptes, durch Einbeziehung von "Modellen" etwa aus der erzählenden Literatur oder durch Märchen, durch eher daseinsanalytisch orientierte Traumarbeit); dabei kann Intervention auf *einem* Niveau die Intervention auf einem andern Niveau nicht ohne weiteres ersetzen, wie etwa gezieltes Üben oder Verlernen eines Verhaltens nicht durch Vermitteln einer Einsicht in die Bedingungen dieses Verhaltens überflüssig werden muß.

Unterscheidet man noch den eher als Aspekt der ganzen Therapie denn als (zeitlich umschriebene) Phase aufzufassenden, in der Partnertherapie besonders dringlichen Motivierungsprozeß von der eigentlichen Behandlung, so wird gerade hier die Notwendigkeit gesprächspsychotherapeutischer Techniken oder auch (psychoanalytisch orientierter) biographischer Analysen, besonders aber auch kommunikationstherapeutischen Vorgehens (Umdeuten, Paradoxien) deutlich, - ebenso wie an der letzten und entscheidenden Zielsetzung der Partnertherapie, nämlich der gegenseitigen Akzeptation und Wertschätzung der Partner, womit C. ROGERS wohl ein elementares menschliches Bedürfnis umschreibt, das durch Verhaltensmodifikationen allein schwerlich abzudecken ist, dessen Befriedigung eben gerade in Partnerschaften gesucht wird und dessen Frustrierung den Kern aller Partnerkonflikte bildet.

Was andererseits die Therapie relativ autonom gewordener aversiver Verhaltensgewohnheiten oder Vermeidungsreaktionen oder blockierender emotionaler und vegetativer Reaktionen betrifft, sind gezielte verhaltenstherapeutische Interventionen (Löschung, Verhaltensausformung durch differentielle Verstärkung, Entspannungstechniken, Modeling) oder auch Selbstkontrolltechniken eher hilfreich als die nondirektive Aktivierung einer als hochkomplexes Konstrukt zu denkenden Selbstverwirklichungs- und Selbstheilungstendenz (Niveau der eher individuellen Störungen).

Da auch Interaktionsmuster, z.B. Bestrafungsmechanismen, besonders nonverbaler Art, sich gern der Wahrnehmung entziehen, sich dann leicht verfestigen und dann nach ihren eigenen Gesetzmäßigkeiten ablaufen, d.h. ichfremd werden und nicht mehr der Selbstregulation der Systeme Persönlichkeit bzw. Dyade gehorchen, sind neben verhaltenstherapeutischen Techniken (Feedback, Verstärkung, Rollenspiel) kommunikationstherapeutische Techniken, wie Umdeuten, paradoxe Kommunikation, therapeutische Doppelbindung (3, 4) am ehesten erfolgversprechend.

Lassen Sie mich diese sehr gedrängte Darstellung der Eheberatung und Partnertherapie mit einer Fallgeschichte veranschaulichen.

II. BRUCHSTÜCKE EINER FALLSTUDIE (Die Daten sind verändert)

1. Hanni und Martin Pl. sind von der Telefonseelsorge, wo die Frau angerufen hatte wegen Suicid-Gedanken, zur Eheberatung überwiesen. Der Mann sieht sie als "identified patient", zeigt sich sehr um sie besorgt.

2. Beide haben eine Gruppentherapie hinter sich, sind Mitte 30, seit 9 Jahren verheiratet, beide in München aufgewachsen; er ist selbständiger Schlossermeister, sie gelernte Chemie-Laborantin, macht im Geschäft des Mannes die Büroarbeit. Sie haben zwei Söhne (neun u. zweieinhalb Jahre), eine Tochter ist mit zwei Jahren in einem Weiher ertrunken. Die

Wohnung ist klein und zu laut; das Einkommen ist gering
und nicht regelmäßig. Die Frau erwägt die Scheidung als
Ausweg, er denkt nicht an Scheidung.

3. Die Frau zeigt wenig Selbstbehauptung und Durchsetzungsfähigkeit; Depressionen, reaktiv auf wirtschaftliche Probleme, Arbeitsüberlastung; Gefühl der ausweglosen Ehesituation; besonders fühlt sie sich von ihm nicht verstanden. Sie meint damit Situationen, wo er ihre Gefühlsäußerungen rationalisierend zerredet, oder, sie explorierend, bis zu ihrer Erschöpfung weiterfragt und problematisiert, bis sie sich schließlich seiner Neudefinition des Problems unterwirft. Ihm sind besonders ihre Ärgeräußerungen (Vor-sich-Hinschimpfen) und ihre langen Verstimmtheiten schwer erträglich; sie neigt deswegen dazu, Ärgeräußerungen zu unterdrücken, reagiert sensibel auf sein "saures" Gesicht. - Er kann eigene Verletztheit oder Ärger schwer zugeben. - Wenig sexuelle Interaktion.

4. Der erste Eindruck zeigt beide sorglos gekleidet, eher nachlässig und nicht besonders vorteilhaft; er wirkt schwer, auch vom Gesicht her, etwas bärenhaft, gibt sich eher gutmütig und offen; sie kleiner, zierlicher, mit etwas verschüchtertem Blick, wirkt älter und ungepflegter, als es ihren Jahren entspricht. - In ihren Bewegungen und der Art zu sprechen, wirken beide eher verlangsamt, gehemmt; er spricht bedächtig, gewichtig, schwerfällig. - Sie spricht viel lebhafter und lockerer, als sie einmal allein kommt.

5. Vor den Beratungen war jedem ein "Fragebogen zu körperlichen Beschwerden" gegeben worden, der bei ihm nichts, bei ihr Pruritus, gelegentliche Atemnot, übermäßiges Schlafbedürfnis u.a. erbringt, - ferner je ein "Fragebogen zur Partnertherapie" (K.H. und A. MANDEL); er nennt als Problem Streit, ihre Nörgelei an seinem Benehmen, Differenzen wegen der Kindererziehung; sieht sich als zu nachgiebig, sie als zu pessimistisch und ängstlich; er wünscht sich vor allem, mehr gelobt zu werden, und daß sie mehr Initiative im Lösen von Verstimmungen zeigen soll, indem sie ein Gespräch anregt. - Sie nennt die Frage nach dem Sinn des Lebens und Umgang mit den Kindern, Streit mit dem Partner, Freizeit, Geldsorgen, Arbeitsüberlastung, zuwenig Zeit füreinander; sie erwähnt den Wunsch nach Geborgenheit und Schutz, was sie bei ihrem Mann nicht habe.

6. Eine Konfliktanalyse ergäbe, psychoanalytisch gesehen, bei ihr vorwiegend Angst vor Selbstbehauptung, Eigentendenzen, Durchsetzung, also depressive Strukturanteile; bei ihm eine gewisse Angst vor Nähe, und Nichtwahrnehmen von Realitätsgrenzen, also schizoide und hysterische Anteile.
   Nach dem Kollusionsmodell von J. WILLI würde der Mann seine Bedürfnisse nach Geborgenheit und Bestätigtwerden "progressiv", ausagieren, indem er sie "bevatert", während

er sie in der "regressiven" Position der zu Führenden,
Schwächeren festzuhalten sucht, - unter anderem, paradoxerweise, dadurch, daß er sie drängt, nach mehr Selbstvertrauen
zu streben. Der Mann lebt aggressive Impulse, indem er mit
schnellen Entschlüssen sie überfährt, wogegen sie sich bremsend, taktierend wehrt. Er neigt zu indirektem, rationalisierend-aggressivem Ausdruck und spielt dabei seine größere
physische Widerstandskraft aus, u.a. bei Diskussionen bis
tief in die Nacht hinein, die er durch seine zähflüssige
Sprechweise verlängert. Sie wehrt sich dagegen mit Abbruch
des Gesprächs, neigt im übrigen zu verbalaggressiver Spannungsentladung (Vor-sich-Hinschimpfen), was ihm aber oft
zu unterdrücken gelingt; sie redet dann lange "in Gedanken"
mit ihm, merkt aber, daß das ihre Spannung nicht abbaut. -
Er spielt im allgemeinen die Rolle des Souveränen, Ruhigen,
habe aber, nach ihrer Aussage etwa alle zwei Jahre einen
aggressiven Ausbruch, der sie dann sehr ängstige.
Im sexuellen Bereich scheinen sich die beiderseitigen
passiven Tendenzen und Geborgenheitswünsche, neben anderen
erschwerenden Faktoren, dahingehend auszuwirken, daß beide
jeweils vom Partner mehr Initiative erwarten, wohl auch
Ablehnung von seiten des Partners und Verstimmung fürchten
und sich nicht gern in die Rolle des Wünschenden begeben.
Die Rate des Geschlechtsverkehrs ist deshalb sehr niedrig
geworden (ca. einmal im Monat).
Beide schätzen aneinander die fürsorgliche Haltung den
Kindern gegenüber bzw. in der Versorgung der Familie. Es
ist trotz allem viel Gesprächsbereitschaft und gute Gesprächsfähigkeit da.

7. Kommunikationstheoretisch gesehen, wäre herauszuheben,
daß er Konflikte gern inhaltlich-rationalisierend analysiert
und auf ihre schwachen Punkte hin umdefiniert, z.B. auf
ihre mangelnde Selbstbehauptung hin; er nimmt ihre Ärgeräußerungen, ihre Problemdefinition auf der Beziehungsebene
also, nicht an, entwertet damit nicht nur die Äußerung,
sondern implizit die Partnerin.
Eine Art, ihrer Ärgeräußerung auszuweichen, ist das Unterlassen von Gegenwehr: er entschuldigt sich, gibt schnell
nach und nimmt ihr ihre Waffen aus der Hand, setzt sie ins
Unrecht, was ihre Wut steigert. Außerdem signalisiert er
ihr durch seine Miene, durch sein eigenes ruhiges Verhalten,
und auch ausdrücklich verbal, daß er ihr Schimpfen als
Ärgeräußerung ablehnt. Sie unterdrückt deshalb leicht Kritik und Ärgeräußerung, bis deren Quantität und Qualität
sich so summieren und steigern, daß sie ihren Ärger als
totale Ablehnung der gesamten Ehesituation empfindet und
ihn nicht mehr äußern kann, weil sie Angst **dav**or hat.

8. In lerntheoretischer Analyse können hier nur folgende
problematische Verhaltensweisen herausgehoben werden:
   a) Vermeiden offen assertiven Verhaltens bei ihr, dafür

verdeckte Durchsetzungsstrategien (Abbremsen seiner Initiativen, Verzögern von Unternehmungen etc.), die ihn verstimmen, was auf sie wiederum zurückschlägt.

b) Bei ihm Angst vor ihren Ärgerreaktionen, die er bestraft, (durch "saure" Miene, durch verbale Mißbilligung; durch ermüdendes rationalisierendes und bohrendes Reden und Fragen), wodurch ihr Ärger gesteigert und zugleich sein Ausdruck gehemmt wird.

c) Verdeckte (innere) aggressive Verbalisationen bei ihr, d.h. sie hält aggressionsauslösende Stimuli lange präsent, in seiner Abwesenheit.

d) Für beide zu seltene sexuelle Aktivität.

9. Die prinzipielle Therapieplanung hat sich an folgenden Tatbeständen zu orientieren:

a) Die Vermeidung assertiver Reaktionen (sowie die Anwendung verdeckter Durchsetzungsstrategien) bei ihr, wie auch die Vermeidung adäquater offen-akzeptierender bzw. begrenzender Responsen auf ihre Ärgeräußerungen bei ihm wird jeweils vom Partner negativ verstärkt (durch Unterdrücken von Ärgeräußerungen bzw. den Verzicht auf Initiativen) und dadurch aufrechterhalten; langfristig ergeben sich freilich aversive Konsequenzen.

b) Die aggressiven inneren Selbstverbalisationen bei ihr, wie seine rationalisierend-inquisitorischen Versuche, das Partnerverhalten zu kontrollieren, dürften kurzfristig positiv verstärkend erlebt werden; die langfristigen Konsequenzen, schwerer überschaubar, sind eindeutig aversiv (Bestrafung durch den Partner).

c) Die genannten Vermeidungen zu löschen, das Übermaß an verbalen Auseinandersetzungen abzubauen, und durch intensivere und kürzere verbale oder nonverbale Äußerungen zu ersetzen, Körperkontakt zu aktivieren, müßte für beide Partner Zuwachs an Verhaltens-Repertoire und Zuwachs an Verstärkung bringen.

10. Die detaillierte, im Verlauf der bisher 16 Sitzungen modifizierte Therapieplanung sah ausgiebige Übungen zur verbalen und nonverbalen Kommunikation vor, u.a. zur Kommunikation von Ärgeräußerungen und zur verbesserten, bestrafungsfreien Rückmeldung von Ärgeräußerungen, ferner Rollenspiel und Modeling. Ebenso sollte die Kommunikation sexueller Wünsche geübt werden. Arbeits- und Freizeitpläne sollten angeregt und durchgesprochen werden. Ob ein Selbstbehauptungs-Training mit der Frau allein durchgeführt werden sollte, war zunächst noch nicht abzusehen, ebensowenig, ob nonverbale Körperkontaktübungen indiziert seien.

11. Zum Therapieverlauf: Schon in der ersten Phase, die vorwiegend der Verhaltens- und Kommunikationsanalyse zu dienen hatte, waren gelegentliche Rollenspiele in Bezug auf Streitthemen möglich und gelangen, ebenso wie Übungen zur Kommunikation und Metakommunikation. Das Erstellen von

Arbeits- und Freizeitplänen, die den Partnern mehr Zeit füreinander und für die sexuelle Interaktion ermöglichen sollten, sowie die Arbeit an sexuellen Wünschen und Vorstellungen wurde begonnen, aber bald wieder zurückgestellt, da das Problem der Frau, sich von ihm nicht verstanden zu fühlen, vorrangig schien. Es ging um eine kognitive Umstrukturierung für ihn, dahingehend, daß er nicht gehalten sei, sie möglichst schnell aus Ärger oder Verstimmung herauszuholen, auch nicht im Interesse der Kinder; vielmehr sollte er ihr Ärger und Verstimmung grundsätzlich zugestehen und die für ihn resultierende Belastung ertragen lernen.

Ferner wurde daran gearbeitet, daß er seine Betroffenheit über ihre Ärgeräußerung zugeben und (nicht anklagend und bestrafend) rückmelden lernte oder auch ihre Ärgeräußerung annahm, ohne sie in seinem Sinne umzudeuten.

Die Frau konnte in der therapeutischen Situation über ihren Ärger mit den Kindern, ihre wirtschaftlichen Sorgen und ihre Wut wegen seiner Umerziehungsversuche reden und konnte erfahren, daß er sie nicht in inquisitorische Diskussionen verstrickte, sondern ihre Äußerungen gelten ließ, durch Rückmeldung klarmachte, daß er verstanden habe. Von ihm wiederum hörte sie Ausführliches über belastende Ereignisse in der Kindheit, über seinen Schmerz beim Tod der kleinen Tochter und über sein Strategie, damit fertig zu werden (Es war damals wegen seines ihr unverständlichen Verhaltens zu schweren und langdauernden Differenzen gekommen.).

Von Suicidgedanken war nicht mehr die Rede; die Depressionen der Frau wurden in einer späteren Phase der Beratung durch eine "Umdeutung" erleichtert: Das Problem seien nicht die Depressionen an sich, sondern die Reaktion der Partner auf die Depressionen; damit war ein neuer Blickpunkt gegeben, die Frau von Schuld- und Versagensgefühlen entlastet, der Mann von seinen Umerziehungsversuchen weg orientiert.

Ich breche hier ab; Aufgaben und Möglichkeiten einer Eheberatung bzw. Partnertherapie sind damit nicht umfassend dargestellt, doch mag es hier mit diesem flüchtigen Einblick genug sein.

LITERATUR

1. MANDEL, A., MANDEL, K.H. u.a.: Einübung in Partnerschaft durch Kommunikationstherapie und Verhaltenstherapie, 9. Auflage München: Pfeiffer Verlag 1976
2. MANDEL, K.H., MANDEL, A., ROSENTHAL, H.: Einübung der Liebesfähigkeit, 3. Auflage. München: Pfeiffer Verlag 1976

3. WATZLAWICK, P., BEAVIN, J., JACKSON, D.: Menschliche Kommunikation. Formen, Störungen, Paradoxien. Bern: Huber Verlag 1969
4. WATZLAWICK, P., WEAKLAND, J., FISCH, R.: Lösungen. Zur Theorie und Praxis menschlichen Wandels. Bern: Huber Verlag 1974
5. WILLI, J.: Die Zweierbeziehung. Spannungsursachen - Störungsmuster - Klärungsprozesse - Lösungsmodelle. Analyse des unbewußten Zusammenspiels in Partnerwahl und Paarkonflikt: Das Kollusionskonzept. Reinbek: Rowohlt Verlag 1975

Psychologie der Empfängnisverhütung

W. Bräutigam, Heidelberg

Empfängnisverhütung zielt auf die Trennung von Fortpflanzung und sexueller Lust. Dieser trennende Eingriff stellt nicht nur eine technische Aufgabe dar, sondern ein Geschehen, bei dem die subjektive Wertigkeit dieses Vorganges in der Vorstellungswelt der Frau und des Mannes große Bedeutung haben. Ebenso bedeutsam ist bei dem Gelingen oder Mißlingen dieses Eingriffes der die empfängnisverhütenden Maßnahmen beratende Arzt und dabei die Wertigkeit der Arzt-Patient-Beziehung.
Die subjektive Wertigkeit empfängnisverhütender Maßnahmen spiegelt sich
1. in der Versagerquote, die eine technische und eine anwendungsbedingte Seite haben;
2. in der Quote des Absetzens empfängnisverhütender Mittel (droping out);
3. in der subjektiven Verarbeitung körperlicher und seelischer Nebenwirkungen, die erfahrungsgemäß nicht allein Mittel, sondern zum großen Teil persönlichkeitsbedingt sind;
4. schließlich in den Auswirkungen auf die sexuelle Libido und das sexuelle Verhalten.

Bei den verschiedenen Maßnahmen der Empfängnisverhütung, vom Kondom über die oralen Antikonzeptionsmittel bis zur Sterilisation von Mann und Frau gibt es unterschiedliche psychologische Momente, aber auch Gemeinsamkeiten.
In der Perspektive analytisch-psychotherapeutischer Behandlungen und psychosomatischer Krankheitszusammenhänge wird, gleichsam in Großaufnahme, deutlich, wie sich ein solcher Eingriff in der Subjektivität der Frau und des Mannes spiegeln, die hier beteiligt sind, welche Ängste auftauchen und wie häufig ambivalente Einstellungen das Verhalten bestimmen.
Die psychologischen Faktoren und Konflikte werden am deutlichsten dort, wo ein Partner allein die Aufgabe der Empfängnisverhütung unternimmt, z.B. bei der oralen Antikonzeption durch Einnahme eines Medikamentes, zeitlich getrennt und unabhängig von dem Moment des Geschlechtsaktes. Dabei wird stets nicht nur die Motivation zur Antikonzep-

tion, sondern auch die Einstellung zur Sexualität geprüft, was an den häufigen Fehlhandlungen deutlich wird.

Die Trennung der Fortpflanzung von der sexuellen Lust, d.h. das Sich-Herausnehmen sexueller Befriedigung ohne das Risiko oder die Prämie der Konzeption ist eine Handlung, die sich gegen etwas richtet, was nicht nur biologisch und stammesgeschichtlich verbunden ist. Es ist ein Eingriff gegen eine Tradition der christlichen Lehre, die seit Jahrtausenden ein Teil unserer Kulturgeschichte ist, demgegenüber emanzipatorische Versuche relativ neu und kurzfristig erscheinen müssen. Das schlägt sich im Bewußtsein und im Unbewußten der Frauen und Männer nieder, die diese Trennungsarbeit zu leisten haben. Den bewußten Wünschen nach Empfängnisverhütung stehen nicht selten Hemmungen, Ängste, Schuldgefühle und in manchen Fällen auch ausgesprochene Konzeptionsphantasien entgegen, die sich als Gegenmotivation auswirken. Der belgische Psychosomatiker Piet NIJS, dem wir das größte und umfassenste Werk zu psychosomatischen Aspekten der oralen Antikonzeption verdanken, spricht von einer Motivationswaage. Einstellungen, die für und die gegen eine Einnahme oraler Ovulationshemmer oder sonstiger antikonzeptioneller Maßnahmen sprechen, bestehen nebeneinander. Es ist für jeden beratenden Arzt wichtig, diese Gegengründe bei seinen Patienten zu kennen, sie aus leisen Andeutungen herauszuspüren, seine Patienten darauf anzusprechen und sie einer bewußten Bearbeitung im Gespräch zuzuführen.

Wenn man nun untersucht, was Frauen und Männer motiviert ablehnend oder ängstlich zu sein, eingeschlagene kontrazeptive Maßnahmen abzubrechen, was sie zu einem ausgesprochenen Risikoverhalten mit unbewußt motivierten Versagern oder zu erhöhten Nebenwirkungen führt, so finden sich mehrere Gründe:

Viele unserer Patienten lehnen Medikamente überhaupt ab. Vor allem bei fortdauernder Einnahme erscheinen sie als gefährlich, schädlich, künstlich und fremd. Eine Untersuchung in New York hat kürzlich ergeben, daß selbst Menschen, die sich schwer krank fühlen, nur die Hälfte der ihnen verordneten Medikamente einnehmen. Bei Gesunden sind die Abhaltungen sicher noch größer. Besondere Ängste bestehen gegenüber Hormonen, sie werden als unberechenbare, ja als dämonische Medikamente erlebt. Sprachliche Assoziationen, die im Zusammenhang mit Hormonen auftauchen, sind "gefährlich", "stören das Gleichgewicht", "antiphysiologisch", "verändern die Persönlichkeit", "bedrohen die natürliche Sexualität", "man weiß noch viel zu wenig darüber", "sie sind körperfremd" und "sie schädigen die Fruchtbarkeit".

Ebenso von Bedeutung ist die Ablehnung technischer Eingriffe in den natürlichen Ablauf bei vielen Menschen. Es wird ein Gegensatz zwischen der natürlichen Sexualität und technischen antikonzeptionellen Eingriffen erlebt. Zur Begründung wird angeführt, daß Eros und Sexualität zum prätechnischen Dasein gehört, das Sexuelle müsse sich dem bewußten Handeln entziehen. Der Zauber erlösche, sobald die Aufmerksamkeit hier in den Vordergrund trete. Der bewußt unfruchtbare Koitus stehe in der Gefahr des Sinnverlustes. Als Ideal wird die Teilhabe an einem unbewußten Naturgeschehen dargestellt oder auch das Sakrale im Geschlechtlichen betont. Bei einer mechanischen oder sonstigen Maßnahme gehe der Zauber verloren. Diese mehr oder weniger stark ausgeprägte Einstellung kann vor allem dann als Hindernis auftreten, wenn antikonzeptionelle Maßnahmen unmittelbar mit oder vor dem sexuellen Akt eingeschoben werden.

Parallel dazu werden häufig religiöse Skrupel entwickelt. Die bewußte Antikonzeption ist ja zweifellos ein Schritt gegen die religiöse Tradition. Die sexuelle Lust ist für viele Menschen unserer Zeit nur durch die Fortpflanzung, zumindestens durch Tragen eines gewissen Risikos der Konzeption gerechtfertigt. Manche kirchlichen Verkündigungen vertreten ja auch heute noch, daß die Fortpflanzung erst die sexuelle Begierlichkeit heilige. Den Liebeswert des Sexuellen zu bejahen und zu genießen, unabhängig von der Möglichkeit der Schwängerung, ist für viele gerade religiös erzogene und einfache Frauen ein Schritt, den sie gegen die ihnen von der Kindheit her anerzogene und seither bewahrte Religion leisten müssen. Auch wenn sie bewußt glauben, sich davon freigemacht zu haben, können diese tiefliegenden Vorstellungen ein Gegenverhalten und Fehlleistungen motivieren.

Antikonzeptionelles Verhalten ist somit ein Test im Hinblick auf die sexuelle Emanzipation. So wie früher die Angst vor Geschlechtskrankheiten als gefährliches Moment vor zu großer sexueller Freizügigkeit geschützt hat, war auch die Gefahr der Konzeption für manche Frauen ein schützendes Element. Der Fortfall dieses Gefahrenmomentes gibt den eigenen sexuellen Wünschen mehr freien Raum, sowohl im Bezug auf voreheliche sexuelle Kontakte wie auch z.B. im Bezug auf nebeneheliche Beziehungen. Im sprachlichen Verhalten taucht das etwa auf in der Befürchtung: "Was wird mich zurückhalten, wenn nichts mehr passieren kann". Für manche Ehefrauen stellt der Hinweis auf die Empfängnisgefahr auch einen Schutz vor unerwünschten sexuellen Beziehungen dar, sie fühlen sich durch den Verweis auf die orale Antikonzeption jetzt "den dauernden Vergewaltigungen des Mannes schutzlos ausgesetzt".

Bei sehr einfachen Frauen spielt häufig eine Rolle, daß durch mechanische Maßnahmen und Eingriffe ihre Vorstellung, ihr Körperbild beeinträchtigt wird. Viele Frauen haben keine klare Vorstellungen über ihre Organe und die Art des Eingriffes oder sie wagen es nicht zu fragen und sich klare Vorstellungen zu bilden. Sie verbinden mit der Tubenligatur eine viel größere Beeinträchtigung ihrer Weiblichkeit und ihrer Funktionsfähigkeit, als es der Realität entspricht.

Am deutlichsten werden irrationale Ängste, die sich mit der Beschränkung oder dem Verlust der Fortpflanzungsfähigkeit verbinden bei Eingriffen zur Sterilisation. Es ist bemerkenswert, daß sich viel mehr Frauen als Männer zu diesem Eingriff entschließen. Das ist einerseits sicher dadurch bedingt, daß Frauen an einer weiteren unerwünschten Schwangerschaft sehr viel schwerer tragen, in ihrer beruflichen und persönlichen Entwicklung damit mehr belastet sind als die Männer. Sicher ebenso bedeutsam, daß der Eingriff mit der Fertilität einen Teil des Selbstbildes männlicher Potenz, Fruchtbarkeit, Zeugungsfähigkeit und Kreativität tangiert. Es hängt wohl mit diesem Selbstbild, aber auch mit dem öffentlichen Bild des Mannes in unserer Kultur zusammen, dem Anspruch an Potenz und Kreativität, der an ihn gestellt ist, daß so viele Männer mit dem Eingriff zur Sterilisation zögern. Im übrigen haben Untersuchungen im Hinblick auf die Sterilisation ergeben wie wichtig die Vorbereitungsarbeit und die klare Motivation der Frauen ist. Frauen, die sich selbst zum Eingriff der Sterilisierung entschlossen hatten, zeigten sehr viel weniger negative Nebenwirkungen danach als Frauen, die unvorbereitet waren, etwa im Rahmen einer Operation sterilisiert wurden. Auch hier ist von einer Vorbereitungs- und Trennungsarbeit zu sprechen, die bei einem solchen Eingriff und einem solchen Verzicht geleistet werden muß.

Alle Untersuchungen über Nebenwirkungen, Abbruch antikonzeptioneller Maßnahmen und über Versagen dabei zeigen, daß psychisch labile wie soziale und bildungsmäßig benachteiligte Frauen eine höhere Quote zeigen. Man kann das mit einem Persönlichkeitsfaktor und Neurotizißmus, Intelligenz und sozialer Schichtzugehörigkeit in Verbindung bringen. Ebenso bedeutsam erscheint aber hier die Motivation dieser Frauen. Frauen, die subjektiv und objektiv in einer unbefriedigenden Lebenssituation sind, ihr Dasein aus neurotischen oder zwischenmenschlichen und schließlich auch aus sozialen Gründen als unerfüllt erleben, sehen in einer weiteren Schwangerschaft u.U. einen naheliegenden Ausweg. Besonders unreife Frauen sehen in einem erwarteten Kind, in Geburt und Mutterschaft noch einmal eine neue Möglichkeit ihres Lebens.

BEMERKUNGEN ZUR ARZT-PATIENT-BEZIEHUNG BEI DER BERATUNG ZUR EMPFÄNGNISVERHÜTUNG

Sieht man die Bedeutung des Eingriffes, der sexuelle Lust von Fortpflanzung trennt, welche Vorurteile, religiöse und persönliche Gegenmotivationen zu überwinden sind, wird das Gewicht einer guten ärztlichen Beratung deutlich. Gerade für die labilen schwankenden Patienten mit großer Fehlerquote und Nebenwirkungen, aber auch für die jungen und unerfahrenen Menschen hat die Person des Arztes und die Form seiner Beratung besondere Bedeutung.

Empfängnisverhütung ist dabei immer als **Sache** der beiden Partner zu betrachten. Sie stellt einen Test der Gemeinsamkeit, des Gebens und Nehmens und der Rücksicht zwischen Mann und Frau dar. Beide sollen Verantwortung tragen. Frauen sind heute gerade mit der für den Mann so bequemen oralen Antikonzeption häufig alleingelassen, sie müssen eine größere Last an Nebenwirkungen tragen. Die Zahl der Nebenwirkungen, der Abbrüche und der Libido- und Orgasmusstörungen ist bei den Frauen größer, bei denen die Männer die empfängnisverhütenden Maßnahmen nicht bejahen und besorgt, mißtrauisch oder ablehnend reagieren. Der beratende Arzt sollte immer also auch die Motivation des Partners in Erfahrung bringen. Wenn auch Frauenärzte gewöhnlich Männer kaum in die Beratung einbeziehen können, kann man über die Patientin versuchen, ein Bild von der Fähigkeit und Bereitschaft zur Kooperation, über die Wünsche und Ängste des Partners zu gewinnen. Dabei ist es immer wieder erstaunlich heute zu sehen, wie viele auch jüngere Paare noch nicht in der Lage sind, miteinander über ihre sexuellen Erfahrungen, ihre Bedürfnisse und Enttäuschungen, damit auch über die Praktik der Empfängnisverhütung offen miteinander zu sprechen. Egoistische Männer sagen häufig, das ist Sache der Frau, wobei sie nicht selten auf jeden Fall die Phantasie besonderer sexueller Potenz und narzißtischer Größe bewahren wollen, ihre Fruchtbarkeit soll nicht beschnitten und behindert werden. Infantile Frauen demgegenüber können oft sagen: "Er sieht sich vor", ohne genaue Kenntnisse zu haben.

Eine Antikonzeptionsberatung führt häufig schnell zur Problematik der Partnerbeziehung, zu ihren Konflikten, zu den manifesten und latenten Entwertungen eines Partners durch den anderen und zum Stellenwert der Sexualität in der Beziehung überhaupt. Für den beratenden Arzt ist die Auswahl der empfohlenen Mittel eigentlich von der Kenntnis beider Partner, ihrer Persönlichkeit, Intelligenz und Verläßlichkeit abhängig.

Ebenso bedeutsam ist aber auch die Person, die Einstellung und das Verhalten des Arztes bei dieser Beratung. Viele Patienten sehen in dem Arzt eine irrationale Autorität, die mit absolutem Wissen begabt angesehen wird. Um dieses Machtgefälle abzubauen, erscheint es notwendig, Informationen zu geben, dem Patienten also mitzuteilen, was der Arzt weiß und was er nicht weiß, was die Risiken, was die Nebenwirkungen und die Chancen der verschiedenen Methoden sind. Der Arzt sollte ein Arbeitsbündnis mit dem Patienten herstellen bei der gemeinsamen Aufgabe, die Trennung von sexuellem Genuß und Fortpflanzung erfolgreich zu vollziehen.

Deutlich ist bei der Beratung zur Empfängnisverhütung, daß auch nicht ausgesprochene Reserven des Arztes gegenüber einer empfängnisverhütenden Maßnahme überhaupt oder dieser oder jener Methode, selbst wenn sie nicht ausdrücklich verbalisiert wird, von den Patienten wahrgenommen werden kann. Es gibt Ärzte, die aus persönlichen oder aus religiösen Gründen diese oder jene Maßnahme empfehlen und andere ablehnen. Auch wenn sie es nicht deutlich verbalisieren, so signalisieren sie manche Maßnahme als gefährlich, unsicher oder unmoralisch: "Ich verschreibe es ihnen zwar, aber ich bin dagegen". Ganz katastrophal ist es für Patienten, wenn sie in den Widerstreit verschiedener ärztlicher Meinungen geraten, wenn ein Arzt die Empfehlung oder die Maßnahme eines anderen Arztes entwertet.

Beratung zur Empfängnisverhütung stellt einen tiefen Eingriff in die Leiblichkeit und die Bedeutung menschlicher Sexualität für die Betroffenen dar. PASCAL hat einmal bemerkt: "Il faut reconaître, que nous sommes autant automate qu'esprit". Das heißt wir müssen annehmen, daß wir ebenso Maschine wie Geist, körperliches Funktionssystem wie mit Reflexion, Vorstellungsgabe und Phantasien begabte Wesen sind. Das psychosomatische Problem, das nicht auf eine Formel zu bringen ist, liegt in dem autant, in dem Ebenso. Als Ärzte dürfen wir jedenfalls keinen Bereich menschlichen Daseins, nicht den körperlichen wie den seelischen vernachlässigen, wenn wir die Aufgabe gut erfüllen wollen, Menschen zu helfen.

Psychologische Aspekte der Empfängnisverhütung

J. M. Wenderlein, Erlangen

Empfängnisverhütung sollte in Zukunft noch stärker unter dem Aspekt der Familienplanung als Recht und zugleich als Pflicht des Menschen gesehen werden. Über 80% der Frauen sind nach STAEMMLER dieser Ansicht. Wenn aber nicht einmal die Hälfte der Frauen die Familienplanung realisieren kann, so sollte heute, selbst bei jüngeren Frauen, das kontrazeptive Wissen nicht überschätzt werden.

Quantitativ sind es weniger persönlichkeitspsychologische, sondern mehr sozialpsychologische Aspekte, die stärker in der Beratungspraxis berücksichtigt werden sollten.

Das kann kurz an Ergebnissen einer Untersuchungsreihe in unserer Poliklinik gezeigt werden. Befragt wurden 386 Frauen im fortpflanzungsfähigen Alter.

Bei der Selbsteinschätzung des eigenen kontrazeptiven Wissens antworteten 16% mit "sehr umfangreich", 55% mit "umfangreich" und 29% mit "wenig umfangreich".

Frauen mit Volksschulabschluß bezeichneten dreimal so häufig ihr Wissen als recht gering als Frauen mit höherem Schulabschluß.

Leider ist es in der Praxis so, daß am häufigsten und besten die Frauen mit höherem Bildungsniveau vom Arzt beraten werden. Diese Frauen haben am ehesten den Mut, solche Fragen anzusprechen, einmal wegen des besseren Verbalisationsvermögens, zum anderen wegen geringerer sozialer Barrieren zwischen sich und dem Arzt.

Praktisch sollte das bedeuten, daß Ärzte stärker als bisher von sich aus kontrazeptive Fragen bei Frauen der eher unteren Sozialschicht mit geringerem Bildungsniveau ansprechen. Das sollte nicht erst geschehen, wenn beispielsweise fünf Kinder vorhanden sind und nun dem Arzt sein "soziales Gewissen" schlägt. Der Gynäkologe sollte die Frauen auf kontrazeptive Fragen ansprechen, etwa bei Vorsorgeuntersuchungen, bei stationären Entlassungsgesprächen und besonders nach Geburten.

Bei den Frauen der eher unteren Sozialschicht wird die Zwei-Kinder-Familie am häufigsten als ideal angesehen und am seltensten realisiert.

Erwähnt sei hier, daß von Frauen mit Volksschulabschluß nur ein Drittel mehr als zwei Kinder wollte, von den Frauen mit höherem Schulabschluß sprach sich jedoch die Hälfte für mehr als zwei Kinder aus.

Der Arzt sollte diese veränderten Wünsche im generativen Verhalten in den letzten Jahrzehnten akzeptieren. Das Nachdenken über die Ursachen bringt hier wenig. Noch weniger bringt es, wenn er seine eigenen Vorstellungen zu sehr in das Beratungsgespräch einbringt. Erwähnt sei nur die Angst vor einer "Gesellschaft ohne Nachwuchs", die in letzter Zeit nicht nur in politischen, sondern auch in ärztlichen Medien häufig vorgebracht wurde. Dem entgegenzuhalten ist u.a. eine große Untersuchungsreihe im Auftrag des Bundesgesundheitsministeriums über die Beziehung zwischen Schulerfolg und Geschwisterzahl: Mit jedem zusätzlichen Kind in der Familie sinkt der Anteil der Kinder, die höhere Schulen besuchen, regelmäßig ab, und zwar in *allen* Sozialschichten. Bei der gewünschten Kinderzahl ist neben erzieherischen und schulischen Aufgaben die Bedeutung der Berufstätigkeit zu berücksichtigen. Bei einigen Frauen sind neben materiellen Aspekten auch Status- und Persönlichkeitsgewinn durch die Berufstätigkeit wichtig.

Eng mit der gewünschten Kinderzahl hängen die gewünschten Geburtenabstände zusammen. Ein Drittel sprach sich für bis zu zwei Jahren aus, die Hälfte für drei Jahre und nur ein Sechstel für längere Abstände. Dieser letzten Gruppe mit vier und mehr Jahren Abstand zwischen den Geburten gehören vor allem fettsüchtige Frauen mit eher unterdurchschnittlicher Intelligenz an. Ein Teil dieser Frauen gehört der eher unteren Sozialschicht an. Dort kommen jedoch - entgegen den geäußerten Wünschen - besonders häufig recht kurze Geburtenabstände vor, infolge unsicherer Kontrazeption. Hieraus resultiert heute wohl keine allzu hohe Säuglingssterblichkeit, jedoch ein erhöhtes Frühgeburtenrisiko. Wenn der Wunsch der Perinatologie nach möglichst wenig Frühgeburten in Erfüllung gehen soll, so muß noch intensivere kontrazeptive Beratung erfolgen, etwa über ideale Geburtenabstände und dazu nötige sichere kontrazeptive Methoden.

Beim Arzt kann solch eine Forderung aber Unbehagen auslösen, da er sich damit um recht persönliche Dinge seiner Patientin kümmert.

Analoges gilt für die Vorstellungen über das Alter einer Frau bei der Geburt eines ersten und letzten Kindes. Erwähnt sei hier nur die Vorstellung der Frauen über das günstigste Alter beim ersten Kind: 60% meinten bis zum 22. Lebensjahr, 20% bis zum 24. Lebensjahr und die restlichen 20% wollten später ein erstes Kind gebären. Diese Wunschvorstellungen werden allerdings selten verwirklicht, etwa ein Drittel der Frauen erwartet bei der Eheschließung ein Kind.

Interessanter für die Praxis sind die Vorstellungen der Frauen über das Alter bei der Geburt eines letzten Kindes.

Es gaben an: 13% vor dem 30. Lebensjahr, 48% vor dem 35. Lebensjahr und immerhin 39% zu einem späteren Zeitpunkt.

Wie zu erwarten, wollten Frauen mit höherem Schulabschluß und befriedigender Berufstätigkeit ein letztes Kind relativ spät gebären. Frauen mit stark neurotischen Tendenzen wollten besonders häufig in jüngeren Jahren ein letztes Kind gebären.

Auch hier wird deutlich, daß in Zukunft vom Arzt mehr Aktivitäten in der kontrazeptiven Beratung gefordert werden, etwa bei der Frage nach dem Alter beim letzten Kind. Psychologisch ist für den Arzt die Beratung in so persönlichen Dingen nicht immer einfach, besonders, wenn statt einer eher vertraulichen eine recht unpersönliche Arzt-Patientin-Beziehung besteht.

Anhand der einfachen Beispiele des Unwissens über Kontrazeption, Kinderzahl, Geburtenabstände und Gebäralter beim ersten sowie letzten Kind sollte gezeigt werden, daß in der Beratungspraxis auch der Arzt bei sich teils psychologische Aspekte berücksichtigen muß.

Psychische Störungen im Wochenbett

D. von Zerssen, München

EINLEITUNG

Das Wochenbett, das definitionsgemäß die ersten sechs Wochen post partum umfaßt, stellt eine Periode erhöhter Anfälligkeit für psychische Störungen dar. Während die Schwan-

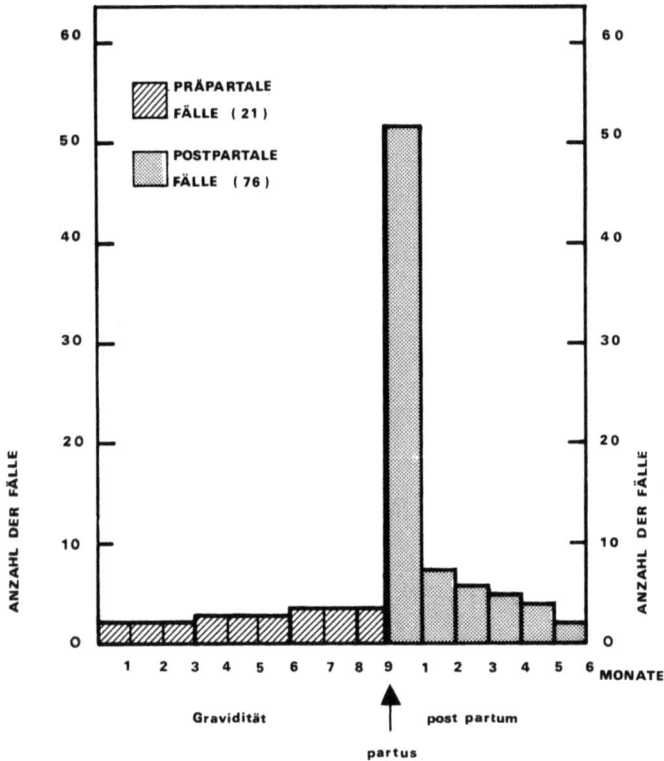

Abb. 1. Häufigkeit des Beginns schwerer psychischer Störungen in der Gestation (nach PFAFFENBARGER u. Mitarb. 1966)

gerschaft - besonders im zweiten Trimenon - eher eine Art Schutzfunktion gegenüber solchen Störungen auszuüben scheint, ist eine Häufung derselben in den ersten Wochen nach der Entbindung statistisch erwiesen. Der *Häufigkeitsgipfel* fällt in die erste Hälfte der *zweiten Woche* (7.-10. Tag) post partum, also - bei Klinikentbindungen - in die Zeit um den üblichen Entlassungstermin aus stationärer Behandlung (s. Abb. 1). Deshalb entgehen viele dieser Störungen der Beobachtung des Geburtshelfers, zumal Prodromalerscheinungen nicht selten übersehen oder als harmlos verkannt werden.

Da eine möglichst frühzeitige Erkennung psychischer Störungen die erste Voraussetzung für wirksame Hilfsmaßnahmen bildet, soll hier versucht werden, dem geburtshilflich tätigen Arzt einen Überblick über die Art der häufigsten bzw. in ihren Auswirkungen gravierendsten Störungen zu vermitteln und ihm einige Richtlinien für ein zweckmäßiges diagnostisches und therapeutisches Vorgehen aufzuzeigen. Dabei werden - neben den erst im Wochenbett auftretenden Störungen - gleichfalls schon vorbestehende Störungen berücksichtigt; denn auch sie stellen den Geburtshelfer vor Probleme, denen er sich nicht entziehen kann.

VORBESTEHENDE PSYCHISCHE STÖRUNGEN

Nicht-psychotische psychische Normabweichungen: Beginnen wir mit jenen Formen psychischer Normabweichungen, die als *konstitutionell* anzusprechen sind, weil sie zur Dauerverfassung eines Individuums gehören. Hier sind vor allem die intellektuelle Minderbegabung *(Oligophrenie)* und charakterliche Abnormität von Krankheitswert *(Psychopathie)* zu nennen, während *sexuelle Deviationen* in diesem Zusammenhang von untergeordneter Bedeutung sind. Sowohl bei hochgradiger geistiger Behinderung als auch bei krankhaft abnormer Gemütsveranlagung kann das Verhalten der Mutter ihrem Kind - und ebenfalls Mitpatientinnen sowie Ärzten und Pflegepersonal - gegenüber äußerst unangemessen sein und die Versorgung des Neugeborenen, aber auch die der Wöchnerin selber, erheblich erschweren.

Die Situation zu erkennen, ist in solchen Fällen leichter, als mit ihr fertig zu werden. Die Einschaltung eines Psychiaters erübrigt sich im allgemeinen. Es kommt vor allem darauf an, nicht die Geduld zu verlieren, was besonders für das Pflegepersonal oft eine schwere Aufgabe darstellt. Wenn trotz aller Bemühungen keine Aussicht zu bestehen scheint, daß die Mutter ihrem Kind die erforderliche Pflege angedeihen lassen wird, sollte man im Interesse des Kindes andere Familienangehörige oder aber den Sozialdienst ein-

schalten. Gegebenenfalls muß das Kind in einem Heim oder
bei einer Pflegefamilie untergebracht werden. Dies wird
insbesondere bei ledigen Müttern, die das Kind ablehnen
und/oder bei intellektuell bzw. charakterlich hochgradig
abnormen Frauen aus verwahrlostem Milieu der Fall sein.
Ausgeprägte intellektuelle Beeinträchtigung und/oder Persönlichkeitsveränderungen nach einer früher durchgemachten
Hirnschädigung *(Demenz bzw. organische Wesensänderung*[1]*)*
sowie schwere Formen von *Alkoholismus* bzw. von *Rauschmittel-
und Medikamentensucht* der Wöchnerin können zu ähnlichen
Überlegungen zwingen. Bei Süchtigen gibt es allerdings
Therapiemöglichkeiten, die mit einem Psychiater abgesprochen werden sollten. Da Alkohol und andere suchterzeugende
Mittel (z.B. Barbiturate) beim Stillen mit der Muttermilch
auf das Neugeborene übergehen können, ist u.U. das Abstillen einer süchtigen Wöchnerin zu empfehlen. Im übrigen kann
die Mutterschaft eine Bereitschaft zur Entziehungsbehandlung erzeugen, die dann unbedingt auszunutzen ist.
Neurotische Frauen können selbstverständlich auch eine
Schwangerschaft neurotisch verarbeiten, oder die Schwangerschaft - besonders, wenn sie unerwünscht war - kann neurotische Reaktionen provozieren. Vornehmlich im Beginn der
Gravidität sind *depressive Reaktionen* bekanntlich keine
Seltenheit. Diese pflegen aber im allgemeinen von selbst
bzw. unter dem Einfluß klärender ärztlicher Gespräche innerhalb einiger Wochen abzuklingen, so daß sie im Wochenbett keine besonderen Probleme mehr bieten. Viele Neurotikerinnen erfahren in der Schwangerschaft sogar eine Entlastung von vorbestehenden Symptomen wie Selbstunsicherheit, depressiver Verzagtheit, unbegründeten Ängsten, vegetativen Beschwerden u. dgl. Im Wochenbett können aber die
alten Störungen - eventuell in gewandelter Form (z. B.
Zwangsbefürchtungen anstelle diffuser Ängste) - wieder auftreten. Deshalb sind dann klärende Gespräche, gegebenenfalls unter Einbeziehung des Ehemannes, erforderlich. Vor
der vorschnellen Verordnung von Beruhigungsmitteln (Sedativa bzw. Tranquilizer) ist dringend zu warnen. Sie bringen der Patientin gewöhnlich keine dauerhafte Entlastung,
verführen aber leicht zu dauerhafter Einnahme mit all ihren
Gefahren (insbesondere Suchtentwicklung und Organschäden).
Entspannungsübungen, die auch in Gruppensitzungen mit mehreren Patientinnen durchgeführt werden können, sind eher
angebracht. Sie müssen natürlich als Teil eines Nachsorgeprogramms über die Zeit der stationären Behandlung hinaus
fortgesetzt werden, z.B. durch niedergelassene Ärzte.
Bei diagnostisch unklaren oder therapeutisch schwer beeinflußbaren Fällen sollte ein Psychiater oder ein Kollege

---

[1] bei Epilepsie als epileptische Demenz bzw. epileptische
Wesensänderung spezifiziert

anderer Fachrichtung mit psychotherapeutischer Zusatzausbildung konsultiert werden. Eine aufwendige analytische Psychotherapie oder eine Verhaltenstherapie - wie sie immer häufiger auch von klinischen Psychologen in freier Praxis ausgeübt wird - ist bei der Mehrzahl neurotisch gestörter Patientinnen keineswegs erforderlich. Ratschläge entsprechend geschulter Fachleute können aber gegebenenfalls die Indikationsstellung erleichtern bzw. Anregungen für therapeutische Maßnahmen beinhalten, die keine psychoanalytische oder verhaltenstherapeutische Ausbildung voraussetzen (z.B. Entspannungsübungen in Hypnose oder autogenes Training, dessen technische Handhabung in psychotherapeutischen Fortbildungskursen vermittelt wird).

Psychosen: Besteht schon in der Gravidität eine Psychose, also eine gravierende aktuelle (nicht etwa konstitutionelle) psychische Störung mit Beeinträchtigung der Realitätserfassung, so sollte der Geburtshelfer möglichst frühzeitig eine enge Zusammenarbeit mit einem Psychiater anstreben. Dafür spielt es keine Rolle, ob die *Psychose exogen, d.h. durch eine nachweisbare körperliche Ursache* (eine hirneigene oder hirnbeteiligende Krankheit bzw. eine Intoxikation, z.B. bei chronischem Alkoholmißbrauch) entstanden ist oder ob es sich um eine sogenannte *endogene, d.h. nicht durch eine körperliche Noxe erklärbare, sondern vorwiegend anlagebedingte Psychose* handelt und ob die Psychose schon vor oder erst während der Gravidität ausgebrochen ist. Letzteres kommt (wie erwähnt) - trotz der einschneidenden hormonalen und psycho-sozialen Veränderungen, die sich in dieser Zeit abspielen - erstaunlich selten vor.

Delirante Psychosen bei Eklampsie sind infolge der Verhütung bzw. rasch einsetzenden Behandlung schwerwiegender Schwangerschaftskomplikationen, die durch die moderne Schwangerenüberwachung ermöglicht wurde, erfreulich selten geworden. Sie pflegen ohnehin so rasch abzuklingen, daß sie gewöhnlich im Wochenbett keine Rolle mehr spielen.

Endogene Psychosen, zu denen die - meist mit Wahnvorstellungen verbundene - *Schizophrenie,* die *Gruppe der affektiven Psychosen (endogene Depression, endogene Manie* und deren *Kombinationen)* und sog. *schizoaffektive Psychosen* gehören, können selbst bei ausreichend dosierter Gabe von Psychopharmaka und/oder Heilkrämpfen (sog. Elektroschocks, die aber - physiologisch gesehen - keine Schocks sind!) lange Zeit über die Gravidität hinaus bestehen bleiben und die Versorgung von Mutter und Kind zu einer schwierigen Aufgabe machen.

Besonders bei *Depressiven* ist stets mit einem *Suizidversuch* zu rechnen; das Neugeborene kann sogar durch Infantizidtendenzen der Mutter bedroht sein, worauf man u. U. auch bei schizophrenen Müttern gefaßt sein muß. Eine konsequente Trennung von Mutter und Kind ist schon deshalb bei vielen psychotischen Wöchnerinnen angezeigt. Allerdings kann sich unter sorgfältiger Behandlung und Überwachung, wie sie offenbar besonders in einigen Spezialeinrichtungen englischer Kliniken gewährleistet sind, eine erstaunlich gute Mutter-Kind-Beziehung entwickeln.

Ein Abstillen ist im allgemeinen auch dann zu empfehlen, wenn das Neugeborene nicht streng von der Mutter getrennt wird. Die Gefahr, daß in der Muttermilch enthaltene Spuren antidepressiv bzw. antipsychotisch wirksamer Medikamente (Antidepressiva bzw. Neuroleptika) das Neugeborene schädigen könnten, ist allerdings gering zu veranschlagen – schon deshalb, weil ihre Konzentration dafür gewöhnlich nicht ausreicht. Wegen des Stillens die Psychopharmaka abzusetzen, ist bei psychotischen Patientinnen auf jeden Fall nicht zu verantworten.

Schwere Exazerbationen einer vorbestehenden Psychose im Wochenbett, die allerdings äußerst selten vorkommen, können zusätzlich zur psychopharmakologischen eine Heilkrampf-Behandlung erforderlich machen. Dies gilt besonders für psychotische Erregungszustände, katatonen Stupor und Depressionen mit ausgeprägter Wahnbildung oder akuter Suizidalität. Die in der Presse entfachte Kampagne gegen die Heilkrampf-Behandlung, die keineswegs eine "brutale", wohl aber – bei strenger Indikation – eine äußerst wirksame Behandlungsform darstellt, sollte das ärztliche Handeln nicht zum Nachteil der Patienten beeinflussen. Diese Therapie wird allerdings hierzulande fast ausschließlich in psychiatrischen Kliniken angewendet, obwohl sie grundsätzlich von Psychiatern in Zusammenarbeit mit Anästhesisten auch ambulant oder in anderen Fachkliniken durchgeführt werden könnte.

NEU AUFTRETENDE PSYCHISCHE STÖRUNGEN

Nicht-psychotische psychische Störungen

Neurotische Reaktionen: Die *Veränderung der psycho-sozialen Situation* nach einer Entbindung, die oft für alle Arten körperlich nicht eindeutig begründbarer psychischer Störungen im Wochenbett als entscheidende Ursache angeschuldigt wird, ist in ihrer Bedeutung für die Entstehung postpartaler Psychosen vielfach überschätzt worden. Sie spielt aber – im Zusammenwirken mit Persönlichkeitsfaktoren – sicherlich die entscheidende Rolle bei der Entstehung *neurotischer Reaktionen* im Wochenbett (s. Tabelle 1 u. 2). Von diesen sind *asthenische Versagenszustände* am häufigsten, die teils mehr *ängstlich*, teils mehr *depressiv* gefärbt sein können. Im Mittelpunkt des Erlebens steht gewöhnlich die Sorge, den neuen Aufgaben nicht gewachsen zu sein. Bei Erstgebärenden dominiert häufig das Gefühl, durch die Mutterrolle überfordert und womöglich aus dem Berufsleben verdrängt und dadurch endgültig an den Haushalt gefesselt zu werden. Mehrgebärende fürchten zumeist die zusätzliche Belastung durch die Säuglingspflege. Besonders infantile Persönlichkeiten empfinden die Mutterschaft oft als Bürde. Bei der Exploration wird in solchen Fällen nicht selten eine ungenügende Identifikation mit der eigenen Mutter, verbunden mit einer starken, aber meist ambivalenten Bindung an sie erkennbar. Die bewußte Einstellung zur Schwangerschaft muß keineswegs immer eindeutig negativ gewesen sein.

Der jungen Mutter ihr selbst verborgene Ambivalenzkonflikte dem Kind gegenüber bewußt zu machen, kann nicht Aufgabe des geburtshilflich tätigen Arztes sein. Er sollte vielmehr versuchen, Verständnis für die *bewußten Nöte* seiner Patientinnen zu zeigen und ihnen durch das *Eingehen auf ihre Probleme* und durch ermunternden Zuspruch einen emotionellen Rückhalt zu geben. Eine aufwendige Psychotherapie erübrigt sich noch häufiger als im Falle einer Reaktivierung vorbestehender neurotischer Symptomatik im Wochenbett, da akute neurotische Konfliktreaktionen im allgemeinen eine günstigere Prognose aufweisen als aktualisierte Neurosen mit schon längere Zeit hindurch bestehender Symptomatik. Eine ambulante Nachbetreuung - eventuell durch den Hausarzt - ist auf jeden Fall am Platze, um eine sich anbahnende Chronifizierung akuter neurotischer Störungen rechtzeitig erkennen und dann durch gezielte *psychotherapeutische* bzw. *verhaltenstherapeutische* und/oder *soziale Maßnahmen* auffangen zu können.

"Heultag": Ängstliche Verzagtheit einer Wöchnerin kann, muß aber nicht Ausdruck eines psychogenen Versagenszustandes sein. Als vorübergehende Anwandlung kommt sie auch im Rahmen eines *"hyperästhetisch-emotionellen Schwächezustandes"* im Sinne BONHOEFFERs vor, der bei etwa der Hälfte aller Wöchnerinnen als sogenannter "Heultag" um den dritten Tag post partum in Erscheinung tritt (s. Tabelle 2 und Abb. 2). Dieses jedem Geburtshelfer vertraute Phänomen weist durch seine Häufigkeit, seine meist mehrtägige Latenz zum Geburtstermin, seine Flüchtigkeit, seine Uniformität und durch seine den Begleiterscheinungen körperlicher Erkrankungen ähnelnde Färbung auf eine vorwiegend somatische Genese hin. Der zumeist nur für einige Stunden, höchstens aber ein bis zwei Tage anhaltende Zustand ist vor allem gekennzeichnet durch Energielosigkeit, Konzentrationsschwäche, Sensitivität und durch eine - keineswegs immer mit einer ausgesprochen depressiven Stimmungslage einhergehende - Weinerlichkeit, die dem ganzen Symptomenkomplex seinen Namen gegeben hat.

Die Tatsache, daß der "Heultag" sich gewöhnlich erst mehrere Tage nach der Entbindung manifestiert - man spricht deshalb ja auch vom "Syndrom des dritten Tages" - macht den "Geburtsstreß" als unmittelbare Ursache unwahrscheinlich. Diese dürfte vielmehr in der fundamentalen Umstellung des Hormonhaushaltes in den ersten Tagen post partum, insbesondere dem rapiden Abfall der Östrogene und des Progesterons, zu suchen sein (s. Abb. 2). Die Ausstoßung der Placenta kommt - physiologisch betrachtet - der Totalexstir-

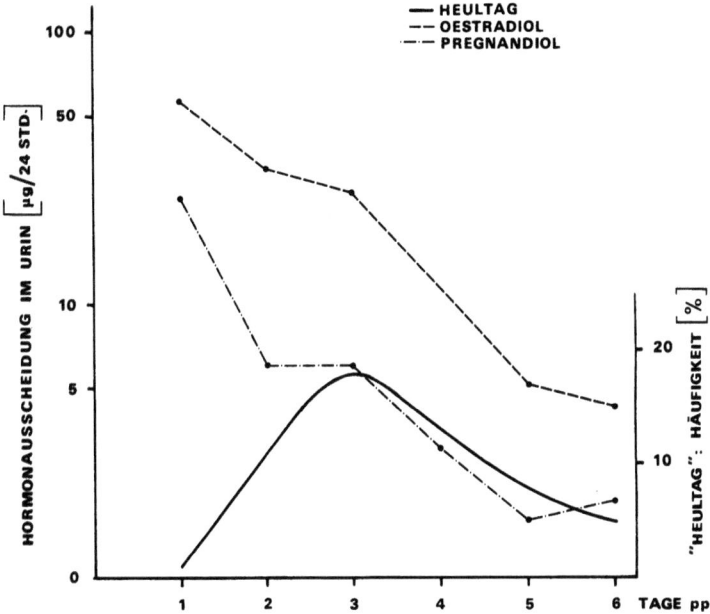

Abb. 2. Häufigkeit des "Heultages" und Hormonausscheidung im Wochenbett (nach SCHORSCH u. MÜLLER-NEFF 1968 bzw. NAPP u. Mitarb. 1960)

pation eines endokrinen Organs ohne entsprechende Hormonsubstitution gleich. Es liegt deshalb nahe, den "Heultag" als ein *"psychisches Hormonentzugssyndrom"* zu interpretieren. Erstgebärende, Frauen mit prämenstruellen Spannungszuständen bzw. solche mit starken Schwangerschaftsbeschwerden sind besonders zur Ausbildung eines solchen Syndroms disponiert. Eine Korrelation seiner Häufigkeit bzw. Ausprägung mit individuellen Besonderheiten der hormonalen Situation konnte jedoch bisher nicht nachgewiesen werden.

Einer Therapie bedarf das Syndrom des "Heultages" nicht, da es ohnehin spontan abklingt. Ggf. genügen ein paar aufklärende und beruhigende Worte - auch an den womöglich sehr besorgten Ehemann.

Tabelle 1. Nicht-psychotische psychische Störungen: Neurotische Reaktionen I

Art der Störung	Leitsymptome/Syndrome	Bedingungsfaktoren	Therapie	Prognose
1. nicht-psychotische psychische Störungen	1. lediglich quantitative psychische Normabweichungen bei erhaltener Realitätskontrolle	1. überwiegend nichtgenetische Faktoren, bei 1.1. vorwiegend psychische, bei 1.2. vorwiegend somatische	1. möglichst keine Medikamente	1. unterschiedlich
1.1. neurotische Reaktionen[1]	1.1. vorwiegend als psychisch (1.1.1.-1.1.4.) oder mehr als körperlich (1.1.5.-1.1.7.) erlebte Krankheitserscheinungen	1.1. Scheinlösung von - teilweise unbewußten - Konflikten durch „Flucht in die Krankheit"	1.1. ärztliches Gespräch (evtl. unter Einbeziehung des Ehemannes), ggf. in Kombination mit Entspannungsübungen (in Hypnose oder als autogenes Training, einzeln bzw. in Gruppen)	1.1. bei Reaktivierung einer schon chronifizierten Störung nur bezüglich der Exazerbation, sonst allgemein relativ günstig, aber stark vom jeweiligen Gewicht der Bedingungsfaktoren abhängig, insbesondere von der weiteren Entwicklung der psycho-sozialen Situation (z.B. Haltung des Ehemannes, der Schwiegermutter, der älteren Kinder) und von der Angemessenheit eventueller therapeutischer Maßnahmen
1.1.1. neurotischen Depression	1.1.1. traurige Verzagtheit, Insuffizienzgefühle, Suizidgedanken	disponierende Faktoren: charakterliche Eigenarten (z.B. Infantilität, Selbstunsicherheit u.a., speziell bei 1.1.4. Perfektionismus, bei 1.1.5. Geltungssucht), schwelende Konfliktspannungen (durch gestörte Beziehungen zu eigenen Eltern, Ehemann u./o. Schwiegermutter, durch unerwünschte Gravidität u.a.)	tiefenpsychologisch fundierte oder analytische Psychotherapie (letztere nur bei strenger Indikation, die durch Psychotherapeuten zu stellen ist)	
1.1.2. Angstneurose	1.1.2. diffuse Ängste (bes. Versagensängste), bis zur Panik			
1.1.3. Phobie	1.1.3. umschriebene (objekt- bzw. situationsbezogene) Ängste mit Vermeidungsverhalten gegenüber den betr. Objekten bzw. Situationen (z.B. Platzangst)	vorbestehende oder früher durchgemachte neurotische Störungen	Verhaltenstherapie (lernpsychologisch fundierte Behandlungsformen, z.B. bei 1.1.3.: systematische Desensibilisierung, bei 1.1.7.: gestuftes Training unter Einbeziehung des Ehemannes)	
1.1.4. Zwangsneurose	1.1.4. Zwangsbefürchtungen, Zwangsvorstellungen (z.B. Grübelzwang), Zwangshandlungen (z.B. Waschzwang, z.T. zur Abwehr von Zwangsbefürchtungen)	auslösende Faktoren: s. Tab. 2		

[1]: Bei den Unterformen 1.1.1.-1.1.4. u. 1.1.5.-1.1.7. (s. Tab. 2) handelt es sich um Prägnanztypen. Im konkreten Fall sind die Symptome oft so miteinander verbunden, daß eine eindeutige Zuordnung zu e i n e m Typus unmöglich ist.

Tabelle 2. Nicht-psychotische psychische Störungen: Neurotische Reaktionen II; "Heultag"

Art der Störung		Leitsymptome/Syndrome		Bedingungsfaktoren		Therapie		Prognose	
1.1.	neurotische Reaktionen[1]	1.1.5.–1.1.7. vorwiegend als körperlich erlebte Krankheitserscheinungen		1.1.	Scheinlösung von - teilweise unbewußten - Konflikten durch „Flucht in die Krankheit" (wie bei 1.1.1.–1.1.4.) disponierende Faktoren: s. Tab. 1.	1.1.	s. Tab. 1	1.1.	s. Tab. 1
1.1.5.	Konversionshysterie	1.1.5.	Pseudoparesen u.a. scheinbar neurologische Krankheitserscheinungen (Parästhesien, Erbrechen u.a.)						
1.1.6.	Hypochondrie	1.1.6.	umschriebene oder multiple körperliche Beschwerden, Überzeugung, an einer schweren Körperkrankheit zu leiden		auslösende Faktoren: Veränderung der psycho-sozialen Situation durch Mutterrolle mit Mehrbelastung im Haushalt, Einschränkung der individuellen Freiheit; evtl. Abschied vom Berufsleben, mangelndes Stillvermögen, Unruhe oder Kränklichkeit des Neugeborenen, Eifersucht oder mangelnde Rücksichtnahme älterer Kinder, fehlende Zuwendung von seiten des Ehemannes u.a.				
1.1.7.	psychogenen Sexualstörungen (Manifestation im späten Wochenbett)	1.1.7.	Frigidität/Anorgasmie, Kohabitationsbeschwerden						
1.2.	„Heultag"	1.2.	hyperästhetisch-emotioneller Schwächezustand mit Energielosigkeit, Konzentrationsschwäche, allg. Empfindlichkeit, Weinerlichkeit	1.2.	abrupter „Hormonentzug" (?)	1.2.	überflüssig, ggf. Aufklärung und (rein verbale!) Beruhigung	1.2.	absolut günstig: spontanes Abklingen innerhalb von Stunden bis (1-2) Tagen

1: Bei den Unterformen 1.1.1.–1.1.4. (s. Tab. 1) u. 1.1.5.–1.1.7. handelt es sich um Prägnanztypen. Im konkreten Fall sind die Symptome oft so miteinander verbunden, daß eine eindeutige Zuordnung zu e i n e m Typus unmöglich ist.

Tabelle 3. Psychosen: Endogene Psychosen I (amentielle Syndrome)

Art der Störung	Leitsymptome/Syndrome	Bedingungsfaktoren	Therapie	Prognose
2. Psychosen	2. quantitative und qualitative psychische Normabweichungen mit Beeinträchtigung (bis zum Zusammenbruch) der Realitätskontrolle	2. überwiegend außerpsychische Faktoren, bei 2.1. vorwiegend genetische, bei 2.2. vorwiegend exogen-organische	2. in erster Linie somatische, meist Abstillen und vorübergehende Trennung des Neugeborenen von der Mutter und deren Verlegung bzw. Einweisung in eine psychiatrische Klinik erforderlich	2. unterschiedlich, allgemein kaum Chronifizierung (außer bei 2.1.2.I); bei 2.1. (besonders bei 2.1.2.-2.1.4.) Rezidivneigung
2.1. endogene Psychosen	2.1. Affekt-, Denk-, evtl. auch Wahrnehmungs- u.a. Störungen bei fehlender (2.1.2.-2.1.4.) oder nur geringer (2.1.1.) Bewußtseinstrübung und meist erhaltener Merkfähigkeit und (außer bei 2.1.1.) Orientierung	2.1. disponierende Faktoren: familiäre Belastung (ähnliche Psychosen bei Blutsverwandten) vorbestehende oder meist früher durchgemachte Psychose gleicher oder ähnlicher Art auslösende Faktoren: abrupter Hormonentzug (? - wie bei 1.2. und/oder Veränderung der psychosozialen Situation ? - wie bei 1.1.), besonders bei 2.1.1., sonst nur im Sinne einer unspezifischen Provokation, bei 2.1.2. konditionaler Zusammenhang mit Wochenbett überhaupt fraglich	2.1. Psychopharmaka; ggf. Heilkrampfbehandlung (6-12 Heilkrämpfe in Kurznarkose mit Muskelrelaxation), Milieutherapie	2.1. gute Remissionstendenz (außer bei 2.1.2.I), durch angemessene Therapie zu beschleunigen; aber starke Rezidivneigung (außer bei 2.1.1.)
2.1.1. amentielle Syndrome (endogen mit exogenem Einschlag; s. Tab. 7: 2.2.2.)	2.1.1. traumaartiger Verwirrtheitszustand mit starker psychomot. Unruhe (initialer) Bewußtseinstrübung, Orientierungsstörungen, Personenverkennung, wechselnden Wahneinfällen, evtl. (überwiegend akustischen) Halluzinationen, ratlosem Staunen, kurzfristigen „luziden" Intervallen (Scheinremissionen)		2.1.1. Neuroleptika, z.B. ein Phenothiazin - oder ein Butyrophenon-Derivat (wie Haloperidol- Haldol®); ggf. Heilkrampfbehandlung	2.1.1. vollständige Remission, zumeist innerhalb weniger Wochen, evtl. Syndromwandel (zu 2.1.4.); Rezidivneigung geringer als bei 2.1.2.-2.1.4.

Tabelle 4. Psychosen: Endogene Psychosen II (schizophrene Psychosen)

Art der Störung	Leitsymptome/Syndrome	Bedingungsfaktoren	Therapie	Prognose
2.1.2. schizophrene Psychosen[1]	2.1.2. Persönlichkeitszerfall mit oft ausgeprägtem, aber nur partiellem Zusammenbruch der Realitätskontrolle („doppelte Buchführung"), fast immer - zumindest zeitweise - Wahnideen und schwere Kontaktstörung	2.1.2. spezifische Disposition zu schubweise oder chronisch verlaufender Manifestation der unter „Leitsymptome/Syndrome" genannten Erscheinungen. Bedeutung von frühkindlichen Milieueinflüssen umstritten; organ. Hirnschädigung möglicherweise bedeutsamer als soziale Faktoren	2.1.2. Neuroleptika (wie bei 2.1.1.); bei febriler Katatonie (s. unter 2.1.2.2.) evtl. Heilkrampfbehandlung, sonst nur bei wochenlangem Fortbestehen einer floriden psychotischen Symptomatik (Halluzinationen, Wahnideen, gedankliche Zerfahrenheit) Ergänzung der somatischen Behandlung durch rehabilitativ ausgerichtete Milieutherapie (aktivitäts- und kontaktfördernde Maßnahmen)	2.1.2. relativ ungünstig: nach Abklingen des akuten Schubs (innerhalb von Wochen oder Monaten) gewöhnlich sog. Defektbildung in Form einer Wesensveränderung (Einbuße an „energetischen Potentials"), evtl. Chronifizierung; bei Rezidiven im allg. zunehmende Defektbildung, evtl. bis zu schwerem Persönlichkeitsabbau; langfristig häufig Syndromwandel (z.B. von katatonen zu paranoid) Verbesserung der Langstreckenprognose durch konsequente Dauereinstellung auf Neuroleptika (möglichst in Depotform)
2.1.2.1. hebephrenen Form	2.1.2.1. typisch schizophrene Affektstörungen (inadäquater und/oder flacher Affekt), Distanzlosigkeit u.a. Störungen des Sozialverhaltens			
2.1.2.2. katatonen Form	2.1.2.2. Wechsel von Hypokinese (bis zum Stupor) und Hyperkinese (bis zum Bewegungssturm) u.a. psychomotorische Phänomene (Grimassieren, Stereotypien); oft hochgradige Ambivalenz, Negativismus; in schweren Fällen Hyperthermie (cave!)			
2.1.2.3. paranoiden Form	2.1.2.3. ausgeprägte Wahnideen, evtl. verbunden mit Halluzinationen, Störungen des Ich-Erlebens und/oder formalen Denkstörungen (z.B. Zerfahrenheit)			
2.1.2.4. pseudo-neurotischen Form	2.1.2.4. ähnliche Erscheinungen wie unter 1.1. (bes. 1.1.2., 1.1.4., 1.1.6.), nur angedeutete Symptome wie unter 2.1.2.1.-2.1.2.3.)			

1: Bei den Unterformen 2.1.2.1.-2.1.2.4. handelt es sich um Prägnanztypen. Im konkreten Fall sind die Symptome oft so miteinander verbunden, daß eine eindeutige Zuordnung zu e i n e m Typus unmöglich ist.

Tabelle 5. Psychosen: Endogene Psychosen III (endogene Depression)

Art der Störung	Leitsymptome/Syndrome	Bedingungsfaktoren	Therapie	Prognose
2.1.3. affektive Psychosen	2.1.3. schwere Affektstörung (quantitative Antriebs- und Stimmungsverschiebungen), nicht selten verbunden mit „syntonen" (der Stimmungslage entsprechenden) Wahnideen	2.1.3. (genetische) Disposition zu Verstimmungsphasen		2.1.3. vollständige Remission meist innerhalb von einigen Wochen oder Monaten, Rezidivneigung evtl. durch Dauereinstellung auf Lithium zu vermindern
2.1.3.1. endogene Depression	2.1.3.1. gequälter, evtl. auch mehr finster oder stumpf wirkender Gesichtsausdruck, psychomotorische Hemmung, seltener psychomotorische Unruhe, gedrückte, evtl. verzweifelte Stimmung bzw. innere Leere mit „Gefühl der Gefühllosigkeit", Selbstvorwürfe (bis zum Schuldwahn), Selbstmordneigung (Gefährdung des Neugeborenen durch „erweiterten Suizid"!), Vitalstörungen (Schlaflosigkeit, Appetitlosigkeit u.a. somat. Beschwerden, Tagesschwankungen des Befindens mit morgendlichem Tief)	2.1.3.1. spezifische Disposition zu monopolar depressiven oder zu bipolaren (depressiven und manischen) Verstimmungsphasen	2.1.3.1. Thymoleptika, z.B. vom Typ der trizyklischen Antidepressiva (wie Amitriptylin: Saroten®), evtl. zusätzlich sedierend wirkende Neuroleptika, z.B. ein Thioxanthen- oder Phenothiazin-Derivat (wie Thioridazin: Melleril®), bes. bei schwerer Schlaflosigkeit, starker psychomot. Unruhe u. Wahnhaftigkeit (vor allem Verfolgungswahn); ggf. Heilkrampfbehandlung	2.1.3.1. evtl. Umschlag in (Hypo-) Manie (s. 2.1.3.2.) Rezidive meist wieder als Depressionen, aber auch als Manien bzw. Kombination von beidem (zirkuläre Verlaufsform oder Mischzustand)

Tabelle 6. Psychosen: Endogene Psychosen IV (affektive Psychosen, außer endogener Depression; schizo-affektive Psychosen)

Art der Störung	Leitsymptome/Syndrome	Bedingungsfaktoren	Therapie	Prognose
2.1.3. affektive Psychosen (f)				
2.1.3.2. endogene Manie	2.1.3.2. gehobene (euphorische), evtl. gereizte (dysphorische) Stimmungslage, starke Antriebssteigerung, allg. (verbale, soziale und sexuelle) Enthemmung, überhöhtes Selbstwertgefühl (bis zum Größenwahn)	2.1.3.2. (spezifische) Disposition zu bipolaren (manischen und depressiven) Verstimmungsphasen	2.1.3.2. Neuroleptika, evtl. in Kombination mit Lithium	2.1.3.2. evtl. Umschlag in Depression; Rezidive als Manie und/oder Depression bzw. Mischzustand (zirkuläre Verlaufsform)
2.1.3.3. manisch-depressiver Mischzustand	2.1.3.3. Mischung aus Symptomen von 2.1.3.1. und 2.1.3.2.	2.1.3.3. (wie bei 2.1.3.2.)	2.1.3.3. Neuroleptika und Thymoleptika, evtl. in Kombination mit Lithium	2.1.3.3. evtl. Übergang in rein manische oder rein depressive Form; Rezidive wie unter 2.1.3.2.
2.1.4. schizo-affektive Psychosen	2.1.4. Symptome von 2.1.2. und 2.1.3., evtl. auch (initial) von 2.1.1., vor allem manische und/ oder depressive Verstimmung mit ausgeprägten (nicht-synthymen) Wahnideen	2.1.4. spezifische Disposition zu atypischen psychotischen Episoden mit Zügen von 2.1.2. und 2.1.3., evtl. auch Doppelbelastung mit entsprechenden Erbanlagen oder Überwiegen der Disposition zu 2.1.2. oder 2.1.3.	2.1.4. je nach vorherrschender Symptomatik wie unter 2.1.2., 2.1.3.2. bzw. 2.1.3.3.	2.1.4. Syndromwandel häufig, besonders bezüglich der vorherrschenden Stimmungslage; meist vollständige Remission nach Wochen oder Monaten; Art der Rezidive abhängig von der Disposition (s. unter „Bedingungsfaktoren"); ihre Häufigkeit und Intensität evtl. durch Dauereinstellung auf Lithium zu vermindern, allerdings meist nicht im gleichen Ausmaß wie bei 2.1.3.

Psychosen

Endogene Psychosen: Man darf keineswegs alle im Wochenbett auftretenden Zeichen einer emotionellen Beeinträchtigung ohne weiteres dem Phänomen "Heultag" zuschreiben. Abgesehen von den schon erwähnten Versagenszuständen neurotischer Genese ist an die Möglichkeit einer *Wochenbettpsychose* zu denken (s. Tabelle 3 - 6), besonders wenn die Verstimmung sehr ausgeprägt ist, mit schwerer Schlaflosigkeit, Umtriebigkeit oder psychomotorischer Erstarrung einhergeht und sich nicht innerhalb von ein bis zwei Tagen aufhellt. Es ist bisher unzureichend untersucht, ob ein ätiopathogenetischer Zusammenhang zwischen "Heultag" und gravierenden Formen postpartaler Verstimmungszustände besteht. Ein zeitlicher Zusammenhang ist freilich keine Seltenheit. Vor der Klinikentlassung sollte auf jeden Fall sichergestellt sein, daß bei der Wöchnerin keine ernsthafte Verstimmung mehr besteht. Starke innere und äußere Unruhe bzw. scheinbare Abstumpfung (infolge depressiver Hemmung) sowie schwere Schlaflosigkeit sollten immer den Verdacht auf eine gravierende psychische Störung lenken; denn diese Erscheinungen gehören zu den häufigsten - wenn auch ganz unspezifischen - Frühsymptomen einer Wochenbettpsychose; sie können auch als *Prodromi* die Entwicklung einer solchen Psychose ankündigen, wenn psychotische Symptome im engeren Sinne noch nicht nachweisbar sind. Zu diesen zählt man z.B. schwere depressive Selbstvorwürfe, die sich bis zum Schuld- und Versündigungswahn steigern können.

Obwohl eine *depressive Symptomatik* bei vielen Puerperalpsychosen - zumindest vorübergehend - in Erscheinung tritt (s. Tabelle 5 u. 6), kommen auch *gereizte* und *expansivmanische Verstimmungen* vor (s. Tabelle 6). Sie können ebenfalls mit *Wahnvorstellungen* einhergehen, die dann nicht etwa eigenes Versagen und eigene Verfehlungen zum Inhalt haben, sondern ganz im Gegenteil angebliche Verfehlungen anderer (u.a. des Arztes, des Pflegepersonals oder des Ehemannes). Neben solchen paranoiden Ideen bestehen oft Erlösungs-, Weltverbesserungs- und andere Größenideen. Diese können auch allein das Denken bestimmen. Sie werden infolge motorischer, sozialer und verbaler Enthemmung im Rahmen eines manischen Syndroms schon ungefragt geäußert und tragen so eindeutig den Charakter des "Verrückten", daß sie auch vom psychiatrisch ungeschulten Arzt und selbst von Laien leicht als Ausdruck einer "Geisteskrankheit" erkannt werden. Selbstanklagen depressiver Patientinnen werden dagegen infolge psychomotorischer Hemmung dieser Kranken leichter verschwiegen und auch dann, wenn sie geäußert werden, sogar von Ärzten oft in ihrem Stellenwert verkannt. Dabei weisen sie gewöhnlich auf eine *Suizidgefährdung* hin.

Bei schwer depressiven Wöchnerinnen ist zudem mit einer *Gefährdung des Neugeborenen durch* einen *"erweiterten Suizid"* der Mutter zu rechnen. Bei gereizter Stimmungslage besteht eher eine Neigung zu *Aggressionshandlungen* gegen andere Personen der Umgebung; doch kann auch hier das Neugeborene betroffen sein und muß deshalb vor der Mutter geschützt werden.

Aggressive Akte kommen ebenfalls bei jenen Formen postpartaler Psychosen vor, bei denen weniger die Symptome affektiver Psychosen als vielmehr die von *Psychosen aus dem schizophrenen Formenkreis* im Vordergrund stehen (s. Tabelle 4). Es handelt sich um Symptome wie Beeinflussungserlebnisse, Halluzinationen (zumeist in Form von Stimmenhören), bizarre Wahnideen, gedankliche Zerfahrenheit ("verworrenes Denken"), Diskrepanzen zwischen Gedankeninhalt und Affektlage, unmotoviert erscheinendes Wechseln von Bewegungsunruhe und motorischer Starre u.a.

Im Unterschied zu den typischen Formen endogener Psychosen kombinieren sich bei den postpartal ausbrechenden Psychosen affektive und schizophrene Symptomatik häufig zu *atypischen Krankheitsbildern* (s. Tabelle 6). Der Verlauf ist dabei gewöhnlich wesentlich wechselvoller als beim Gros der typischen manisch-depressiven oder schizophrenen Psychosen, die sich außerhalb des Wochenbettes manifestieren. Nicht nur manische und depressive Affektlage können alternierend auftreten oder sich in wechselnder Zusammensetzung miteinander vermischen (wie bei manisch-depressiven Psychosen), es kann auch zu plötzlichen Einschüben einer vorwiegend katatonen Symtomatik mit Hypokinese bis zum Stupor (der völligen affektiven und motorischen Erstarrung) einerseits und Hyperkinese bis zum Bewegungssturm andererseits kommen, wobei - im Unterschied zur depressiven Hypokinese bzw. manischen Hyperkinese - die Motorik eigenartig unnatürlich und bizarr, womöglich geradezu automatenhaft wirkt wie bei typischen Formen katatoner Schizophrenie. Schließlich kann auch die Wahnbildung - zumindest vorübergehend - das Bild völlig beherrschen wie bei paranoider Schizophrenie.

Außer einem raschen Syndromwandel - der auch bei unabhängig von Gestationsvorgängen auftretenden "schizoaffektiven" Psychosen vorkommt - beobachtet man bei postpartalen Psychosen häufig ebenso abrupt erscheinende Änderungen des Schweregrades der klinischen Symptomatik. Die Krankheitserscheinungen können plötzlich wie ein Spuk verschwinden und ebenso plötzlich - eventuell in anderer Form - wieder hervortreten. Bei der klinischen Visite kann daher eine solche Patientin ganz unauffällig erscheinen, obwohl sie kurz vorher und auch kurze Zeit später hell psychotisch ist.

Letzteres ist besonders bei den - für Puerperalpsychosen besonders typischen - *amentiellen Syndromen* der Fall (s.

Tabelle 3). Es handelt sich um meist ganz akut auftretende Verwirrtheitszustände, bei denen das Bewußtsein traumhaft verändert erscheint und wechselnde Wahneinfälle mit Personenverkennungen sowie Halluzinationen (neben akustischen auch optische) das innere Erleben bestimmen. Am äußeren Verhalten lassen sich zudem Desorientiertheit sowie Unruhe bis zur Getriebenheit und/oder ratloses Staunen erkennen: Die Patientin erlebt sich und ihre Umwelt offenbar verändert und weiß mit dieser eigenartigen Situation nichts anzufangen. Es fehlt jede Kontinuität des inneren Erlebens; obwohl die Wahnideen aller Systematik entbehren, kreisen sie doch oft thematisch um das Baby oder die eheliche Situation - ähnlich, wie es auch bei vorwiegend depressiven oder paranoiden Wochenbettpsychosen zu beobachten ist.

Mit der Aufhellung des Bewußtseins kann eine allgemeine klinische Besserung einhergehen; es kommt aber leicht zu Rückfällen, womöglich innerhalb von Tagen oder sogar Stunden. Außerdem ist der Übergang eines amentiellen in ein vorwiegend manisches oder katatones Syndrom keine Seltenheit; auch depressive oder paranoide Syndrome können sich unmittelbar oder nach einem manischen bzw. katatonen Zwischenstadium an den Zustand traumartiger Verwirrtheit anschließen.

Der *Verlauf* ist also sehr *wechselhaft* und entsprechend schwer vorhersagbar - mit einer Ausnahme: Es kommt fast immer innerhalb von einigen Wochen oder längstens Monaten zur völligen *Remission*. Eine Rückfallgefahr besteht jedoch weiterhin, besonders im Anschluß an eine erneute Entbindung. Die *Rezidivquote* ist allerdings bei amentiellen Syndromen nicht so groß wie bei "stilreinen" Formen endogener Psychosen mehr affektiver oder schizophrener Prägung. Bei rein schizophrenen Bildern ohne amentielles Vorstadium und ohne stärkere Beimengung von typischen Erscheinungen affektiver (depressiver bzw. manischer) Psychosen besteht über die Rezidivgefahr hinaus die Gefahr einer Chronifizierung oder zumindest die einer "Defektbildung", also einer Persönlichkeitsveränderung nach Abklingen der im engeren Sinne psychotischen Symptomatik.

Es ist freilich umstritten, ob solche ungünstig verlaufenden, typisch schizophrenen Psychosen im Wochenbett überhaupt häufiger auftreten, als es der Zufallserwartung entspricht. Für affektive und schizoaffektive Psychosen im Wochenbett ist ein konditionaler Zusammenhang mit der postpartalen Situation hingegen weitgehend anerkannt; völlig unbestritten ist er für postpartale amentielle Syndrome, die man geradezu als Prototyp der Puerperalpsychosen ansprechen kann.

Unklar ist vorläufig noch, was an der postpartalen Situation zur Psychose führt. Die Rolle psychologischer Faktoren wird wahrscheinlich von vielen Autoren zu hoch veranschlagt.

Sie konnte in statistischen Untersuchungen zu diesem Problem bisher nicht hinreichend belegt werden, was allerdings noch kein schlüssiger Gegenbeweis ist. Die Tatsache, daß es sich bei den gravierenden psychischen Störungen im Wochenbett überwiegend (etwa zu zwei Dritteln) um Psychosen und nicht um Neurosen (schwere Hysterie, Angstneurose, neurotische Depression, Zwangsneurose u. dgl. (s. Tabelle 1 u. 2) handelt, spricht aber zumindest gegen ein Überwiegen psychogener Faktoren, das eine umgekehrte Verteilung erwarten ließe.

Wahrscheinlich kommt der massiven *hormonalen Umstellung* eine wesentlichere Bedeutung für die Entstehung postpartaler Psychosen zu als primär psychologischen Faktoren. Dafür spricht u.a. die an körperlich begründbare Psychosen erinnernde Symptomgestaltung gerade der typischsten Formen dieser Psychosen, der amentiellen Syndrome, ferner eine gewisse Ähnlichkeit mit Psychosen, die unter hochdosierter Corticosteroid-Behandlung auftreten. Diese offenkundig hormonell ausgelösten Psychen sind nämlich ebenfalls häufig durch stark wechselnde Symptomgestaltung und kurzfristige Scheinremissionen gekennzeichnet. Daß ihre Entstehung vornehmlich durch rasche Dosisänderung (auch durch ein abruptes Absetzen nach langfristiger Anwendung hoher Tagesdosen!) provoziert wird, paßt gleichfalls zu der Annahme, die Wochenbettpsychosen seien Ausdruck einer zerebralen Reaktion auf den plötzlichen Hormonentzug nach monatelanger, in der Schwangerschaft allerdings physiologischer Überproduktion. Besonders der rapide Abfall des Östrogen- und vor allem der des Progesteronspiegels erscheint in diesem Zusammenhang bedeutsam, u.a. deshalb, weil eine zentral-nervöse (sedierende) Wirkung hoher Progesterondosen bei verschiedenen Tierarten und auch beim Menschen erwiesen ist.

Für die Auslösung der typischen Wochenbettpsychosen ist somit der gleiche Pathomechanismus anzunehmen, wie er für den "Heultag" diskutiert wurde. Dies gilt insbesondere für die amentiellen Syndrome, die gewöhnlich ganz akut innerhalb der ersten zehn Tage des Wochenbettes entstehen - also in der gleichen Zeit, in die auch der "Heultag" fällt. Zumindest machen sich die Prodromalerscheinungen der Psychose (zunehmende psychomotorische Unruhe, schwere Schlaflosigkeit u.a.) meistens schon in dieser Zeit bemerkbar. Solche Symptome müssen deshalb unbedingt ernst genommen werden, auch wenn sie selbstverständlich nicht immer die Vorboten einer Psychose sind. Man braucht nicht gleich einen Psychiater hinzuzuziehen, sollte aber unbedingt das Abklingen des Zustandes abwarten, bevor man die Patientin nach Hause entläßt und ihr damit auch die volle Verantwortung für das Neugeborene überträgt.

Viele Wochenbettpsychosen, besonders jene von typisch affektivem oder schizophrenem Gepräge, brechen aber erst in der zweiten Woche post partum oder noch später aus, ohne sich schon in der ersten Woche des Puerperiums durch verdächtige Prodromalerscheinungen angekündigt zu haben. Deshalb unterschätzen viele Geburtshelfer aus ihrer vorwiegend klinischen Erfahrung heraus die *Häufigkeit* ernsthafter psychiatrischer Komplikationen im Wochenbett. Statistische Untersuchungen lassen immerhin eine Häufigkeit von etwa ein bis zwei pro 1000 Entbindungen vermuten, was um das Mehrfache über dem Erwartungswert für den Ausbruch entsprechender Störungen bei gleichaltrigen Frauen liegt, wenn man einen sechswöchigen Zeitraum, von einem beliebigen Stichtag an gerechnet, als Vergleichsmaßstab zugrundelegt.

Welche Faktoren dazu beitragen, daß sich gerade im Wochenbett eine Psychose entwickelt (s. Tabelle 3), läßt sich im Einzelfall oft schwer beurteilen. Statistisch eindeutig erwiesen ist allerdings eine *Psychosendisposition*, die wahrscheinlich überwiegend *erblich* bedingt ist. Dafür spricht der hohe Anteil von endogenen Psychosen bei Blutsverwandten (in ca. 30% der Fälle) und in der eigenen Vorgeschichte der Betroffenen (ca. 20% der psychotisch gewordenen Wöchnerinnen). In dieser Beziehung besteht kein grundsätzlicher Unterschied gegenüber endogenen Psychosen, die bei gleichaltrigen Frauen ohne zeitlichen Zusammenhang mit der Gestation ausgebrochen sind.

Eine Besonderheit der postpartalen Psychosen besteht darin, daß sie nicht selten auch schon nach vorangegangenen Entbindungen aufgetreten sind und/oder im Anschluß an spätere Entbindungen rezidivieren. Dies spricht für eine gewisse Spezifität der Psychosendisposition. Allerdings gilt das nur für einen Teil der Fälle. In anderen Fällen kommt dem *Puerperium* nur die Rolle eines weitgehend *unspezifischen Auslösers* zu und bei weiteren Fällen dürfte ein rein zufälliger zeitlicher Zusammenhang zwischen Wochenbett und Psychose vorliegen. Daß dies insbesondere für typische Schizophrenien mit ungünstigem Krankheitsverlauf zutreffen könnte, wurde bereits erwähnt. Andererseits haben wir darauf hingewiesen, daß affektive und vor allem schizoaffektive Psychosen offenbar häufiger im Wochenbett auftreten, als es dem Zufall nach zu erwarten wäre. Bei akuten amentiellen Syndromen im frühen Wochenbett ist der konditionale Zusammenhang völlig evident, zumal derartige Syndrome sonst gegenüber Psychosen vom affektiven und schizophrenen Typus vergleichsweise selten vorkommen.

Exogene Psychosen: Je ausgeprägter die amentielle Färbung einer Wochenbettpsychose ist, desto mehr muß man differentialdiagnostisch an eine *rein exogen entstandene*, d.h. im engeren Sinne körperlich begründbare *Psychose* denken (s. Tabelle 7). Sie weist auf eine *primär körperliche Erkrankung* hin, die im Zusammenhang mit der Geburt (Blutverlust) oder dem Wochenbett (Puerperalsepsis, hochfieberhafte Ma-

Tabelle 7. Psychosen: Exogene Psychosen

Art der Störung	Leitsymptome/Syndrome	Bedingungsfaktoren	Therapie	Prognose
2.2. exogene Psychosen (i.S. des akuten exogenen Reaktionstypus[1])	2.2. meist ausgeprägte Bewußtseinstrübung, Denken zusammenhanglos, massive Störungen des Frischgedächtnisses und der (besonders zeitlichen und örtlichen) Orientierung, psychomot. Unruhe. Nach Abklingen totale oder partielle Amnesie für die Zeit der psychot. Episode	2.2. zerebrale Dekompensation durch körperliche Noxen: Sauerstoffmangel nach Blutverlust; Fieber und/oder Bakterientoxine bei Puerperalsepsis bzw. Mastitis; Intoxikation durch Psychopharmaka; evtl. abrupter Alkoholentzug	2.2. Bekämpfung der Grundkrankheit, evtl. Neuroleptika (wie bei 2.1.1.); bei pharmakogenem Delir Reduktion oder sogar - evtl. vorübergehendes - Absetzen der Psychopharmaka bei Alkoholdelir: Chlormethiazol (Distraneurin®), anschliessend (auch bei Medikamentensucht) Entziehungsbehandlung, ggf. stationär, langfristige Nachbetreuung, evtl. in Laiengruppe (z.B. anonyme Alkoholiker)	2.2. günstig, Abklingen spontan innerhalb von Stunden bis Tagen, durch angemessene therapeutische Maßnahmen noch zu beschleunigen; Rezidivgefahr vor allem beim Alkoholdelir. Prognose bezüglich (Medikamenten- bzw. Alkohol-)Sucht ungünstig, durch konsequente Entziehungsbehandlung und intensive Nachbetreuung allerdings zu verbessern
2.2.1. Delir	2.2.1. zusätzlich massive illusionäre Verkennung der Umgebung, vorwiegend optische Halluzinationen, fluktuierende Wahneinfälle, evtl. nestelnde Handbewegungen, Tremor und vegetative Symptome bis zum Kreislaufkollaps (bes. ausgeprägt beim Alkoholdelir)			
2.2.2. Verwirrtheitszustand	2.2.2. ähnlich wie bei 2.1.1.: Denkzerfall u. Ratlosigkeit bei oft wechselnder Bewußtseinslage und Orientierung			

1: Bei den Unterformen 2.2.1. und 2.2.2. handelt es sich um Prägnanztypen. Im konkreten Fall sind die Symptome oft so miteinander verbunden, daß eine eindeutige Zuordnung zu einem Typus unmöglich ist.

stitis) steht, kann allerdings auch durch eine *Überdosierung von Psychopharmaka* hervorgerufen sein, die wegen einer andersartigen psychischen Störung verabreicht wurden.
Schließlich ist noch an die Möglichkeit eines *Alkoholentzugsdelirs* bei (womöglich bis dahin unerkanntem) Alkoholismus zu denken.

Bei akuten exogenen Psychosen besteht zumeist eine ausgeprägte Bewußtseinstrübung mit Bewegungsunruhe (evtl. nestelnden Handbewegungen, besonders beim Alkoholdelir!), gedanklicher Verwirrtheit, vornehmlich optischen Halluzinationen, völlig unsystematischen Wahneinfällen sowie Symptomen, die auch bei chronischen organischen Psychosyndromen vorkommen, nämlich groben Störungen des Frischgedächtnisses und der (vor allem zeitlichen) Orientierung.

Die *Abgrenzung* solcher mehr *deliranter Zustandsbilder gegenüber* akuten *amentiellen Syndromen* kann schwierig sein und sollte möglichst einem Psychiater überlassen werden; zudem gibt es amentielle und andere Syndrome auch als exogene Psychosen bei körperlichen Geburts- und Wochenbettkomplikationen, so daß sich die nosologische Diagnose nicht allein auf eine psychopathologische Syndromanalyse stützen kann; vielmehr ist der körperliche Befund zu berücksichtigen und muß dementsprechend genau abgeklärt werden.

Exogene Psychosen klingen meist zusammen mit dem körperlichen Krankheitsbefund ab, manchmal auch schon früher; sie können ihn aber auch überdauern. Auf jeden Fall muß die Behandlung vor allem auf die *Behebung der körperlichen Störung* gerichtet sein. Ggf. ist eine *syndromorientierte psychopharmakologische Behandlung* erforderlich, wofür sich im allgemeinen Neuroleptika, *wie sie auch bei endogenen Psychosen* verwendet werden, am besten eignen (s. Tabelle 3).
Bei pharmakogenem Delir müssen natürlich die entsprechenden Medikamente reduziert und evtl. völlig abgesetzt werden.

Dank der Fortschritte in der Prophylaxe und Therapie somatischer Komplikationen von Geburt und Wochenbett sind durch diese bedingte (exogene) Psychosen so selten geworden, daß sie praktisch kaum noch ins Gewicht fallen. Die Inzidenz anderer Psychosen im Wochenbett ist aber seit Jahrzehnten konstant geblieben und wird sich voraussichtlich auch in Zukunft kaum vermindern lassen. Umso wichtiger ist es, diese Störungen rechtzeitig zu erkennen und wirksam zu bekämpfen.

DIAGNOSTIK, THERAPIE UND PROPHYLAXE

Abschließend seien - das bisher Gesagte teils zusammenfassend, teils ergänzend - einige praktische Hinweise für die Erkennung, Behandlung und Prophylaxe psychischer Störungen im Wochenbett gegeben.

Die *Diagnostik* wird im Grunde schon *während der Schwangerschaft* vorbereitet. In dieser Zeit ist bereits *auf psychische Auffälligkeiten zu achten*, so daß vorbestehende Störungen bekannt sind, wenn eine Patientin zur Entbindung in die Klinik kommt. Insbesondere sollte eine *Sucht* oder *Suchtgefährdung* möglichst frühzeitig erkannt werden, um gegebenenfalls eine vorsichtige Entziehungsbehandlung noch während der Gravidität durchführen zu können. Durch plötzlichen Alkohol- bzw. Drogenentzug ein schweres Entzugssyndrom oder gar ein Delir zu provozieren, muß auf jeden Fall vermieden werden. Schon aus diesem Grunde ist eine vorübergehende stationäre Behandlung in einer psychiatrischen Klinik oder einer Spezialeinrichtung für Suchtkranke erforderlich.

Fremdanamnestische Angaben können einen Suchtverdacht sichern helfen - wie überhaupt die *Fremdanamnese* für psychiatrische Beurteilungen oft *von ausschlaggebender Bedeutung* ist. Außer nach psychischen Beschwerden und nach der Einnahme von Alkohol sowie psychotropen Drogen ist auch nach früher durchgemachten psychiatrischen Erkrankungen zu fragen (evtl. in der Form: "Waren Sie schon mal beim Nervenarzt?" - oder: "Haben Sie mal eine Zeitlang Beruhigungsmittel einnehmen müssen?").

Psychosen bei Blutsverwandten, besonders aber psychotische Episoden *in der Vorgeschichte der Patientin* lassen eine entsprechende *Disposition* vermuten. Sie ist für den Geburtshelfer besonders dann von Interesse, wenn ein zeitlicher Zusammenhang zwischen vorangegangenen Geburten und dem Beginn psychotischer Störungen nachzuweisen ist; denn in diesem Fall besteht ein erhöhtes *Risiko für* ein *Rezidiv im Wochenbett.*

Zumeist entstehen Puerpalpsychosen freilich ganz unerwartet. Eine sorgfältige *psychologische Überwachung der Wöchnerin* - nicht zuletzt durch entsprechend geschultes Pflegepersonal - ermöglicht es aber, beginnende Psychosen rasch zu erkennen und geeignete therapeutische Maßnahmen zu ergreifen. Schon bei einem wohlbegründeten Verdacht sollte ein Psychiater konsultiert und das weitere Vorgehen mit ihm abgesprochen werden. Bei gesicherter Diagnose wird man im allgemeinen die Erkrankte umgehend in eine psychiatrische Klinik verlegen und ihr das Neugeborene erst dann wieder anvertrauen, wenn es durch das Verhalten der Mutter nicht mehr gefährdet und diese durch die Aufgabe der Versorgung des Kindes nicht überfordert erscheint. Auf keinen Fall darf bei Verdacht auf beginnende Psychose - z.B. bei starker Getriebenheit und zunehmend schlechtem Schlaf - eine Wöchnerin nach Hause entlassen werden. Eine genaue klinische Beobachtung ist erforderlich. Mit der Gabe von antipsychotisch wirkenden Medikamenten sei man zurückhaltend, solange die Diagnose noch ungesichert ist. Eventuell muß man vorübergehend zur Sedierung durch ein Beruhigungsmittel Zuflucht nehmen, um das *Krankheitsbild nicht zu verschleiern*.

Sowie sich der Psychoseverdacht ausreichend verdichtet hat und eine körperliche Krankheit als Grundlage der psychischen Störung ausgeschlossen werden konnte, hat die Behandlung mit spezifisch wirkenden Psychopharmaka einzusetzen (s. Tabellen 3 - 6). *Bei schizophrenen bzw. schizophrenieartigen, bei manischen* sowie *amentiellen Psychosen* verabreicht man *Neuroleptika, bei* rein *depressiven Psychosen Thymoleptika,* bei einer Mischung depressiver und andersartiger psychotischer Symptomatik beides, also Thymoleptika in Kombination mit Neuroleptika. In einer psychiatrischen Klinik kann auch eine *Heilkrampfbehandlung* vorgenommen werden, wenn der Effekt der psychopharmakologischen Behandlung unzureichend war. Medikamentöse Behandlungsversuche mit extrem hohen Dosen des Beta-Rezeptoren-Blockers Propranolol beanspruchen dagegen vorläufig nur theoretisches Interesse.

Die Gabe von Progesteron und anderen Hormonen hat sich bei Wochenbettpsychosen nicht eindeutig bewährt; sie ist auch bei Annahme einer Auslösung solcher Psychosen durch "Hormonentzug" theoretisch unzureichend begründet; denn bei einem Delir infolge Alkoholentzug ist die Gabe von Alkohol therapeutisch bekanntermaßen unwirksam. Warum sollte also bei akuten Psychosen infolge "Hormonentzug" eine Hormonbehandlung Erfolg haben, zumal wenn es sich - im Unterschied zu Schilddrüsenhormonen und Corticosteroiden - um Hormone handelt, die für die Lebenserhaltung des Organismus keine fundamentale Bedeutung besitzen?

Die Entscheidung darüber, ab wann man der an einer Wochenbettpsychose erkrankten Mutter die Pflege ihres Kindes übertragen kann, wird man im allgemeinen dem Psychiater überlassen. Sie hängt von vielen Faktoren ab und läßt sich deshalb immer nur unter Berücksichtigung der Gesamtsituation treffen. Auf jeden Fall muß die medikamentöse Behandlung so lange fortgesetzt werden, bis keinerlei Anzeichen für krankheitsbedingte psychische Auffälligkeiten mehr bestehen. *Bei* eindeutig *schizophrenen Psychosen* ist eine mindestens *mehrjährige Weiterbehandlung mit Neuroleptika* (evtl. in Depotform) angezeigt, *bei* eindeutig phasisch verlaufenden, insbesondere *bei häufig rezidivierenden affektiven Psychosen* dagegen eine *Dauereinstellung auf* ein *Lithium*-Präparat. *Während des ersten Trimenon einer erneuten Gravidität* sollten allerdings die *Medikamente* möglichst *abgesetzt* werden, um eine Fruchtschädigung zu vermeiden. Von da an ist aber die Weiterbehandlung nicht mehr kontraindiziert.

Ob man einer Patientin, die eine Wochenbettpsychose durchgemacht hat, von künftigen Entbindungen abraten soll, hängt

u. a. vom Kinderwunsch der Betreffenden ab. Man muß sie auf jeden Fall auf die Rezidivgefahr aufmerksam machen und im Falle einer erneuten Schwangerschaft eine besonders sorgfältige psychiatrische Überwachung sicherstellen. Bei den Anzeichen eines Rezidivs muß dann sofort diejenige Behandlung einsetzen, die sich bei der vorher durchgemachten psychotischen Episode als wirksam erwiesen hat.

Das Bestehen einer endogenen Psychose oder die anamnestische Angabe früher, womöglich im Wochenbett, durchgemachter psychotischer Episoden ist für sich genommen noch keine Indikation zum *Abbruch einer Schwangerschaft*. Auf jeden Fall sollten der Indikationsstellung eingehende Beratungen von Geburtshelfer und Psychiater vorausgehen. Entsprechendes gilt für die Frage der *Sterilisation* psychotischer bzw. psychosegefährdeter Frauen. Der Wunsch der Patientin, ihre Heilungschancen und das für die Kinder einer solchen Frau zu erwartende Schicksal geben - neben der weltanschaulichen Einstellung des Arztes - den Ausschlag für die Entscheidung. Langfristig ist der Psychosenverlauf durch die Verhütung von Schwangerschaften oder deren vorzeitigen Abbruch im allgemeinen nicht zu beeinflussen. Das muß bei einer solchen Entscheidung stets bedacht werden.

Bei neurotisch gestörten Frauen wird man bezüglich Schwangerschaftsabbruch und -verhütung noch zurückhaltender sein als bei psychotischen Frauen. Dringend zu warnen ist andererseits vor dem Ratschlag, eine Neurose durch "Kinderkriegen" beheben zu wollen. Ein Kind ist kein Therapeutikum, auch nicht bei neurotischen Störungen!

Bei im Wochenbett auftretenden, vorwiegend ängstlichen oder depressiven Verstimmungszuständen kann die *Differentialdiagnose* zwischen einer *Neurose* und einer *Psychose* schwierig sein. Bei manischen Verstimmungen und bei allen Zeichen grober Realitätsverkennung (Beeinflussungserlebnisse, Halluzinationen, Wahnideen u. dgl.) ist dagegen nur eine diagnostische Entscheidung zwischen *endogener* und *exogener* (körperlich begründbarer) *Psychose* zu treffen.

Die *Therapie* kann sich bei den unterschiedlichen Diagnosen überschneiden, ist aber in wesentlichen Punkten different: Bei endogenen Psychosen bildet die Anwendung von Psychopharmaka (Neuroleptika bzw. Thymoleptika) das Kernstück der Therapie, bei exogenen Psychosen kommt gegenüber der psychopharmakologischen Behandlung der Bekämpfung der körperlichen Grundkrankheit die größere Bedeutung zu, bei Neurosen stehen psychotherapeutische Maßnahmen im weitesten Sinne im Mittelpunkt der Behandlung. Bei (neurotischen) depressiven Reaktionen können zwar kurzfristig Thymoleptika verabreicht werden und bei Angstreaktionen - wenn unbedingt erforderlich - Tranquilizer. Solche Medikamente werden aber bei neurotischen Störungen viel zu oft als inadäquater Gesprächsersatz eingesetzt.

Eine *Grundausbildung in psychologischen Behandlungsverfahren* (s. Tabelle 1) ist auch geburtshilflich tätigen Ärzten anzuraten. In Frage kommen vor allem das psychosoziale Beratungsgespräch, Entspannungsübungen (z.B. das autogene Training) und für speziell Interessierte auch tiefenpsychologische und verhaltenstherapeutische Verfahren. Es wäre sicherlich vorteilhaft, wenn an allen größeren Frauenkliniken einige Ärzte mit mindestens einjähriger psychiatrischer Klinikerfahrung und einer Zusatzausbildung in analytischer oder Verhaltenstherapie tätig wären. Sie könnten u.a. bei psychischen Störungen im Wochenbett diagnostische und therapeutische Entscheidungen treffen, wenn kein Psychiater zur Verfügung steht, und dessen Eingreifen in manchen Fällen überflüssig machen.

Eine enge *Kooperation* mit psychiatrischen Fachkollegen bzw. mit Psychotherapeuten und/oder Verhaltenstherapeuten, die an anderen Einrichtungen - evtl. in freier Praxis - tätig sind, ist aber auf jeden Fall erwünscht. Eine solche interdisziplinäre Zusammenarbeit *in Praxis und Forschung* könnte mit dazu beitragen, unser Wissen über psychische Störungen im Wochenbett zu vertiefen und ihnen in Zukunft noch wirksamer zu begegnen, als es uns heute möglich ist.

LITERATUR

1. BÜRGER-PRINZ, H., FISCHER, P.-A. (Hrsg.): Psychiatrie und Neurologie der Schwangerschaft. Stuttgart: Enke 1968
2. HUHN, A., DRENK, K.: Klinische Einordnung und Prognose der Wochenbettpsychosen. Fortschr. Neurol. Psychiat. *41*, 363-377 (1973)
3. MÜLLER, C. (Hrsg.): **Lexikon der Psychiatrie.** Berlin, Heidelberg, New York: Springer 1973
4. PAULEIKHOFF, B.: Seelische Störungen in der Schwangerschaft und nach der Geburt. Stuttgart: Enke 1964

Präoperative Psychologie in der Gynäkologie

J. M. Wenderlein, Erlangen

Im Mittelpunkt der präoperativen Psychologie soll hier die präoperative ärztliche Aufklärungspflicht stehen. Sie ist praktisch bedeutsam, zugleich aber umstritten. Darauf weist unter anderem die Fülle der einschlägigen Fachliteratur hin (BOCKELMANN, KOHLHAAS, ENGLISCH-HALLERMANN).

Heute sind in der Gynäkologie die präoperativen diagnostischen Möglichkeiten so gut (erinnert sei nur an Ultraschall und Laparoskopie), daß allzu große Überraschungen bei der Operation seltener werden.

Auch das Risiko von Komplikationen (z.B. Ureterverletzungen) wurde geringer, vorausgesetzt, es erfolgte eine gewissenhafte präoperative Diagnostik.

Das Aufklären der Patientin über Risiken sollte so erfolgen, daß der Entschluß zur Operationseinwilligung nicht unnötig erschwert wird. So muß auf wenig wahrscheinliche Komplikationen nicht hingewiesen werden, wenn sie unwesentlich zur Entscheidung für den operativen Eingriff sind.

Die Aufklärungspflicht über mögliche schädliche Folgen einer vorgesehenen Operation sollte bei der Patientin wenig unangemessene Ängste auslösen. Das setzt vom Gynäkologen ein Mindestmaß an psychologischem Verständnis voraus.

Der Mut zur Wahrheit ist bei den Patienten größer als bisher angenommen wurde. So ergab eine Untersuchung an 250 stationären Patienten in Erlangen, daß fast die Hälfte eine vollständige Information über wesentliche und häufige denkbare Risiken der medizinischen Diagnostik und Therapie wünschte. Bei unheilbaren Erkrankungen wollten fast 2/3 vom Arzt die volle Wahrheit erfahren. Nur 8% lehnten eine Aufklärung einschließlich möglicher Komplikationen der ärztlichen Maßnahmen grundsätzlich ab.

Damit überwiegt deutlich der beruhigende Effekt der Aufklärung, wenn diese psychologisch richtig geschieht. Tatsächlich glaubten 88% der Befragten, daß sie den ärztlichen Maßnahmen mit weniger Befürchtungen entgegensehen würden, wenn sie vorher gut hierüber Bescheid wüßten. Nur 12% würden infolge der Aufklärung eine Angst-Verstärkung erwarten.

Aufklärung muß neben psychologischen auch soziale Aspekte berücksichtigen. Patienten mit höherem Bildungsniveau wünschten am häufigsten eine rückhaltlose Aufklärung (bei

Hochschulabschluß 88%, Mittlerer Reife 67%, Volksschulabschluß 48%). Diese quantitativen Angaben sind nur als Orientierungshilfe zu verstehen. Die ärztliche Entscheidung muß im konkreten Fall individuell erfolgen, besonders wenn es um die Aufklärung über eine Krebserkrankung geht.

Die kritische Auseinandersetzung mit der heutigen Medizin und dem Arztbild in den Massenmedien muß teils als Unzufriedenheit mit den Aufklärungsbemühungen des Arztes in Beziehung gebracht werden. Einmal liegt das am Kausalitätsbedürfnis der Patienten, das in Zukunft infolge der immer umfassenderen Allgemeinaufklärung unserer Gesellschaft zunehmen wird. In der Notsituation einer bedrohten Gesundheit ist das Informationsbedürfnis der Patienten besonders groß, auch wenn dies nicht immer verbalisiert wird. Hier kann ungenügende oder falsche Aufklärung zu Konflikten führen, die die Heilung erheblich beeinträchtigen können.

Im Aufklärungsgespräch sollte anfänglich das verstehende Einfühlen in die Probleme der Patientin dominieren. Neben dem Verständnis für die Befürchtungen sind auch evtl. Fragen der Patientin über Ursachen ernst zu nehmen. Fragen, die der Arzt nicht beantworten kann, sollten nicht ausweichend beantwortet werden, z.B. "Machen Sie sich darüber keine Gedanken". Echtheit ist hier für die Arzt-Patient-Beziehung günstiger, indem z.B. offen gesagt wird, daß eine Antwort nicht möglich sei. Diese selbstkritische Haltung entspricht mehr der Realität unseres heutigen medizinischen Wissens mit seinen Grenzen, als das Verstecken hinter der "ärztlichen Autorität". Dieses echte partnerschaftliche Gesprächsverhalten löst bei den Patienten selten Unsicherheit, vielmehr das Gegenteil aus, nämlich Sicherheit, häufig mit einem Gefühl der Geborgenheit.

Voraussetzung hierzu ist allerdings, daß der Arzt neben seinem Einfühlungsvermögen der Patientin auch den Wunsch des Helfens vermitteln kann. Im präoperativen Gespräch sollte dies besonders deutlich werden. Das gelingt am effektivsten bei gleichbleibend freundlicher emotionaler Zuwendung; Kranke benötigen das dringend. Daraus resultiert meist ein eher hoffnungsvoller Gesprächsdialog Patientin-Arzt, ohne daß das Unbekannte und das Risiko der bevorstehenden Operation verschleiert werden. In solch einer Atmosphäre wird ein gewisses Maß an Unsicherheit häufiger als erträgliche Angst erlebt.

Die Furcht mancher Ärzte, ihrer Patientin die Risiken der Operation mitzuteilen, ist einerseits verständlich, andererseits aber nicht immer nötig.

Denn jede verantwortungsvolle therapeutische Entscheidung, nicht nur bei operativen, sondern auch medikamentösen Behandlungen bedeutet ein Abwägen der Risiken. Kann der Arzt kurz und verständlich der Patientin seinen Entscheidungsprozeß des Abwägens des geringeren Risikos gegen das größere nachvollziehen lassen, so entschließt sich die Patientin im allgemeinen zur Operation ohne bedrückende Angst. Die wenigen Patientinnen mit hochneurotischen Persönlichkeitseigenschaften machen hier eine Ausnahme.

Der Aspekt des Risikos wird in Zukunft größere Bedeutung erlangen, wenn noch kompliziertere operative Eingriffe vorgenommen werden, um der Patientin zu helfen. Gleichzeitig wird dann das Risiko noch höher. Die Medizin war in ihrer Entwicklung bis jetzt verantwortungsvoll zum immer höheren Risiko bereit. In Zukunft wird allerdings die Patientin immer stärker fordern, daß sie in einem vertrauensvollen ärztlichen Aufklärungsgespräch über die Risiken informiert wird, denen sie dann in freier Entscheidung im Interesse der eigenen Gesundheit ohne extreme Ängste zustimmt.

Die häufigsten Befürchtungen der Patientinnen vor den jeweiligen gynäkologischen Eingriffen sollten dem Arzt bekannt sein. Auch wenn die Patientin keine Bedenken vor negativen Auswirkungen äußert, sollten solche vom Arzt angesprochen werden. Das gilt vor allem für weniger differenzierte Frauen der unteren Sozialschicht, die die meisten Erwartungsängste und emotional orientierte Fehlinformationen haben.

Hier kann effektive Psychohygiene praktiziert werden, wenn unter Gesundheit der Zustand physischen, psychischen und sozialen Wohlbefindens verstanden wird.

Diese psychosomatische Betrachtungsweise bedeutet für das präoperative Gespräch, daß somatische Eingriffe zur Wiederherstellung der physischen Gesundheit möglichst keine Störungen der geistig-seelischen Gesundheit bewirken. Hierauf wird besonders hingewiesen, da die Genitalorgane enge Beziehung zum emotionalen Bereich haben. Dies soll an einigen Beispielen gezeigt werden. Die quantitativen Angaben über die verschiedensten Befürchtungen stammen aus Untersuchungsreihen an etwa jeweils 400 Frauen unserer Klinik und Poliklinik.

1. HYSTEREKTOMIE

Für den Gynäkologen steht beim Uterus die Fruchthalterfunktion im Vordergrund. Für viele Frauen hat dieses Organ jedoch eine komplexere Bedeutung, die weniger im rationalen, sondern mehr im emotionalen Bereich liegt. Deutlich wird das beispielsweise, wenn nach dem 50. Lebensjahr eine Hysterektomie vorgesehen ist. Hier werden häufig Befürchtungen geäußert, die keine direkte Beziehung zum Operations- oder Narkoserisiko haben. Die Ängste können auch nicht auf der Sterilität infolge Hysterektomie beruhen, da den Frauen bekannt ist, daß sie in diesem Alter nicht mehr fertil sind und zudem längst kein Kinderwunsch mehr besteht.

Welchen anderen Bereichen gehören diese Ängste noch an?
Wie häufig kommen sie vor? Welche Frauen sind davon besonders betroffen?

Diese Fragen sind für den Gynäkologen wichtig, da Fehl-Erwartungen, Fehl-Haltungen und Unwissen der Frauen über den Uterus möglichst vor der Operation beseitigt werden sollten. Das hat praktische Bedeutung, denn viele negative Erwartungen vor der Operation werden schließlich post-operativ erlebt und beeinträchtigen die physische und psychische Rekonvaleszenz.

Wenn kein Kinderwunsch mehr besteht, wird trotzdem noch von einem Drittel der Frauen die Gebärmutter als "wichtig" erachtet, ein Drittel antwortet mit "unwichtig" und das restliche Drittel mit "weiß nicht". Das verdeutlicht, daß dieses Organ weit mehr Bedeutung von den Frauen zugeordnet bekommt, als der Gynäkologe aus somatischer Sicht vermuten würde.

Unterstrichen wurde das dadurch, daß zwei Drittel der Frauen den Uterus zeitlebens für wichtig erachten und nur ein Drittel ein Lebensalter angab, ab dem der Uterus nicht mehr wichtig sei (Mittelwert 48 Jahre).

Für das präoperative Gespräch sollte hieraus aber nicht auf die Notwendigkeit einer tiefenpsychologisch orientierten biographischen Anamnese evtl. sogar mit einer Persönlichkeitsdiagnostik geschlossen werden. Das ist für den Gynäkologen nicht nur unpraktikabel, sondern auch unnötig. Es reicht hier, wenn der Gynäkologe die folgenden häufig vorkommenden Befürchtungen anspricht, auch wenn sie von den Frauen nicht spontan geäußert werden.

1. Vollwertigkeitsgefühl
2. Hormonstörungen
3. Leistungsfähigkeit
4. Ängste aus dem Sexualbereich

Die Befürchtung, als Frau nicht mehr vollwertig zu sein, ist weit verbreitet. Immerhin ist es nur ein Drittel, das keinerlei Bedenken dieser Art vor einer Uterusexstirpation hat. Ein Drittel würde sich nach einem solchen Eingriff nicht mehr vollwertig fühlen, das restliche Drittel war sich unsicher und anwortete mit "weiß nicht".

Wenn solche Befürchtungen von einer jungen Frau mit Kinderwunsch geäußert werden, so ist es verständlich. Bei einem größeren Teil der Frauen ist jedoch diese Situation nicht gegeben, sie sind meist älter und haben keinen Kinderwunsch mehr.

Besonders Frauen der eher unteren Sozialschicht mit geringem Bildungsniveau befürchten eine starke Beeinträchtigung ihres Selbstwertgefühles infolge Hysterektomie. Aber gerade diese Gruppe von Frauen äußert nur selten ihre Ängste spontan dem Gynäkologen. Das erschreckende Unwissen dieser Frauen über die Genitalorgane, besonders über die Gebärmutter, ist hierfür wesentlich verantwortlich.

Leider erwartet nur ein Viertel der Frauen keinerlei Hormonstörungen infolge einer einfachen Hysterektomie. Die übrigen Frauen schreiben diesem Organ, statt den Ovarien, die Produktion von Sexualhormonen zu. Wie weit verbreitet dieser Irrtum ist, zeigt sich unter anderem noch daran, daß Hitzewallungen infolge Hysterektomie von über der Hälfte der Frauen erwartet werden.

Wenn etwa die Hälfte der Frauen eine Beeinträchtigung der Leistungsfähigkeit in Beruf und Haushalt infolge Uterusexstirpation erwartet, so liegt das überwiegend an der Bedeutung, die sie dem Uterus für die Hormonproduktion geben. Früher wurden solche Leistungsbeeinträchtigungen besonders auf den "Symbolcharakter" dieses Organs für die Frau zurückgeführt. Heute trifft dies selbst für ältere Frauen kaum noch zu, das ergaben zumindest gezielte Explorationen zu diesem Thema, Unwissen ist hier wesentlicher.

Eine bevorstehende Uterusexstirpation löst bei vielen Frauen mehr oder minder deutliche Ängste aus dem Sexualbereich aus, die im präoperativen Gespräch angesprochen und möglichst beseitigt werden sollten.

Etwa die Hälfte der Frauen erwartet Veränderungen im Sexualbereich infolge Uterusexstirpation.

Nur ein Drittel der Frauen ist sich sicher, daß dieser Eingriff später nicht das Gefühlsempfinden beim Koitus beeinträchtigen würde. Die Hälfte der Frauen erwartet später keinerlei Einfluß auf die Orgasmusfähigkeit.

Es ist naheliegend, daß hieraus die Furcht vor einer Belastung der Partnerbeziehung resultiert, dies äußerte direkt ein Drittel der Frauen. Die Befürchtung einer späteren Abnahme des Koituswunsches des Partners infolge Uterusexstirpation wurde von einem Drittel der Frauen geäußert.

Deshalb sollte, wenn möglich, der Partner in das präoperative Aufklärungsgespräch einbezogen werden, auf Befragen äußerten zwei Drittel der Frauen diesen Wunsch.

Spricht der Gynäkologe die oben angeführten Befürchtungen der Frau an, so wird dies meist als erleichternd empfunden. Hinzu kommt der Aspekt, daß das "sich Gedanken machen" für die Frau das Vertrauensverhältnis Patientin-Arzt fördert. Dann erst können die meisten Frauen auch spontan ihre individuellen Befürchtungen äußern, die sich der Gynäkologe erst einmal ohne Wertung freundlich zugewandt anhört. Hier die Patientin sofort zu unterbrechen und die Befürchtungen umgehend als unbegründet abzuwehren, oder gar zu bagatellisieren, wäre psychologisch recht ungeschickt. Vertrauen zum Gynäkologen kann die Patientin erst dann ausreichend entwickelt haben, wenn sie das Gefühl hat, sie wird mit ihren Beschwerden und Ängsten ernst genommen.

Erst dann tritt der Gynäkologe neben dem "hilfreichen Gesprächspartner" auch als "Experte" auf, der deutlich macht, daß die verschiedenen Befürchtungen unbegründet sind. Er liefert hierzu verständlich und einfach das nötige Wissen, das dann von den Patienten aufgenommen und akzeptiert wird.

Ohne ein Mindestmaß an Vertrauen durch emotionale Zuwendung sind sowohl Ratschläge, als auch Wissensvermittlung zur Beseitigung von Fehlerwartungen mehr oder minder in den Wind gesprochen. Nach dem ersten Verstehen und Beseitigen der unbegründeten Befürchtungen aus dem Sexualbereich sollte bereits im präoperativen Gespräch eine aktive Sexualberatung erfolgen.

Das gilt beispielsweise für den Zeitpunkt der Wiederaufnahme des Koitus postoperativ. Sicher können solche Angaben, selbst bei komplikationslosem Verlauf, nicht exakt gemacht werden. Den Patientinnen bedeutet aber die präoperative Angabe des ungefähren Zeitraumes, nach dem Kohabitationen wieder möglich sind, meist recht viel Sicherheit.

Ähnliches gilt für die Schonzeiten, ab denen wieder der Haushalt versorgt und die Berufstätigkeit aufgenommen werden kann. Das gibt den Patientinnen Sicherheit und Geborgenheit, wichtige psychosomatische Voraussetzungen für einen postoperativ komplikationslosen Verlauf mit schneller Rekonvaleszenz.

Wenn hier auf die sexualmedizinischen Aspekte im präoperativen Aufklärungsgespräch besonders eingegangen wurde, so hat das zweierlei Gründe:

a) Bisher wurde dieser Aspekt vernachlässigt. Das wird unter anderem daran deutlich, daß die postoperativen Beeinträchtigungen im Sexualbereich nur teils durch veränderte anatomische Verhältnisse im Genitalbereich oder infolge hormoneller Ausfallserscheinungen erklärbar sind. Erinnert sei nur an die späte postoperative Wiederaufnahme der Kohabitationen. Neuere Untersuchungen ergaben, daß von Patientinnen mit Collum-Karzinom drei Monate nach Abschluß der Therapie nur 15% wieder kohabitierten. Ein halbes Jahr nach Behandlungsabschluß waren es schließlich 40% mit Wiederaufnahme des Koitus.

Bei dieser Gruppe von Frauen muß bedacht werden, daß sie meist noch einen Partner haben. Der Altersgipfel des Collum-Karzinoms liegt etwa um das 45. Lebensjahr, also ein Alter, in dem die Sexualität für die meisten Frauen noch Bedeutung hat.

b) In Zukunft wird der Stellenwert der Sexualität in der Gynäkologie an Bedeutung gewinnen. Das liegt nicht nur an der offeneren Auseinandersetzung der Frau mit der Sexualität, sondern auch an den Vorstellungen über Gesundheit. Die bereits oben angeführte Definition, daß hierunter der Zustand vollständigen physischen, psychi-

schen und sozialen Wohlbefindens verstanden wird, gilt
in Zukunft stärker infolge der zunehmenden allgemeinen
Aufklärung unserer Zeit. Damit wird individuelle Sexualberatung ein fester Bestandteil gynäkologischer Tätigkeit werden, speziell für die operative Gynäkologie.
Auch sozial-medizinische Aspekte müssen im präoperativen
Gespräch genügend berücksichtigt werden, das gilt besonders
für Frauen der eher unteren Sozialschicht. Sie sind über
die möglichen Sozialleistungen im Krankheitsfalle am
schlechtesten informiert. Als Beispiel sei hier die Möglichkeit von Haushaltshilfen für unter achtjährige Kinder
bei stationären Aufenthalten und die Zeit danach gedacht.
Bringt eine Frau vor der Operation Sorge um die nicht ausreichend versorgte kleine Kinder vor, so sollte der Arzt
umgehend eine Klinikfürsorgerin zur weiteren Abklärung einschalten.

Ähnliches gilt für alte, alleinstehende Patientinnen, die
sich schon präoperativ Sorgen um die Rekonvaleszenz nach
der stationären Entlassung machen. Hier vor der Operation
das zuständige Sozialamt einzuschalten, bedeutet für den
Arzt meist nur ein Telefonat.

Auch solche sozialmedizinischen Maßnahmen sollten bei
präoperativen psychologischen Überlegungen nicht unterschätzt werden. Aktivitäten, wie in den oben angeführten
Beispielen, kosten dem Gynäkologen minimalen zeitlichen
Aufwand, der betroffenen Patientin bedeuten sie aber mehr
Sicherheit und innere Ruhe, wesentliche psychosomatische
Voraussetzungen für einen komplikationslosen postoperativen Verlauf.

2. BRUSTOPERATIONEN

Patientinnen, bei denen wegen eines Karzinoms eine Ablatio
notwendig ist, sind psychisch besonders belastet. Sie benötigen meist noch mehr ein psychosomatisch orientiertes
Aufklärungsgespräch als beispielsweise Patientinnen vor
Hysterektomie.

Diese Erfahrung, die wohl schon jeder Gynäkologe gemacht
hat, sieht in Zahlen wie folgt aus:
Auf die Frage, welcher Eingriff seelisch belastender sei,
entschieden sich 45% für die Mastektomie, 4% für die Hysterektomie und 51% hielten beide Eingriffe für seelisch gleich
belastend.

Eine sehr starke physische Belastung erwartete bei der
Mastektomie die Hälfte, bei der Hysterektomie hingegen nur
ein Drittel der Frauen.

Während nur eine von zehn Frauen die Hysterektomie als
eine verstümmelnde Operation bezeichnete, sehen so gut

wie alle Frauen in der Mastektomie eine extrem verstümmelnde Operation. Die deutlichen negativen Auswirkungen auf das Vollwertigkeitsgefühl als Frau nach der Mastektomie verstehen sich von selbst.

Das wirkt sich unter anderem auch auf die von den Frauen gewünschten postoperativen Schonzeiten aus. Während nach Uterusexstirpation jede 10. Frau über 3 Monate Schonung wünscht, wollte nach Mastektomie jede dritte Frau mindestens drei Monate Schonzeit.

Diese Zahlenangaben aus einer Einstellungsuntersuchung erfolgen besonders im Hinblick auf die Neuregelung der Minderung der Erwerbstätigkeit. Hier werden die Beeinträchtigungen infolge Mastektomie gegenüber der Uterusexstirpation unterbewertet.

Die oben angeführten Zahlen sollen zugleich verdeutlichen, daß das Aufklärungsgespräch vor Ablatio mammae viel psychologisches Verständis vom Gynäkologen in der oben geschilderten Weise fordert.

Eine gewisse Erleichterung bringt es diesen Frauen, die vor dem Eingriff teils psychisch regelrecht gelähmt sind, wenn der Gynäkologe bereits bei der präoperativen Aufklärung kurz die Möglichkeit einer späteren prothetischen Versorgung anspricht.

ZUSAMMENFASSUNG

Psychologisches Verständnis ist bei der präoperativen ärztlichen Aufklärungspflicht erforderlich. Bei der Patientin sollten hierbei möglichst wenig unnötige Ängste ausgelöst werden, die ihr den Entschluß zur Operationseinwilligung zusätzlich erschweren. Der Mut zur Wahrheit ist bei den Patienten größer als bisher angenommen wurde, vorausgesetzt, die Aufklärung über Risiken und Folgen der Therapie geschieht psychologisch richtig.

Neben der Persönlichkeit muß dabei besonders die soziale Herkunft berücksichtigt werden. Das Informationsbedürfnis ist fast bei allen Patienten annähernd gleich groß, wird jedoch unterschiedlich spontan dem Arzt gegenüber geäußert. Das trifft anfänglich teils selbst bei gleichbleibend freundlicher Zuwendung im partnerschaftlichen Arzt-Patient-Gespräch zu. Deshalb sollte der Arzt von sich aus die häufigsten Befürchtungen vor den jeweiligen Eingriffen ansprechen, anschließend werden dann leichter die individuellen Befürchtungen geäußert. Gezeigt wurde dies an den Beispielen Hysterektomie und Mastektomie.

Optimale präoperative Aufklärung gibt der Patientin mehr innere Sicherheit und Geborgenheit, wichtige psychosomatische Voraussetzungen für einen komplikationslosen postoperativen Verlauf mit schneller Rekonvaleszenz.

Psychologische Probleme in der sterilen Ehe

R. Fikentscher, München

Einem Arzt und Lehrer, der sich eine naturwissenschaftlich fundierte kritische Einstellung zum Grundsatz gemacht hat, wird es schwer fallen, gültige und allgemein überzeugende Aussagen über die psychogenen Anteile an irgendwelchen Krankheitsgeschehen zu machen, auch wenn er solche selbst in seiner beruflichen Tätigkeit immer wieder eindrucksvoll bestätigt findet. Die exakte Beweisführung in einer psychologischen Problematik, wie sie sich zumal bei Störungen der Fertilität ergibt, ist kaum oder überhaupt nicht möglich. Seit dem Beginn meiner wissenschaftlichen und klinischen Bemühungen auf dem Gebiet der Sterilität habe ich dem Wirken psychischer Faktoren im Fertilitätsgeschehen stets besonderes Augenmerk gewidmet. Im Laufe jahrzehntelanger eigener Erfahrungen auf diesem Gebiet sehe ich mich auch heute nicht gezwungen, die von mir primär hoch angesetzte Bedeutung geringer einzuschätzen.

Im neueren und neuesten Schrifttum wird der Anteil psychogener Sterilitäten innerhalb der ungewollten Kinderlosigkeit sehr verschieden hoch angegeben; so beziffern ihn manche Autoren mit über 40%, während beispielsweise ein renommierter deutscher Kliniker nur 1% in seinem Patientengut beobachten konnte. Wenn wir auch annehmen dürfen, daß in den verschiedenen Kollektiven mit ihren verschiedenen ethnischen, rassischen, nationalen und sozialen Eigenheiten die psychischen Schwergewichte schwanken, läßt sich daraus allein eine solche gigantische Differenz nicht erklären. Offenbar spielen hier doch auch die primär verschiedenen Einstellungen der Autoren zur psychogenen Problematik, ihre besonders geringe oder starke Neigung, seelische Faktoren aufzuspüren und als die eigentliche Noxe anzuerkennen, eine entscheidende Rolle für das Zustandekommen derart divergierender Aussagen. Die augenscheinliche Schwierigkeit in der Erfassung psychologischer Probleme und die dadurch bedingte unsichere Festsetzung ihres *Stellenwertes innerhalb aller Sterilitätsfaktoren* muß uns Ärzten somit ein besonderes Anliegen sein.

Es besteht wohl kaum ein Zweifel darüber, daß das größte Kontingent jener Sterilitäten, die auch bei systematischer Anwendung aller heute durchführbaren diagnostischen Techniken ungeklärt bleiben, in dem Bereich der "funktionellen

Störungen" zu suchen ist. Die Beurteilung ihrer Bedeutung differiert nach unseren Erfahrungen schon deshalb so sehr, weil der Gesamtstatus einer kinderlosen Ehe von den einzelnen Autoren unterschiedlich weit erfaßt wird.

Nach unserer Auffassung ist die jeweilige Situation eines Ehepaares mit unerfülltem Kinderwunsch aus einer *Gesamtschau* heraus zu beurteilen, der die Formel (Abb. 1) zugrunde liegt.

Abb. 1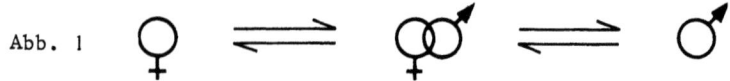

Selbst wenn jeder der beiden Eheleute systematisch für sich allein untersucht wird, kann die Abklärung und Behebung einer Sterilität zum Scheitern verurteilt sein, wenn nicht grundsätzlich auch die Faktoren, die das *Zusammenleben der Partner* betreffen, durchleuchtet werden. Gerade hier begegnet man den meisten diagnostischen Unterlassungssünden und gerade hier kann der Schlüssel für die Aufdeckung einer "idiopathischen" Sterilität liegen. Es muß zwar anerkannt werden, daß heute bei den meisten klinischen Forschungen die psychogenen Faktoren beider Ehegatten als mögliche Störmomente im Fertilitätsgeschehen durchleuchtet werden. Der Schwerpunkt diesbezüglicher Untersuchungen liegt aber doch häufig getrennt bei jedem der beiden Probanden, während jene funktionellen Faktoren, die erst im Zusammenleben der Partner sich auswirken und einer Fertilität zu- oder abträglich sein können, unberücksichtigt bleiben oder zumindest in ihrer Tragweite unterschätzt werden.

Diese Störfaktoren sind sehr häufig allgemeiner Art und nicht, wie meistens angenommen, nur in der vita sexualis der Ehepartner zu suchen. Entscheidend ist oft die *gesamtpsychologische Situation der Ehe* (im weiteren Sinn manchmal der ganzen Familie). Auch die gemeinsame Lebensführung mit ihren geistigen und körperlichen Belastungen, ihren der Gesundheit evtl. abträglichen Gewohnheiten, mancherlei Umwelteinflüssen u.a.m. können zu erheblichen Störfaktoren werden.

Die Voraussetzungen, die im Zusammenleben der Partner für eine Fertilität entscheidend sind, sind in einem *Grundsatzschema* (Abb. 2) aufgezeichnet, das dem Arzt als Grundlage einer sinnvollen Erhebung für Diagnostik und Therapie vor Augen stehen soll:

In jedem der beiden Fächer für den weiblichen bzw. den männlichen Partner sind die morphologischen und funktionellen Faktoren, die gestört sein können und deshalb mit den einschlägigen Methoden untersucht werden müssen, aufgeführt und im Mittelfach jene biologischen, physiologischen und psychologischen Gegebenheiten angezeigt, die eine wichtige Rolle für das Zustandekommen einer Konzeption spielen. Die graphische Verschränkung dieser drei Fächer

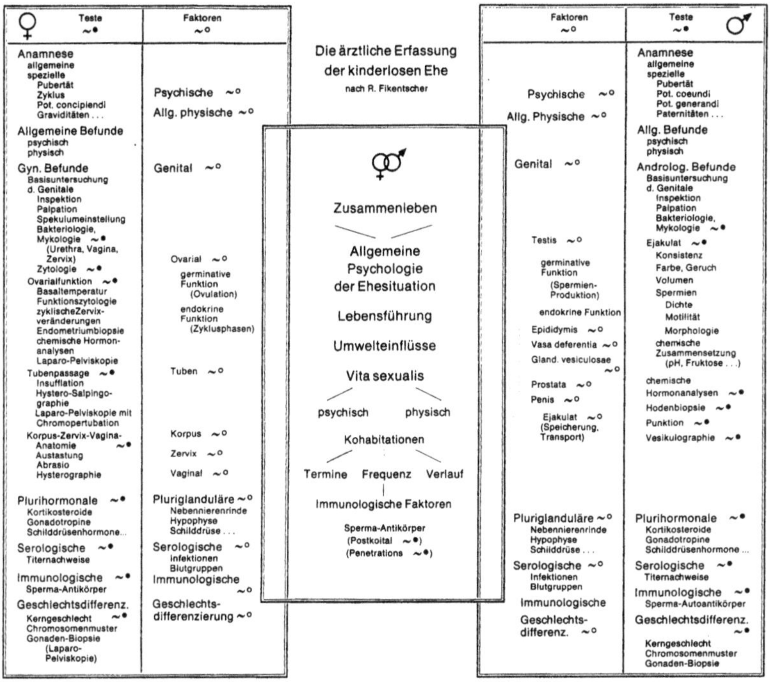

Abb. 2

will besagen, daß sie nur äußerlich dreigeteilt sind, daß die in ihnen aufgeführten Faktoren einen Gesamtkomplex bilden, der uns in der Gesamtschau ständig gegenwärtig sein muß.

Mit einer solchen Gesamtschau wird man m.E. auch am ehesten einem Faktum gerecht, das nicht selten in der Sterilitätsberatung zu wenig beachtet oder unterschätzt wird: Die ungewollte Kinderlosigkeit beruht nach unseren Erfahrungen häufig - und darin sind wir auch von anderen Seiten bestätigt worden - nicht nur auf einer einzelnen Ursache, sondern auf einem *komplexen Störgeschehen*.

Wenn ein Arzt

1. gleich am Beginn einer Sterilitätsbehandlung nicht nur beide Ehepartner für sich, sondern die vielschichtige Problematik ihres gemeinsamen Ehelebens ins Auge faßt und wenn er

2. weiter von vornherein damit rechnet, nicht einen einzelnen Störfaktor, sondern deren mehrere oder sogar viele aufspüren zu müssen, dann werden ihm zu seiner Überraschung nicht selten "funktionelle" Störungen klar werden, die er bei einem anderen Vorgehen nicht oder nur spät, vielleicht sogar zu spät, entdeckt.

Die *dominierende Stellung funktioneller Faktoren* innerhalb aller Sterilitätsursachen tritt in den verdienstvollen, retrospektiv gewonnenen und überzeugenden Aufschlüsselungen zutage, die F. LÜBKE und M. STAUBER (4, 5) in ihren Probandenkollektiven vorgenommen haben.

Bei einer unausgelesenen Gesamtzahl von 2.323 Ehepaaren konnten 718 Schwangerschaften, das sind 30,9% des Beobachtungsgutes verzeichnet werden (5). Die überwiegende Zahl der Schwangerschaften = 414, wurde jedoch ohne therapeutisches Zutun registriert. Hier ist eine "funktionelle Ätiologie" der vorausgegangenen Sterilität "aufgrund psychogener Komponenten wahrscheinlich" (4). "Der psychogene Anteil im Ursachenspectrum der Sterilität ist demnach relativ hoch einzuschätzen".

Welcher Art sind nun die echten psychischen Störungen, die primär oder zumindesten ausschlaggebend Störfaktoren im Fertilitätsgeschehen sein können, *wie kommen sie zum Ausdruck* und *wo müssen sie innerhalb der* geforderten *Gesamtschau eruiert* werden?

Schon in der Anamnese und der Allgemeinbefunderhebung beim weiblichen wie beim männlichen Partner können wir u.U. bald auf Symptome stoßen, die an eine psychisch bedingte Beeinträchtigung der Fertilität denken lassen (z.B. vegetative Störungen im Magen-Darmbereich, Kreislauf usw.).

In der Eruierung der Genitalfunktionen können bei der Frau Zyklusirregularitäten, anovulatorische Zyklen, Amenorrhoen, Dysmenorrhoen, beim Mann Sexualstörungen, etwa im Sinn mangelnder Libido, Schwierigkeiten bei der potestas coeundi usw. entsprechende Hinweise geben. Eine weibliche Frigidität darf übrigens nur dann als mögliche Sterilitätsursache ins Auge gefaßt werden, wenn sie ein einigermaßen geregeltes geschlechtliches Zusammensein erschwert; eine "Dyspareunie" oder nur eine "Anorgasmie" verhindern nicht die Konzeption.

Es ist übrigens u.U. ein verhängnisvolles *Mißverständnis,* wenn man die Gründe für die letztgenannten Störungen *ausschließlich in der gemeinsamen vita sexualis* sucht. Es gibt im psychisch sexuellen Bereich viele Fälle einer Frigidität, die allein von Alterationen der Gesamtpsyche der Frau, von beruflichen Unverträglichkeiten, Übermüdungen oder dergl. herrühren und Fälle einer psychogenen Impotentia coeundi beim Mann, die aus ebensolchen oder ähnlichen Gründen bedingt sind.

Eine mögliche Beeinträchtigung der Fertilität *beim Mann* auf psychischer Grundlage kann übrigens in einer negativen Änderung der Samenqualität zu suchen sein. Negative Wertigkeiten des Spermas (in Produktion, Spermienzahl, Spermienbeweglichkeit u.a.) stellen sich evtl. bei Dauernoxen seelischer Art (mangelnde Reize, Sorgen, Herzenskümmernisse) wie auch bei akuten psychischen Streßsituationen ein. Die Zusammenhänge erscheinen beachtenswert auch im Hinblick auf die Samengewinnung für Spermiogramme: Manche geradezu grotesken Differenzen in den Spermienzahlen des gleichen Probanden innerhalb weniger Wochen sind wohl darauf zurückzuführen.

Diese Gegebenheiten einer Beeinflussung der Spermienqualität durch psychische Faktoren sind nach meinen Erfahrungen unbekannt oder angezweifelt. Ich habe deshalb bei der jüngst in Hannover veranstalteten Forschungstagung d. Deutschen Gesellschaft z. *Studium* der Fertilität und Sterilität einige kompetente Andrologen der Humanmedizin (HEITE, Freiburg, GASSER, Wien) und einige ebenso autorisierte Veterinärologen (u.a. LEIDL, München) befragt und ausdrücklich Bejahung dieser Zusammenhänge bekommen.

Psychogene Faktoren als Ursache einer sterilen Ehe sind wohl *bei der Frau* noch häufiger als beim Mann anzutreffen und sind in der Mehrzahl sehr weiblicher Natur, also gewissermaßen geschlechtsspezifisch.

Ich möchte hier etwas sehr Grundsätzliches vorausstellen und auf einen gewichtigen *Unterschied zwischen den Geschlechtern* hinweisen, der eigentlich eine Binsenwahrheit darstellt, aber in der Zeit der allseits lauthals geforderten Gleichstellung der Frau mit dem Mann oft vergessen oder wegdiskutiert wird: Im biologischen Geschehen der Fortpflanzung hat die Frau eine zentrale, übergeordnete Funktion von der Natur zugeteilt bekommen. Sie kann sich daraus nicht lösen, sich nicht emanzipieren. In der Zeit, da die Frau gleich gute berufliche Leistungen zu erbringen gezeigt hat und diese auch gewertet wissen will, erwachsen viel häufiger als früher *Konflikte der weiblichen Persönlichkeit mit ihren biologischen Aufgaben*. Hier liegt eine oft kaum zu lösende echte psychologische Problematik vor; denn daraus leiten sich vielfach kleinere oder größere körperliche und seelische Störungen her, die echte Fertilitätsnoxen sein können. (Die überragende weibliche Rolle im Fortpflanzungsgeschehen mag ja auch zumindest vom Unbewußten her häufig die Ursache dafür sein, daß immer noch die Frau allein oder zumindest zuerst den Arzt wegen Kinderlosigkeit aufsucht).

Bei der Frau sind psychische Faktoren, die direkt auf die Fortpflanzungsfunktionen sich auswirken, besonders evident und deutlich nachzuweisen. Allgemein bekannt sind das Auftreten von anovulatorischen Zyklen bei irgendwelchen seelischen Alterationen und die psychogene Amenorrhoe infolge seelischer Dauerbelastungen (Haftamenorrhoen auch bei guten Ernährungs- und Umweltbedingungen und bei gutem somatischem Zustand) oder infolge akuter Ängste (Grossesse nerveuse bei Befürchtung einer Konzeption[1]).

Sehr bemerkenswert sind jene secundären Zyklusstörungen bei primär hormonal völlig intakt befundenen Frauen, die innerhalb einer Sterilitätsbehandlung durch "tiefgreifende" Maßnahmen (große Sterilitätsoperationen, heterologen Inseminationen oder dergl.) besonderen seelischen Belastungen unterworfen waren (2).

Viele psychogenen Störfaktoren, die eine Sterilität der Frau bedingen können, kommen natürlich nur bei bestimmten nervlichen Verfassungen der Probandinnen zum Tragen. Es liegen solchen Sterilitäten *ganz verschieden tiefgehende seelische Dispositionen und Verfassungen* zugrunde. Sie reichen von oberflächlichen Alterationen bis zu echten Neurosestrukturen. Darüber gibt es ein großes internationales Schrifttum, auf das hier nicht eingegangen werden kann. An dieser Stelle sei nur auf die Verdienste hingewiesen, die sich im deutschen Forschungsbereich schon frühzeitig SCHÄTZING, E. und PRILL, H.-J. mit der Aufklärung solcher Zusammenhänge erworben haben.

Ich selbst habe schon in den 50-er Jahren versucht, die *psychogene Sterilität der Frau in drei Stufen* einzugruppieren, die wohl auch heute nicht wesentlich korrigiert werden müssen: Es ist heute nicht der Raum, alle in diesen Stufen aufgeführten psychologischen Konflikte im einzelnen durchzunehmen, ich muß mich auf weniges Wesentliche beschränken: In der *ersten Stufe* finden sich falsche psychische Verhaltensweisen relativ oberflächlicher und durchsichtiger Art. Hierher gehören häufig hemmende Reaktionen der Psyche, die sich aus autoritär wirkenden Familiensituationen, gewichtigen Traditionen usw. herleiten. Dazu gehören beispielsweise auch Vorwürfe der Schwiegermutter wegen der Kinderlosigkeit oder der "kränkende" Vergleich mit dem Kinderreichtum anderer Verwandter oder auch familiäre Forderungen hinsichtlich der Erbnachfolge usw. Wenn auf solche Art entstandene Komplexe aus dem Weg geschafft sind, treten oft erstaunlich rasch Konzeptionen ein.

Zur *zweiten Stufe* sind alle jene Hemmungen zu rechnen, die auf einer falschen rationalen Haltung basieren. Hierher zählt der krampfhaft gesteigerte Wille, unter allen Umständen, dazu möglichst bald, ein Kind zu bekommen. Wir erleben diese Situation beispielsweise gerade bei solchen Frauen, die im Beruf ihren "Mann" stellen und nun auch auf

---

[1] Die aus Angst eingebildete Schwangerschaft kennen die jungen Ärzte kaum mehr, da heute der Apotheker spätestens 10 Tage nach Ausbleiben der Regel mit dem Schwangerschaftstest die Angst beseitigt.

dem mütterlichen Sektor ihre Vollwertigkeit beweisen sollen oder wollen. Die Ratio verlangt das Kind, im Unbewußten aber hemmt die Angst vor dem Aufgebenmüssen oder vor der Einschränkung der beruflichen Tätigkeit und verhindert die Konzeption.

Zur *dritten Stufe* zählen vor allem die tiefer verankerten Konflikte, die schon echte Neurosen sein können. Hierher rechnen dominierende Kind-Eltern-Beziehungen, die zu einem kaum lösbaren Abhängigkeitsverhältnis geführt haben; bei der Frau die viel engere Bindung zum Vater als zum Mann; schon frühkindlich fixierte Aberrationen im sexuell psychischen Bereich u.a.m. Hierherein spielen nicht selten auch jene Neurosen, in denen der Zeugungs- und Geburtsvorgang immer noch als sündhaft aufgefaßt wird und diese Vorstellung das Unbewußte beherrscht.

Nun gibt es auch Fälle weiblicher psychogener Sterilitäten, die sich schwer in eine der Gruppen einordnen lassen. Es sei nur auf jene Schwangerschaften hingewiesen, die sich erst dann einstellen, wenn ein Kind adoptiert wurde. Solche *Graviditäten nach erfolgten Adoptionen* können bei Frauen mit ganz verschiedenen vorhergegangenen psychischen Hemmnissen beobachtet werden. Echte Neurosestrukturen habe ich allerdings bei keinem meiner einschlägigen Fälle beobachtet.

In keinem Bereich der Sterilitätsberatung ist die Forderung, nicht nur den weiblichen und den männlichen Partner für sich allein, sondern die Ehe zu betreuen, mehr angebracht als im Psychischen *(Psychologie der Ehe)*. Psychogene Sterilitätsfaktoren der Frau bekommen ihren *Anstoß sehr häufig von Seiten des Partners;* beispielsweise durch einen Mann, der - wie leider oft - mehr als auf seine Frau auf seine Mutter hört und mit deren Vorstellungen vom Wunschkind oder ihrer Eifersucht auf den möglichen Enkel unbewußt oder bewußt die Probandin kränkt und hemmt. Umgekehrt sind die psychogenen Potenzstörungen des Mannes häufig durch die Ehefrau induziert, beispielsweise bei tatsächlicher oder vermeintlicher Überlegenheit des weiblichen Partners, bei männlichen Schuldkomplexen gegenüber der "Reinheit" der Frau, Degoutierung beim Geschlechtsakt.

Bei der Beleuchtung der psychologischen Probleme in der sterilen Ehe muß auf etwas Grundsätzliches hingewiesen werden, das dem Arzt, der sich die Behandlung einer ungewollten Kinderlosigkeit zur Aufgabe gemacht hat, stets gegenwärtig sein sollte: Fortpflanzung und Erhaltung der Art stehen im Zentrum des Lebendigen, dessen letzten Sinn und Zweck wir Menschen nicht erfassen, dessen überragende Macht wir aber bewußt spüren oder zumindest unbewußt mit uns herumtragen. Dem Fruchtbarkeitsgeschehen wohnt das Numinose inne. Dieses numinose Faktum muß gleichermaßen vom Laien, wie **vom** Biologen und erst recht vom Arzt akzeptiert werden.

Selbstverständlich sollen wir uns als naturwissenschaftlich ausgerichtete Ärzte hüten, das *Numinose im Fruchtbarkeitsgeschehen* in ein Mysterium zu übersteigern und den Boden solider diagnostischer Beurteilung und Behandlung zu verlassen. Auf der anderen Seite aber dürfen wir nie außerachtlassen, wie weit das geheimnisvolle, überragende Diktat, das die Natur dem Menschen in der Fortpflanzung auferlegt, die kinderlosen rat- und hilfesuchenden Eheleute bewegt und dem Arzt als oft nicht rational zu erfassende Gegebenheit entgegentritt. Sie kann die Psyche der Partner im Hinblick auf die Fertilitätsfunktion u.U. entscheidender negativ beeinflussen als die bekannten psychischen Konfliktsituationen, die oben aufgeführt worden sind.

Die Betreuung einer kinderlosen Ehe fordert vom Arzt

1. eine kritische Einstellung gegenüber der persönlichen Situation der Partner und der hier aufgeworfenen komplexen Problematik,
2. ein grundsätzliches Vertrautsein mit den wesentlichen physiologischen Mechanismen, die für die Fertilität entscheidend sind und eine umfassende Kenntnis der modernen einschlägigen diagnostischen und therapeutischen Verfahren.

Während der erste Aspekt den echten Arzt (im Sinn des *Hausarztes*) anspricht, fordert der zweite den erfahrenen *Spezialisten*. Damit ergibt sich in der Betreuung der sterilen Ehe ein echtes Problem für den hier tätigen Berater. Er muß auf der einen Seite dafür Sorge tragen, daß die vielfachen notwendigen Teste, die er alle ja gar nicht beherrschen kann, sachgemäß (von andrologischen, gynäkologischen, hormonal und notfalls tiefenpsychologisch geschulten Fachleuten usw.) durchgeführt werden; er muß aber auf der anderen Seite den ganzen Untersuchungsgang aus einer *Gesamtschau der jeweiligen Situation des kinderlosen Ehepaares* in eine sinngemäße Anordnung bringen. Unser Grundsatzschema, das für eine solche Gesamtschau als Leitfaden dienen kann, soll wenigstens dem Sinn nach den beiden Probanden aus Gründen des Vertrauens und der Kontinuität in der Durchführung des Verfahrens erläutert werden (1). Es ergibt sich somit das notwendige Postulat einer richtigen *interdisziplinären Kooperation*. PRILL (6) hat auf die sich hier ergebenden Fehlermöglichkeiten und echten Mißstände hingewiesen. (Diese betreffen Schematismen in der Reihenfolge der durchgeführten Teste, die Selbstüberschätzung der Berater, die der Meinung sind, alles - zum Beispiel auch die tiefenpsychologische Beratung - selbst durchführen zu können, die Angst der Kollegen, bei Überweisung an einen psychologischen Fachmann den Pat. zu verlieren, usw.).

Ich stimme mit den Argumenten PRILLS weitgehend überein. Auf der gleichen Tagung habe ich allerdings ausführlich

dargelegt (3), warum die *Grundführung bei der Beratung einer kinderlosen Ehe* doch *in einer Hand*[2] bleiben muß. Nur dem Arzt des Vertrauens werden sich die Ehepartner gemeinsam erschließen, nur er kann ihren menschlichen und speziell psychischen Problemen gerecht werden, die bei den Untersuchungen durch Spezialisten entweder überhaupt nicht zur Sprache kommen oder nicht genügend aufgedeckt, ja sogar evtl. durch spezialistisches Checken verschüttet werden.
Dem Mediziner, dem diese Zusammenhänge fremd sind, wird die relativ hohe Prozentzahl funktioneller Sterilitäten, innerhalb derer der psychische Faktor eine wesentliche Rolle spielt, immer überraschend bleiben. In einem echten ärztlichen Denken aber muß bei der Behandlung *jeder* sterilen Ehe die psychologische Problematik – aus der auch nicht die mögliche Effizienz des numinosen Fortpflanzungsgebots auf die seelische Verfassung der Probanden ausgeklammert ist – gewürdigt werden. Dem Arzt, der den jeweiligen psychischen Voraussetzungen eines unerfüllten Kinderwunsches solchermaßen Rechnung trägt, können manche schöne Erfolge auch dann noch beschieden sein, wenn zunächst die Gründe einer Kinderlosigkeit unerfindlich scheinen.

ZUSAMMENFASSUNG

In der psychologischen Problematik eines unerfüllten Kinderwunsches ist die exakte Beweisführung einer Kausalität selten möglich; dies erklärt die Schwierigkeit in der Festsetzung des Stellenwertes psychischer Ursachen innerhalb aller Sterilitätsfaktoren.
Psychische Störfaktoren (P.S.F.) im Fertilitätsgeschehen sind häufig allgemeiner Art und nicht nur, wie oft angenommen, in der Vita sexualis der Ehepartner zu suchen. Beim Mann können P.S.F. u.U. auch zu einer negativen Änderung der Samenqualität führen. Bei der Frau sind P.S.F. wohl häufiger als beim Mann. Die bewußten, aber auch unbewußten Konflikte einer modern aufgeschlossenen weiblichen Persön-

---

[2] Ein solcher Berater darf freilich seine Aufgabe nicht als "apostolische Funktion" (eine kritische Bezeichnung BALINTS) auffassen, er wird sich gewissermaßen nur als zentraler Vermittler einer ärztlichen Kooperation in der Behandlung einer kinderlosen Ehe und speziell in den dabei auftretenden psychologischen Problemen sehen und versuchen, bei den oft anonymen technischen Untersuchungsgängen den zwischenmenschlichen Kontakt zwischen Arzt und Patient aufrecht zu erhalten.

lichkeit zwischen ihrer beruflichen Leistung und ihren biologischen Aufgaben können entscheidend hemmen. Die verschiedenen Stufen der P.S.F. bei der Frau werden kurz aufgeführt.

P.S.F. liegen häufig nicht primär bei dem Mann oder bei der Frau, sondern bekommen ihren Anstoß vom Gegenpartner (gesamtpsychologische Situation der Ehe).

Das numinose Faktum im Fruchtbarkeitsgeschehen kann über die Psyche der Probanden wesentlichen Einfluß auf Fertilität bzw. Sterilität haben.

Die Betreuung einer kinderlosen Ehe erfordert heute bei vielfach notwendigen Testen den Spezialisten, damit eine richtige interdisziplinäre Kooperation. Aber nur der *eine* Arzt des Vertrauens kann den menschlichen und speziell den psychischen Problemen des Ehepaares gerecht werden, die bei den Untersuchungen durch Spezialisten entweder überhaupt nicht zur Sprache kommen oder nicht genügend aufgedeckt, ja sogar evtl. durch spezialistisches Checken verschüttet werden.

LITERATUR

1. FIKENTSCHER, R.: Die kinderlose Ehe. Grundsätzl. Vorgehen in der Beratung und Betreuung. Münch. med. Wschr. *112*, 1579-1585 (1970)
2. FIKENTSCHER, R.: Erfassung der männlichen und weiblichen Faktoren als Sterilitätsursachen. Münch. med. Wschr. *112*, 1671-1681 (1970)
3. FIKENTSCHER, R.: Die Problematik der kinderlosen Ehe. 7. Tagung der Deutschen Gesellschaft zum Studium der Fertilität und Sterilität - Freiburg. In: Fortschritte der Fertilitätsforschung *II*, 2-11 Berlin: Ed. Grosse 1974
4. LÜBKE, F., STAUBER, M.: Analyse therapeutischer Erfolge bei sterilen Ehepaaren unter Berücksichtigung der Diagnostik psychogener Sterilität. Geburtshilfe und Frauenheilkunde *32*, 192-201 (1972)
5. STAUBER, M.: Ergebnisse zur psychogenen Sterilität. Fortschritte der Fertilitätsforschung *III*, 216-223 Berlin: Ed. Grosse 1976
6. PRILL, H.-J.: Die Kooperation mit den klinischen Therapeuten bei der Diagnostik und Behandlung der kinderlosen Ehe. 7. Tagung der Deutschen Gesellschaft zum Studium der Fertilität und Sterilität - Freiburg. In: Fortschritte der Fertilitätsforschung *II*, 21-28. Berlin: Ed. Grosse 1974

Die Sterilisation der Frau und ihre Folgen

W. Eicher, München

Überblickt man in der Literatur die Beurteilung der Sterilisation, so stellt man mit dem Wandel der operativen Methoden auch eine Veränderung in der Indikationsstellung, der Einstellung der Patientinnen und der Auswirkungen fest. Insbesondere unterliegt die seelische Verarbeitung einer Fluktuation durch kulturelle Veränderungen, was auch durch die Einstellung zur Sexualität in den letzten Jahrzehnten verursacht wird. Die Irreversibilität der Sterilisation kann von der Frau als Verlust erlebt werden, das weitere Sexualverhalten beeinträchtigen, wenn die potentielle Möglichkeit zur Schwangerschaft als Teil der Sexualität empfunden wird. Durch die unwiderrufliche Unfruchtbarkeit kann es zu einer Minderung oder zu einem Verlust des Selbstwertgefühles kommen. Auch PALMER und CZERNICHOW (12) fanden bei der Berücksichtigung der psychosexuellen Aspekte, daß die Unterdrückung der Fortpflanzungsreaktion das Körperbild, welches sich das Individuum von sich selbst macht, erschüttern kann. Dabei wird auf einem mehr oder weniger bewußten Niveau eine Kastration oder Verstümmelung empfunden, dies selbst bei gut informierten, intelligenten Frauen, bei denen der Eingriff im Detail erklärt wurde. So stellten sich unbewußte Phantasmen ein, um den Eingriff zu verarbeiten und Schuldgefühle, die sich mit einer von der Fruchtbarkeit befreiten Sexualität einstellen können. Der Einfluß auf das psychosexuelle Verhalten war jedoch bei ausgeglichenen Individuen nicht schwerwiegend und von kurzer Dauer. Dies hat BARGLOW (3, 4) als Trauerphase der ersten Monate beschrieben, welche auch psychisch gesunde Frauen brauchen und welche ohne somatische Symptomatik einhergeht, aber mit sogenannten Restitutions-Phantasien.

Zwei aktuelle Verfahren stehen zur Diskussion: Die laparoskopische Tubensterilisation und die postpartale Tubensterilisation durch Nabelinzision. Hierbei handelt es sich um zwei einfach erlebte Eingriffe mit fehlendem Krankheitsgefühl, kurzem stationärem oder nicht verlängertem Aufenthalt und Wegfall der ständigen Erinnerung durch eine sichtbare Laparotomienarbe. Wir haben 1972 - 74 je 100 Frauen,

---

[1] Die Untersuchungen stammen aus der Universitäts-Frauenklinik, Heidelberg.

die nach den beiden Methoden sterilisiert wurden, nach dem gleichen Verfahren gynäkologisch nachuntersucht und psychologisch exploriert. Beide Gruppen sind nach streng statistischen Kriterien nicht miteinander vergleichbar, da durch die Geburt und die Schwangerschaft zusätzliche Faktoren einfließen, die ihrerseits den gesamten Erlebnisbereich beeinträchtigen können. Dies ist aber eine Aussage, die sich aus der Gegenüberstellung beider Gruppen ergibt.

Die Zyklusanamnese blieb bei etwa 70% im wesentlichen unverändert. Psychogene Faktoren, hierbei nicht zuletzt die Verarbeitung des Eingriffs, können für Amenorrhoen, Metrorrhagien, aber auch für Hyperpolymenorrhoen und insbesondere für Dysmenorrhoen und praemenstruelles Syndrom verantwortlich gemacht werden. Oligo- bzw. Amenorrhoen traten in 8 bzw. 6% auf und waren in einigen Fällen als rudimentäres Symptom einer Scheinschwangerschaft oder als Angst vor dem Versagen der Methode oder als erlebter Verlust von Weiblichkeit interpretierbar. In 12 bzw. 8% wurden nach dem Eingriff die Perioden regelmäßig. In diesen Fällen bestanden vorher Rhythmusstörungen, die durch Ängste vor weiteren Schwangerschaften erklärt werden konnten. Veranderungen im Zyklus und Auffälligkeiten, welche nach dem Eingriff auftreten, werden im allgemeinen von der Frau genau registriert, der Blutung wird kompensatorisch in der ersten Phase der Verarbeitung mehr Aufmerksamkeit als früher geschenkt, die Menstruation bleibt sozusagen als "Weiblichkeitsbeweis".

Etwa 40% der Frauen haben angegeben, daß nach dem Eingriff sich ihr seelisches Gleichgewicht verbesserte und sie in diesem Sinne positiv verändert wurden. Bei der laparoskopischen Sterilisation wurden 15% der Frauen in ihrem seelischen Gleichgewicht gestört und im negativen Sinne verändert, bei der Sterilisation post-partum 33%. Die meisten betonten, vor dem Eingriff keine seelischen Beschwerden an sich festgestellt zu haben und klagten nun über depressive Zeichen wie Traurigkeit, Hoffnungslosigkeit, Schlafschwierigkeiten, Reizbarkeit, Launen und Niedergeschlagenheit. Als Erklärung für diese negativen seelischen Veränderungen wurden von den Patientinnen selbst neben dem zunehmenden Alter und der Belastung durch Kinder und Haushalt sexuelle Funktionsstörungen und Gewichtszunahme angegeben, die nach dem Eingriff auftraten. Trauerphasen wurden von einigen Frauen durchlebt, in dem sie sich über 3 Monate niedergeschlagen und vernichtet fühlten, dann aber einen Stimmungsumschwung erlebten und jetzt die positive Seite des Eingriffs empfinden. Andere Frauen litten vorübergehend an Störungen ihres Körperbildes. Sie hatten das Gefühl, "einen Teil von sich selbst verloren zu haben" oder sie fühlten sich "nicht mehr so ganz als Frau" oder glaubten, "nicht mehr so viel wert zu sein". Diese Empfindungen wurden aber überwunden.

60% der Frauen gaben einen positiven Einfluß auf ihre
sexuelle Erlebnisfähigkeit an. Dieser bestand bei allen
in einer Beseitigung von Schwangerschaftsängsten. In 22
bzw. 29% trat eine Verbesserung der Orgasmusfähigkeit auf,
in 18 bzw. 34% kam es zu einer Libidosteigerung. 15 bzw.
20% der Frauen fanden sich jedoch durch den Eingriff in
ihrer sexuellen Erlebnisfähigkeit negativ verändert. Ihre
neurotische Tendenz war gegenüber den anderen Frauen deutlich erhöht. In 11 bzw. 13% fanden wir eine Verminderung
des sexuellen Verlangens oder einen Libidoverlust. In 15%
kam es zur Orgasmusdisfunktion (Anorgasmie in 5%). Eine
Patientin klagte seit dem Eingriff über Anfälle von Bewußtseinsstörungen bei der Kohabitation, welche als hysterische Abwehr interpretiert werden müssen. Interessant ist
in diesem Zusammenhang die Reaktion des Partners auf den
Eingriff, die insgesamt jedoch selten von den Frauen beobachtet wurde. Sie bestand in Eifersucht oder Potenzängsten
oder Klagen darüber, daß die Frau "sexuell müde" geworden
sei.
8 bzw. 5% der Frauen klagten über Kohabitationsschmerzen,
Algopareunie, welche nach dem Eingriff aufgetreten war.
Nur in zwei Fällen konnten die Kohabitationsschmerzen auf
Adhaesionen, die durch den Eingriff entstanden waren, zurückgeführt werden; in den anderen Fällen handelte es sich
um eine psychogen erklärbare mangelnde Lubrikation der
Scheide. Für die Kohabitationsfrequenz ist eine geringgradige Zunahme insgesamt zu verzeichnen.
Aus der Literatur ist bekannt, daß 5 - 10% der Frauen
später die Sterilisation bedauern (1, 4, 5, 6, 9, 10, 14,
15). 8 bzw. 7% der Frauen brachten ihr Bedauern zum Ausdruck und würden den Eingriff nicht noch einmal durchführen lassen.
Erst in jüngster Zeit hat sich die öffentliche Meinung
hin zur Sterilisation aufgrund einer freien verantwortungsbewußten Entscheidung des Paares im Sinne einer kontrazeptiven Methode entwickelt. Gelegentlich findet man dafür
noch den abwertend gebrauchten Begriff "Gefälligkeitssterilisation". Unsere Untersuchungen zeigen, daß negative seelische Folgeerscheinungen am wenigsten auftreten, wenn der
Entschluß zur Sterilisation von beiden Partnern frei und
nach reiflicher Überlegung ohne Druck und Zwang getroffen
wurde. Dies ist am ehesten ohne Schwangerschaft und ohne
medizinische Indikation gegeben. Die bestehende Schwangerschaft stellt in einigen Fällen eine Drucksituation, welche
bei der Patientin einen unausgereiften Entschluß fördert.
Die Geburt stellt eine Lebenssituation dar, die selbst
eine psychodynamische Entwicklung beinhaltet, in deren Gefolge es zu Störungen kommen kann. Eine zusätzliche Sterilisierung vermehrt die Möglichkeit einer Identitätsstörung.
Das Vorliegen einer schwierigen medizinischen oder psychia-

trischen Indikation stellt ein erhöhtes Risiko dar, worauf auch PETERSEN (13) hingewiesen hat. Der Eingriff kann als eine Erweiterung der Invalidisierung fehlverarbeitet und als weiterer Funktionsverlust erlebt werden. Die freie Entscheidung wird in diesen Fällen von der Patientin auf eine medizinische Notwendigkeit abgewälzt. Eine freie Entscheidung liegt aber auch da nicht vor, wenn die Frau aus einer Überlastung und Erschöpfung heraus die Sterilisation als rettenden Strohhalm ergreift oder sich durch ihren Ehepartner dazu drängen läßt. Die Koppelung der Sterilisierung mit einem Schwangerschaftsabbruch kann sich ebenfalls ungünstig auswirken, wenn dies von der Frau als Bedingung für die Durchführung oder als Conditio sine qua non empfunden wird.

Negative Folgen der Sterilisation dürfen nicht vernachlässigt werden. Wer sterilisiert, muß sich die Zeit nehmen, im Gespräch mit der Patientin und wenn möglich, mit dem Partner, Risikofaktoren zu erkennen. Dieses Gespräch sollte in ganz besonderem Maße die Ehesituation und Partnerbeziehung sowie die Gesamtpersönlichkeit der Patientin erfassen und deren psychische Belastbarkeit prüfen. Bei auffälligen Symptomen sollte ein Psychotherapeut oder ein in psychosomatischer Gynäkologie bewanderter Gynäkologe konsultiert werden.

ZUSAMMENFASSUNG

Körperliche und seelische Folgeerscheinungen der Sterilisation dürfen nicht vernachlässigt werden. Schwerwiegende medizinische Indikationen, eine als Verpflichtung empfundene Koppelung beim Schwangerschaftsabbruch oder psychosoziale Zwangslagen sind ungünstige Risikofaktoren für die seelische Verarbeitung des Eingriffes. Wenn eine Schwangerschaft eine Drucksituation darstellt, kann dies einen unausgereiften Entschluß fördern und eine vorurteilsfreie Auseinandersetzung mit dem Eingriff verhindern. Ein ausführliches Gespräch mit der Patientin, wenn möglich unter Einbeziehung des Partners unter Berücksichtigung der Gesamtpersönlichkeit der Frau und der Partnerschaft, sollte Voraussetzung für den Eingriff sein.

LITERATUR

1. ADAMS, T.W.: Femal sterilization. Amer. J. Obstet. Gynec. *89*, 395-401 (1964)
2. BARGLOW, P.: Pseudocyesis and Psychiatric Sequelae of Sterilization. Arch. General Psychiatry. *11*, 571-580 (1964)

3. BARGLOW, P., EISNER, M.: An evaluation of tubal ligation in Switzerland. Amer. J. Obstet. Gynec. *95*, 1083-1093 (1966)
4. BARNES, A.C., ZUSPAN, F.P.: Patient reaction to puerperal surgical sterilization. Amer. J. Obstet. Gynec. *75*, 65-71 (1958)
5. BLACK, P., SCLARE, A.B.: Sterilization by tubal ligation a follow-up study. J. Obstet. Gynec. Brit. Cwlth. *75*, 219-224 (1968)
6. CHOSSON, J., RUF, H., EMRAN, J.: Suites éloignées des stérilisations par ligature ou section tubaire. Rev. Francaise de Gynéc. Obstét. *61*, 637-645 (1966)
7. EICHER, W., HERMS, V., THIES, J., KUBLI, F.: Die seelische Verarbeitung der Sterilisation bei der Frau. Frauenarzt *16*, 263-269 (1975)
8. EICHER, W., HERMS, V., KUBLI, F.: Sexualverhalten nach laparoskopischer Tubensterilisation. Sexualmedizin *4*, 602-607 (1975)
9. EKBLAD, M.: The prognosis after sterilization on sozialpsychiatric grounds. Acta Psychiatrica Scandinavica Suppl. *161*, Vo. 37 (1961)
10. KAIJ, L., MALMQUIST, A.: Prognosis after sterilization in connection with parturition. A follow up study of 179 women. Acta Psych. Scand. *41*, 204-217 (1965)
11. KUNZ, S., BAILER, P., FRICK, V.: Die psychische Verarbeitung der Tubensterilisation als definitive Kontrazeptionsmethode. Geburtsh. Frauenheilk. *36*, 68-72 (1976)
12. PALMER, M.R., CZERNICHOW, Y.: Aspects psychosexuels de la sterilisation. Congrès international de sexologie médical, Paris 1974
13. PETERSEN, P.: Die seelische Verarbeitung der chirurgischen Kontrazeption bei Mann und Frau. Vortrag 7. Diagnostikwoche Medica 75, Düsseldorf, Nov. 1975
14. SCHNEIDER, H.E.: Aussagen und Ergebnisse nach Tubensterilisation. Geb. Frauenh. *32*, 290-297 (1972)
15. THOMPSON, B., BAIRD, D.: Follow-up of 186 sterilised women, Lancet 1968, 1023-1027

Psychologische Aspekte bei der Hormonsubstitution im Klimakterium

J. M. Wenderlein, Erlangen

Das Klimakterium umfaßt einen relativ langen Lebensabschnitt für die Frauen, nämlich die Zeit zwischen dem 45. und 60. Lebensjahr.
Psychologisch sind die ersten 5 Jahre der Zeitspanne zwischen Ende des fortpflanzungsfähigen Alters und Beginn des Seniums für die gynäkologische Praxis besonders wichtig. In diesem Zeitraum, meist als Prä-Menopause bezeichnet, treten die ersten klimakterischen Beschwerden und Zyklus-Unregelmäßigkeiten auf.
Für Ärzte ist es eine Selbstverständlichkeit, daß jede sinnvolle und erfolgreiche Therapie möglichst klare Vorstellungen über Ursache und Entstehung von Beschwerden voraussetzt. Bei den klimakterischen Beschwerden wären das vor allem die zunehmende Erschöpfung der Ovarfollikel und der daraus resultierenden Ovar-Insuffizienz mit Absinken des Östrogenspiegels. Zu wenig bedacht wird, daß auch die Patientin ein Mindestmaß an Wissen über die Ursache klimakterischer Beschwerden braucht, um für eine Hormon-Substitution motiviert zu sein. Das gilt besonders für die Langzeit-Substitution, weniger für die Kurzzeit-Therapien, bei denen der momentane Leidensdruck durch die Beschwerden genügend zur Therapie motiviert.
Nun soll kurz auf das Wissen und die Vorurteile der Frauen über das Klimakterium eingegangen werden. Das sind wichtige Voraussetzungen für die Vorhersage von Erfolg und Länge einer Hormonsubstitutions-Therapie.
Die folgenden quantitativen Angaben stammen aus einer Untersuchungsreihe an 425 Frauen unserer Poliklinik.
Die Aufklärung und das Wissen über die Wechseljahre bezeichneten 28% der Frauen mit "gut", weitere 28% mit "ausreichend" und die restlichen 44% mit "zu wenig".
Damit wäre über die Hälfte der Frauen mit ihrem Wissen über das Klimakterium mehr oder minder zufrieden. Besonders fettsüchtige und ältere Frauen bezeichneten häufig ihre Aufklärung und ihr Wissen über das Klimakterium als "gut".
Das entspricht aber nicht im geringsten der Realität. Diese Gruppe von Frauen versteht unter Aufklärung sowie Wissen lediglich die perzipierten Vorurteile, Fehleinstellungen und Fehlinformationen aus der Umwelt.

Das wird daran deutlich, daß die Frauen mit höherem Bildungsniveau am seltensten und Frauen mit geringerer Bildung am häufigsten ihr Wissen mit "gut" bezeichneten.
Während nur jede fünfte Frau mit höherem Schulabschluß ein "gutes" Wissen angab, war es bei den Frauen mit Volksschulabschluß etwa jede Dritte.
Noch deutlicher wird das beim Intelligenzniveau. Von den Frauen mit IQ bis 90 bezeichnete die Hälfte, von den Frauen mit IQ über 110 aber nur ein Achtel ihr Wissen über das Klimakterium mit "gut".
Die Kenntnisse über das Klimakterium sind fast ausschließlich von den soziologischen Daten Lebensalter und Bildungsniveau (u.a. Schulabschluß, Intelligenz) abhängig. Hingegen sind persönlichkeitspsychologische Aspekte für die ärztliche Praxis kaum von Bedeutung. Von den 12 Dimensionen eines Persönlichkeitstestes (FPI) hatte nur eine einzige Eigenschaft ("Maskulinität") statistisch signifikante Beziehung zum Wissen über das Klimakterium.
Damit wäre es für den Gynäkologen relativ leicht, selektiv die Frauen über das Klimakterium intensiv aufzuklären, die es am nötigsten haben, nämlich jene mit geringem Bildungsniveau, meist aus der eher unteren Sozialschicht.
Wenig optimistisch sieht es jedoch mit den Erfolgsaussichten solch einer Aufklärung aus. Denn die meist emotional orientierten Fehlinformationen dieser Frauen lassen sich nur teils durch rationale ärztliche Informationen beseitigen. Trotzdem sollte ein Aufklärungsversuch mit zeitlich vertretbarem Aufwand vor Beginn jeder Östrogensubstitution im Klimakterium gemacht werden. Ob die Patientin eine Kurzzeit- oder Langzeit-Therapie akzeptiert, hängt wesentlich vom Aufklärungserfolg ab.
Dieses patientenzentrierte Denken hat hier praktische Bedeutung. Denn die endgültige Entscheidung über eine Hormonsubstitution im Klimakterium trifft größtenteils die Frau, primär, indem sie solch einer Therapie zustimmt bzw. sie ablehnt und sekundär dadurch, daß die begonnene Therapie weitergeführt bzw. vorzeitig abgebrochen wird.
Die Kurzzeit-Therapie, geprägt durch die Stärke der klimakterischen Beschwerden, bringt in der Praxis kaum Probleme. Anders ist es bei der Langzeit-Therapie, evtl. bis Lebensende. Wenn der Gynäkologe auch noch so sehr von dieser letzten Therapie-Form überzeugt ist, so kommt hierfür nur ein kleiner Teil von Frauen in Frage. Welche Frauen sind das, bei denen sich der zeitliche Aufwand solch einer Therapie lohnt; erinnert sei nur an die Notwendigkeit regelmäßiger ärztlicher Kontrolluntersuchungen.
Interessant ist zur groben Orientierung, daß ein Viertel der Frauen eine ärztlich empfohlene Östrogensubstitution ablehnt, ein Viertel wollte nur für ein Jahr zustimmen, ein Viertel bis zu sechs Jahren und das restliche Viertel

wäre mit einer noch länger dauernden Östrogensubstitution einverstanden.

Wie zu erwarten sind es vor allem Frauen mit höherem Bildungsniveau, in der Praxis grob abschätzbar mit höherem Schulabschluß, Intelligenz und Beruf, die einer Dauer-Hormonsubstitution zustimmen. Sie sind etwa doppelt so häufig für solch eine Therapie als Frauen mit mittlerem bis geringerem Bildungsniveau.

Letztere Gruppe von Frauen sieht die klimakterischen Beschwerden häufig als mehr oder minder "schicksalhaft" und "natürlich" an. Frauen, die früher Ovulationshemmer einnahmen, sind besonders motiviert für eine Dauer-Östrogensubstitution ab dem Klimakterium. Gleiches gilt für die Frauen mit Abort in der Anamnese, besonders, wenn sie vor solch einem Ereignis mit Hormonen behandelt wurden. Das spricht dafür, daß frühere praktische Erfahrungen und Vertrautheit der Frauen mit Hormongaben günstige Voraussetzungen für den Wunsch nach einer Dauer-Östrogensubstitution schaffen.

Aber auch persönlichkeitspsychologische Faktoren bestimmen die Einstellung zur Östrogen-Substitution über längere Zeit. Introvertierte Frauen lehnen doppelt so oft eine Hormon-Substitution ab als extravertierte Frauen.

Extravertierte Frauen sprechen relativ häufig von sich aus den Wunsch nach einer Hormon-Substitution aus oder nehmen ärztlichen Ratschlag ernsthaft sowie dankbar auf. Diese Frauen haben meist große Erwartungen von solch einer Therapie. Sie legen häufig Wert auf Geselligkeit und sind dabei auf ihr Äußeres recht bedacht. Durch eine Hormon-Substitution im Klimakterium erwarten sie sich ein längeres jugendliches Aussehen, aber auch sexual-medizinische Aspekte sind dabei zu beachten.

Wenn auch bisher in der gynäkologischen Praxis der sexualmedizinische Aspekt bei der Hormon-Substitution eine relativ geringe Rolle spielt, so wird sich das in Zukunft ändern. In der späten Post-Menopause wären solche Überlegungen aus rein somatischer Sicht häufig angebracht.

Erwähnt seien nur Pruritus und Atrophie der Vulva, Vaginitis senilis bis hin zur Kraurosis vaginae, atrophische Urethro-Zystitis oder Ektropium Urethrae. All diese organischen Veränderungen können die Sexualität erheblich beeinträchtigen.

Von sich aus sprechen jedoch relativ selten Frauen in dieser Lebensphase den Arzt wegen Beschwerden im Sexualbereich an. Das liegt einmal an der Scheu, im Klimakterium noch sexuelles Interesse zuzugeben, oder an effektiv erheblich reduzierter Sexualität. Verantwortlich hierfür sind vor allem die früheren Erwartungen, die nun fast zwangsläufig von den Frauen realisiert werden. Sie erleben ihr Verhalten dabei als etwas "Natürliches".

Erwähnt sei nur, daß folgendes von den Frauen vor dem Klimakterium ebenso häufig erwartet wird, wie es dann von den Frauen im Klimakterium erlebt wird:
Ein mehr oder minder beeinträchtigtes Vollwertigkeitsgefühl als Frau infolge der Wechseljahre geben zwei Drittel an.
Über die Hälfte der Frauen gab einen geringeren Koituswunsch im Klimakterium an.
Ein beeinträchtigtes Koitusempfinden verneinte nur ein Viertel der Frauen.
Diese Ansichten werden von Frauen mit Volksschulabschluß und eher unterdurchschnittlicher Intelligenz häufiger, und zwar um ein mehrfaches häufiger, geäußert, als von Frauen mit höherem Bildungsniveau. Im Klimakterium wird damit die Beziehung zwischen Sexualität und Intelligenz besonders deutlich.
Differenzierte und intelligente Frauen erleben am ehesten in der Postmenopause eine gesteigerte Sexualität infolge einer gewissen vorübergehenden Erhöhung der Androgene. Wird dabei die Sexualität durch lokale mechanische Faktoren beeinträchtigt, so wird ein Teil der Frauen durch verändertes Kohabitationsverhalten damit fertig, vorausgesetzt, es besteht eine ausgeglichene Partnerbeziehung. Ein Teil geht auch zum Gynäkologen. Von seinem Verständnis, Einfühlungsvermögen und Verhalten hängt es nun wesentlich ab, ob die Patientin ihre Beschwerden im Sexualbereich vorbringen kann. Je früher der Gynäkologe solche Beschwerden erkennt, evt. bevor die Patientin diese direkt geäußert hat, um so erleichterter ist die Patientin.
Diese Frauen mit Kohabitationsbeschwerden infolge Östrogenmangelerscheinungen im Genitalbereich sind für eine Hormon-Substitution recht dankbar. Bei ihnen kommen auch am deutlichsten die psychotropen Wirkungen einer Östrogen-Substitution zur Geltung. In den Genuß dieser Vorteile einer Hormon-Substitution im Klimakterium kommen heute jedoch leider nur wenige Frauen und zwar vor allem jene der eher höheren Sozialschicht mit höherem Bildungsniveau.
In Zukunft sollten mehr Gynäkologen den Mut haben, bei Frauen im Klimakterium diesen Problemkreis anzusprechen, vorausgesetzt, es besteht ein Mindestmaß an Vertrauen im Arzt-Patientin-Verhältnis. Dann erleben besonders differenzierte Frauen mit ausgeglichener Partnerbeziehung im Klimakterium das Ansprechen des Sexualbereiches nicht unangenehm, sondern eher dankbar.
In Doppelblindversuchen mit Plazebo und Östrogenen konnte gezeigt werden, daß der Plazeboeffekt völlig unbedeutend ist. Deshalb sollten in der gynäkologischen Praxis diese Aspekte der Hormonsubstitution im Klimakterium wichtiger werden. Mit dem allgemeinen Ansteigen des Bildungsniveaus bei jüngeren Frauen wird die mehr rationale Auseinander-

setzung mit der Lebensphase "Klimakterium" zunehmen. Es sollte möglichst früh ein Wissenserwerb erfolgen, der klarstellt, daß es sich beim Klimakterium um eine physiologische körperliche Umstellung infolge Erlöschens der Ovarialfunktion handelt. Daraus würde bei mehr Frauen eine positive Einstellung, teils sogar der spontan geäußerte Wunsch nach längerer Hormonsubstitution im Klimakterium resultieren. Das brächte allerdings auch technische Schwierigkeiten für die gynäkologische Praxis mit sich. Erwähnt wurde bereits die Notwendigkeit regelmäßiger Kontrolluntersuchungen und einer individuellen Therapie. Der gynäkologischen Präventivmedizin steht hier noch eine wichtige Aufgabe bevor.

ZUSAMMENFASSUNG

Welche Frauen sind an einer Hormonsubstitution ab dem Klimakterium besonders interessiert? Die Motivation der Frauen wird wesentlich von einem Mindestmaß an Wissen über diese Lebensphase geprägt. Das gilt für die Kurzzeittherapie bei klimakterischen Beschwerden, noch mehr jedoch bei der Langzeittherapie.

Etwa ein Viertel von 425 befragten Frauen unserer Poliklinik hielt ihr Wissen über die Wechseljahre für "gut". Das waren überwiegend die fettsüchtigen, älteren Frauen, die zugleich eher geringeres Bildungsniveau hatten. Von den Frauen mit höherem Schulabschluß und überdurchschnittlicher Intelligenz bezeichneten hingegen viele ihr Wissen über das Klimakterium als "zu wenig". Persönlichkeitspsychologische Daten waren bei der Selbsteinschätzung des Wissens über das Klimakterium kaum von Bedeutung. Die meist emotional orientierten Fehlinformationen lassen sich besonders bei weniger gebildeten Frauen nur teilweise durch rationale ärztliche Informationen beseitigen.

Das Problem der Angst
in der Gynäkologie und Geburtshilfe

R. Goebel, München

Angst begegnet uns, wo immer wir Menschen antreffen, als an deren Erleben und Fühlen maßgeblich beteiligt. KIERKEGAARD, der dänische Philosoph und Theologe sagt: "Wenn einer meinen sollte, daß er niemals Angst gehabt hätte, dann werde ich ihn mit Freuden in meine Erklärung einreihen, daß das daher rührt, daß er sehr *geistlos* ist". Es ist nicht nur *geistreich* (s. z.B. die gesamte Existenzphilosophie), sondern auch *zeitgemäß*, von der Angst zu reden. - Ist sie doch jenes Gefühl, jener Affekt und jene Stimmung, die ständig in vielfacher Weise den Menschen beeinflußt; vielleicht auch deshalb zeitgemäß, von ihre zu reden, weil gerade die Angst besonders eindringlich durch ihren Bedrohlichkeitscharakter ein Begleiter des Menschen unserer Zeit geworden ist. Der Einzelne erfährt aufgrund der explosionsartigen Entwicklungsprozesse, im Sog der Ereignisse und Bewegungen bei immer stärkerer Diesseitsorientierung, mit dem Auseinanderbrechen eines Familienbewußtseins und der immer deutlicher werdenden Vereinsamung des Menschen *gerade die Angst* als Grundstimmung seiner Existenz.

VON GEBSATTEL fragt in seinen "Prolegomena einer medizinischen Anthropologie": "Sollte vielleicht die Angstkapazität der abendländischen Menschheit im Laufe der letzten drei oder vier Generationen zugenommen haben? Korrespondierend dazu die Zunahme des Angstphänomens als ein quantitativer Faktor? Oder ist es nur die Entwicklung der psychologischen, der psychiatrischen und der psycho-pathologischen Forschung in den letzten 80 Jahren, was den Blick für das Vorkommen von Angst geschärft hat?"

Sicherlich kannten die Menschen zu früherer Zeit auch Angst. Sie trat lediglich in einem anderen Gewande auf und der Versuch, sie zu bewältigen, zu vermindern bzw. Angst zu binden, mag in anderer Form unternommen worden sein als heute. In alter wie in neuer Zeit bildete sie vielfach Gegenstand der Dichtung und wurde zum Thema wissenschaftlicher und religionsphilosophischer Spekulationen. Die Angst wurde zum Impuls und Thema bildender Kunst, hier insbesondere der modernen Kunst.

Angst qualitativ und quantitativ zu erfassen, gestaltet sich äußerst schwierig, wie schon aus der Fülle von Testmethoden, Fragebogen und Beurteilungs-Skalen hervorgeht

(8). Darauf kann hier nicht näher eingegangen werden. Wir können bis heute ja bekanntlich die Frage, ob die Emotionen, das Diencephalon oder Hormone an den Anfang eines wirkursächlichen Wirkungsmechanismus zu stellen seien, oder ob nicht sogar schon die wirkursächliche Fragestellung an sich bereits auf einem Irrtum beruhe, nicht beantworten. Bisher konnte auch nicht nachgewiesen werden, wie überhaupt die Umsetzung einer Stimmung in hormonales Geschehen oder eine organische Veränderung im Zwischenhirn in eine psychische Stimmungsschwankung zustande kommt. Wir wissen lediglich im Sinne der Stress- und Adaptationslehre, daß z.B. angstvolles Erleben, plötzlich auftauchende Todesgefahr, Schrecken, Panik sich in einer sympathikotonen Reaktion mit Adrenalinausschüttung und einer Erhöhung der Funktionsbereitschaft im Neurovegetativum äußern kann, wodurch die Bereitschaft zu dynamisch-motorischen Reaktionen, wie z.B. Flucht und Abwehr, eine Steigerung erfährt (2).

Bemühen wir uns von der medizinisch-psychologischen Betrachtungsweise aus, Angstzustände zu verstehen, so stehen im Vordergrund des Interesses phänomenologische, intentionale und genetische Unterschiede.

Betrachten wir sie zunächst vom *Phänomenologischen* her, so kann Angst als *Gefühl*, als *Stimmung* bzw. Verstimmung (wie z.B. im Verlaufe von Depressionen) und als *Affekt* auftreten. Angstgefühle und Angstaffekte können sowohl im normal-psychologischen als auch im psycho-pathologischen Bereich vorkommen (9). Menschen können subjektiv Angst empfinden, dabei jedoch nach außen ruhig bleiben (z.B. präoperativ). Manche berichten von Angstgefühlen, zeigen aber nicht einmal Ansätze von Vermeidungsverhalten. In der täglichen Praxis oder Klinik verlassen wir uns im Umgang mit den Patientinnen zumeist auf das, was sie uns über ihre Ängste oder andere Affekte oder Emotionen erzählen, und ergänzen diese sprachliche Information dadurch, daß wir ihre *Mimik* und ihr übriges *körperliches Ausdrucksverhalten* interpretieren. Diese Art der Interpretation kann aber sehr in die Irre führen, nämlich dann, wenn sie nicht durch Zusatzinformationen über den *situativen* Zusammenhang unterstützt wird (z.B. Konflikte im Beruf, in der Ehe, soziale Konflikte, aber auch z.B., daß die Patientin 4 Stunden warten mußte und mit Wut und Angst gepaart dem Arzt begegnet, wenn sie dran ist). Darüberhinaus ist die Beobachtung von mimischen und anderem Ausdrucksverhalten nur von Wert bei bestimmten Typen von Angst, so vor allem etwa bei akuten Realängsten, wie z.B. Angst vor Operationen (13). Wenn z.B. einer Patientin - vielleicht mit einem Unterton der Drohung - eine unvermeidliche Operation dargelegt wird, kann aus ihrem plötzlich veränderten Ausdrucksverhalten abgelesen werden, daß Befürchtungen und Ängste in ihr aufsteigen. Dagegen tritt ein Zustand von chronischer, einfach ständig bedrückender Angst nicht immer so sichtbar hervor. So bekommen wir wahrscheinlich weniger oder gar keine, nichtsprachliche Hinweise auf Angst bei einer Frau, die z.B. bei Eintritt der Wechseljahre starke *Angstgefühle* in Bezug auf das Alter hegt. Es gibt auch Patienten, die - wie RICHTER (14b) häufig in der Psychoanalyse beobachtete - "in Situationen, in denen sie vital akut bedroht sind, keine Angst haben, bei denen die Angst aber wieder auftaucht, wenn die Bedrohung von ihnen genommen wird", z.B. postoperativ nach einem gut überstandenen sehr schweren Eingriff (z.B. Wertheimschen Operation) - was allerdings sehr selten vorkommt.

Affektstürme oder ausgeprägte Angstzustände mit sozusagen der gesamten psychomotorischen (Agitiertheit oder Hemmung), vegetativen (schneller Puls, Durchfall, Erweiterung der Pupillen u.s.w.) und psychopathologischen (qualvolles Vitalgefühl der Beengung; innere Unruhe und Spannung) Symptomatik sehen wir sicherlich selten in unserer alltäglichen Praxis. Häufiger begegnet uns das eine oder andere psychische oder somatische Erscheinungsbild der Angst.

Es ist sicherlich oft nicht einfach zu entscheiden, wo hört die Angst im Bereich der Norm auf und fängt die psychopathologische, meist als neurotische Angst, an, d.h. die Grenzen zwischen normal und schon abnorm sind fließend. Was die Angst aber zu einer neurotischen Angst macht, ist das erhöhte Maß und die Art ihrer Bewältigung. RICHTER (14a) weist allerdings darauf hin, daß sich eine neurotische Angst von einer anderen nicht durch ihre größere Intensität unterscheidet, sondern eher dadurch, ob der betreffende Mensch selbst seine Angst als eine krankhafte Veränderung erlebt oder nicht. Wenn der Mensch die Angst nicht mehr erträgt, begibt er sich in die Neurose, d.h. Angst äußert sich nicht nur direkt in Angstsyndromen, sondern auch indirekt in Form verschiedener pathologischer Transformationen oder Konversionen. Angst kann abreagiert oder bewußt verarbeitet werden. Angstaffekte können aber auch eine Konversion erfahren; z.B. in hysterische Syndrome konvertiert werden. Bei disponierten pathologischen Persönlichkeitsentwicklungen kann diese Konversion verzögert sein. Bei einer - im Rahmen eines sozusagen chronischen Verlaufs - immer wieder aufbrechenden Angst werden verstärkte Abwehrmaßnahmen notwendig, die Symptomcharakter haben können, zum Teil als körperliche Störungen oder als Funktionsausfälle, wie z.B. Zyklusstörungen, Dysmenorrhoen, Sexualstörungen. So entstehen je nach Organmitbeteiligung oder nicht Organneurosen oder psychosomatische Erkrankungen im engeren Sinne (9). Die Patienten gehen zum Arzt, klagen hier aber nicht primär über ihre Angst, sondern z.B. über Schmerzen im Adnexbereich. Es erfolgt so etwas wie die *Somatisierung der Angst* (14a).

Mit all dem bisher Gesagten soll nicht der Eindruck erweckt werden, daß Angst immer nur pathologisch sein muß; sondern sie stellt allgemein eine wichtige Triebfeder des

Lebens dar. Die Existenzphilosophen, angefangen bei KIERKE-
GAARD bis hin zu JASPERS, CAMUS und SATRE sehen die Angst
als Voraussetzung menschlicher Freiheit und menschlichen
Verantwortungsbewußtseins schlechthin; freilich die einen
aus christlicher oder humanistischer, die anderen aus
atheistischer Sicht.

Hiermit sind wir aber schon bei der von der Philosophie
herrührenden *intentionalen* Unterscheidung zwischen Furcht
und Angst. Seit KIERKEGAARD, der die Existenzphilosophie,
insbesondere die HEIDEGGER'sche existentiale Ontologie
wesentlich beeinflußt hat, wird im philosophischen, z.
Teil auch im psychologisch-psychoanalytischen und anthro-
pologischen Sprachgebrauch zwischen Furcht und Angst unterschieden: Während *Furcht* die bestimmte, auf einen bedrohlichen Gegenstand oder eine gefährliche Situation gerich-
tete, benennbare, entsprechend motivierte Gefühlslage ist,
wird *Angst* als unbestimmt, gegenstandslos, anonym, frei
flottierend erlebt. Mit dieser Unterscheidung von Furcht
und Angst in der philosophischen Betrachtungsweise stimmt
die Psychoanalyse, für die die Angst im Mittelpunkt ihrer
Neuroselehre steht, überein. Bereits FREUD [7] unterschied
sie, indem er sagte, Furcht verlange ein bestimmtes Objekt,
vor dem man sich fürchtet, während Angst "einen gewissen
Zustand wie Erwartung der Gefahr und Vorbereitung auf dieselbe, mag sie auch eine unbestimmte sein", darstelle.

In der jüngeren Zeit wird allerdings von verschiedenen
Seiten diese scharfe Trennung zwischen Furcht und Angst
abgelehnt; auch lassen sich weder aus dem Gebrauch der Um-
gangssprache noch aus den feinsten stilistischen Differen-
zierungen der modernen Prosa die philosophisch-kulturge-
schichtlichen Kategorien der Furcht und Angst ableiten.

Versuchen wir nun eine prinzipielle Gliederung der Angstformen zu geben, so möchte ich auf die von PÖLDINGER [9]
beschriebenen Möglichkeiten der *Angstgenese* (Abb. 1) zurück-
greifen.

Alle Angst kommt letztlich aus der Umwelt oder aus dem
Körper des Menschen. Die schon genannte *Realangst* ist eine
Angst auf eine Bedrohung von der Außenwelt. So kann fast
jede angsterzeugende reale Situation, insbesondere die
Streßangst, eine Kette von psychosomatischen Reaktionen auslösen. Diese Angst bzw. Furcht mit ihrer Objektbezogenheit
hat wesentlich auch eine *Schutz- oder Signalfunktion*, wie
wir seit FREUD wissen. Sie zeigt uns an, daß sich etwas Be-
drohendes in unserer Umwelt vollzieht. Sie warnt uns und
trägt somit zur Sicherung unseres Lebens bei, hat also eine
positive lebenserhaltende Funktion. Hier sind auch all die
Ängste im normal-psychologischen Bereich einzuordnen wie
die Angst vor einem *Eingriff*, vor einer damit verbundenen
Narkose, die Angst vor einer *genitalen Infektion* (z.B. Ge-
schlechtskrankheit), die Angst vor den allgemein bekannten
"angeblichen" Nebenwirkungen, die als Ursache für die Ab-

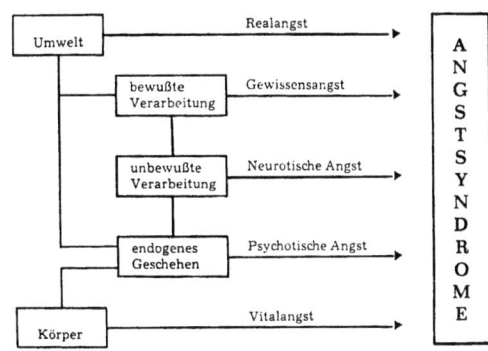

Abb. 1. Genese der Angstsyndrome. Aus: "Der psychosomatisch Kranke in der Praxis". (Mit freundlicher Genehmigung des Lehmanns Verlags München)

lehnung von Ovulationshemmern genannt werden, wie Angst vor einer Thrombose, vor endgültiger Sterilität, vor später möglichen Mißbildungen eines gewünschten Kindes und vielen mehr. Weiterhin ist hier die Angst vor der gynäkologischen Untersuchung, z.B. Vorsorgeuntersuchung, zu nennen.

Allein schon das Aufsuchen einer gynäkologischen Sprechstunde bedeutet für viele Frauen die Überwindung einer ungewissen Angst, Befangenheit und Scham, auch wenn es glücklicherweise nicht mehr so ist wie noch im vorigen Jahrhundert. Man muß angesichts dieses Bildes (Abb. 2) nicht nur fragen, wer hat Angst vor wem?, sondern auch: "Wer hat Angst vor was?"

Welche Motive veranlassen eine Frau, in die gynäkologische Vorsorge-Sprechstunde zu kommen? Vielleicht bedrängt sie eine ungewisse Angst, möglicherweise die Angst vor Krebs, ein Begriff, der vielfach mit Unheilbarkeit und raschem Tod gleichgesetzt wird. Die Ungewißheit über das Ergebnis eines zytologischen Abstriches der Portio mag auch eine Unruhe und unbestimmte Angst heraufbeschwören, sicherlich aber in dem Moment noch verstärkt, wenn etwa eine Wiederholungsuntersuchung angezeigt ist, da der Abstrich eine zweifelhafte Dignität zeigte. Schließlich kann die Dringlichkeit, mit der aufgrund eines pathologischen Befundes ein Eingriff als unvermeidlich dargelegt wird, zur Angst vor unheilbarer Krankheit, vor einer schweren Operation mit fraglichem Ausgang, vor einer Verstümmelung und vor der letztlich dahinterstehenden Isolation und Todesangst führen. Es kann aber auch die Angst vor dem medizinischen Apparat, der Intensivstation, vielleicht die Angst vor der großen anonymen Klinik und vielem mehr sein.

Die zweite Form, die Vitalangst ist die Folge eines vom eigenen Leib ausgehenden, das Leben gefährdenden Prozesses, z.B. die Angst, d.h. Lebens- und Todesangst, bei einer Lungenembolie oder nach schweren operativen Eingriffen,

Abb. 2. Gynäkologische Untersuchung - Anfang des 19. Jahrhunderts. Aus: "Arzt und Patient". (Mit freundlicher Genehmigung des Enke Verlags, Stuttgart)

auch Geburten. Die Angst kann aber auch Folge einer seelischen Fehlentwicklung sein. Geht dies bewußt vor sich, so spricht man von *Gewissensangst;* erfolgt diese unbewußt, so spricht man von *neurotischer Angst.*

Darüberhinaus kann noch eine fünfte Form als *psychotische Angst,* d.h. Angstzustände im Rahmen endogener Psychosen, von der neurotischen Angst, unterschieden werden. Die Differenzierung der letzteren beiden setzt jedoch voraus, daß eine scharfe nosologische Trennung zwischen Neurosen und Psychosen erfolgt, die allerdings keineswegs allgemein anerkannt ist (8, 9).

Nähern wir uns der klinischen Betrachtung[1], so müssen wir uns zuvor noch etwas mit den von der Psychoanalyse herrüh-

---

[1] In dieser Arbeit können nur einige wenige Akzente gesetzt werden, zumal die in der letzten Zeit in den verschiedenen Fachgebieten erschienene Literatur über das Thema "Angst" kaum noch überblickbar ist.

renden Erklärungsversuchen der Angst beschäftigen. Von ihr wurde Entscheidendes, besonders zur Genese der neurotischen Angst beigetragen. Basierend auf den Arbeiten FREUDs wird in der Psychoanalyse vielfach hinter der Angst, insbesondere der neurotischen Angst, eine *Trennungsangst* gesehen. FREUD sah im ursprünglichen Erlebnis des Geburtsaktes die primäre Angstquelle (4, 7). Natürlich nahm FREUD nicht an, daß das Kind unmittelbar post partum zu einem Erleben der Angst fähig sei, aber er ging davon aus, daß ein mangelhaft abreagiertes Geburtstrauma später zu neurotischen Ängsten führen könne. Das Reaktionsmuster, z.B. die Innervation der Atem- und Stimmuskulatur, das anläßlich der Geburt zur Beseitigung innerer Reize diene, könne später vom Kind dazu benutzt werden, die Mutter herbeizurufen. Die Angstäußerung wird also zu einem Signal für die Mutter (14a).

Wie Untersuchungen von RICHTER an Patienten mit neurotischen Ängsten gezeigt haben, leiden diese vor allem unter der unbewußten Angst, sich mit der Mutter zu entzweien, d.h. also unter *Trennungsangst*. Die Patienten sind von der Phantasie beherrscht - und das weist auf die kindliche Erlebnisphase zurück - sie seien nur in einer vollständigen Einheit mit ihrem Mutterbild lebensfähig. Verschiedene Experimente und Untersuchungen belegen, daß frühkindliche Schritte zur Verselbständigung nur dann in ausreichendem Maße geschehen, wenn die fürsorgliche Sicherheit und der Rückgriff auf die handgebende Mutter gewährleistet ist. Zu frühe Loslösung bedingt, daß Trennungsängste auftreten, die Entwicklungsschritte verhindern. Später kann sich dies in einer infantilen Anklammerungsproblematik an den Partner dieser Kranken widerspiegeln, d.h. diese Patientinnen saugen sich an ihre Partner fest wie an eine mächtige Mutter (14a).

Es muß noch betont werden, daß erst eine gewisse Intensitätsschwelle überschritten sein muß, daß Angst das Erleben der vegetativen Funktionen beherrscht. Unterhalb einer gewissen Intensität kann sie sogar eher stimulierend wirken.

Funktionelle Sexualstörungen wie etwa Libidostörungen, Dyspareunie und Vaginismus können durch solche schon genannten unbewußten Ängste motiviert und unterhalten werden.

Im wesentlichen sind diese Störungen als Leistungen des Ichs im Dienste der Abwehr bestimmter Triebimpulse und der damit verbundenen Ängste zu verstehen. Entweder sind es Patientinnen, die den Sexualverkehr, z.B. auch den ersten Geschlechtsverkehr und die sexuellen Gefühle, fürchten und verabschieden lernen. Oder es sind Frauen, deren Ängste mit genitalen sexuellen Gefühlen verbunden sind, bzw. deren Ängste sich aus einem Sexualtabu entwickelt haben. Schließlich können Ängste aus dem analoralen Bereich, also tiefer liegende prä-genitale Konflikte zu derartigen Funktionsstörungen führen. Die Sexualbetätigung oder der Sexualgenuß ist unbewußt mit Regungen oral-analer oder aggressiver Natur besetzt, in deren Aufbau die verschiedenen ausgeprägten Ängste, vor allem wohl Gewissensängste, vorhanden sind.

Häufig werden *Dysmenorrhoen* in Zusammenhang mit einer aktuellen Sexualstörung gebracht, so z.B. bei jungen Mädchen unter dem Einfluß einer affektiven Belastung, bei Verlobten mit einer z.B. streng-religiösen Erziehung, bei verlassenen Frauen und auch bei Verheirateten, die sich vor dem Sexualakt schämen, die unglücklich sind, oder sich vor einer Gravidität fürchten. Vielfach verschwinden derartige Störungen nach Lösung eines solchen Konfliktes, z.B. Schließung einer glücklichen Ehe, Verbesserung der ehelichen Beziehung usw. (5, 9).

Sogenannte *habituelle Dysmenorrhoen* sind oft Folge dieser tiefgreifenden prägenitalen Störungen. Es sind meist neurotische, zum Teil libidogestörte Frauen, die sexuellen Kontakt bewußt fürchten. Es können sowohl sehr aktiv herrschsüchtige Persönlichkeiten sein, die sich durch die Menstruation erniedrigt fühlen, als auch solche, die in ihrem ängstlichen affektiven Verhalten auf einer frühen kindlichen Stufe stehen geblieben sind, nach mütterlichem Schutz im Sinne der Signalangst suchen, und sich vor den Aufgaben, die sie als Frau haben, fürchten. Von psychosomatischer Seite wird immer wieder betont, daß Frauen mit Zyklusstörungen häufig über das Vorhandensein einer vorübergehenden oder dauernden neuro-vegetativen Spannung und einer instinktmäßigen Unbefriedigtheit klagen (5).

Im Leben der Frau gibt es zwei besondere Phasen, die physiologischerweise stark mit einer somatisch erlebten Loslösung verknüpft sind und damit auch besonders prädestiniert sind, Angst hervorzurufen. Es ist einmal die Zeit der *Pubertät*, zum anderen die des *Klimakteriums*.

Bekanntlich kann es im Anschluß an die erste Periode nachfolgend zu Zyklusstörungen bis hin zu Amenorrhoen kommen, deshalb, weil die Menarche als Verselbständigungsschritt nicht akzeptiert wird, d.h. die Angst davor als Trennungsangst erlebt wird. Die richtige Vorbereitung z.B. durch die Mutter in einer aufgeschlossenen Familienatmosphäre ist bedeutsam für die weitere Entwicklung.

Andererseits kann das Sistieren der Menses als Trennungsangst, d.h. Angst vor dem Verlust von Etwas, verstanden werden; mögliche Symptome sind z.B. Schmerzen im Unterleib oder Kreuzschmerzen. Hinter neurotischen Depressionen kann in dieser Phase das Problem des Altwerdens lauern. Für diese Trennungsängste, die sich in vegetativen Symptomen niederschlagen, werden Störungen der frühen Mutter-Kind-Beziehung verantwortlich gemacht mit der unbewußten, zum Teil neurotischen Angst, aus einer lebensnotwendigen Verbindung herauszufallen.

Auch bei *Anorexia nervosa*-Kranken sollen - aus psychoanalytischer Sicht - die Ängste auf genitaler oder prägenitaler Stufe entstehen, entweder indem die Weiblichkeit aus Konkurrenz mit dem Mann gefürchtet wird, oder indem, sicherlich bei der Mehrzahl dieser Patientinnen, aus prägenitalen, d.h. oralen Ängsten die Weiblichkeit abgelehnt wird. Eine *phobische Angst*-bindung ist an die Vorstellung gekoppelt, an Gewicht zuzunehmen. Die *Ängste*, die andere Frauen haben, sexuell geschwängert zu werden, bestehen hier gegenüber der Nahrungsaufnahme. In Träumen sollen nicht selten die Wiederbelebung von infantilen Vorstellungen einer oralen Schwängerung gefunden werden, die die sexuelle Ambivalenz deutlich machen.

Die Pubertäts-Magersucht hat viele altersspezifische Züge. Wir sehen in der Sprechstunde vor allem die auf ein emotionales Trauma hin entstandene *reaktive Anorexia* junger Mädchen (z.B. "Ich habe angefangen abzumagern, nachdem die Klassenkameraden meinten, ich sei zu dick"); Mädchen also, die eine Ambivalenz gegenüber der eigenen weiblichen Umwandlung zeigen (z.B. Ambivalenz gegenüber dem Wachstum der Brüste, dem Auftreten der Menstruation usw.) (1, 15).

Der Eintritt von *sekundären Amenorrhoen* im Zusammenhang mit situativen Einflüssen wie z.B. mit Flucht, Haft oder Lager oder als Auswirkung von Streß oder Angst ist wohl bekannt und verschiedentlich beschrieben worden. FREUD berichtete schon 1905 über eine sog. psychogene Amenorrhoe, bei der nach 9 Monaten das Wiedereinsetzen der Periode symbolisch als eine Entbindung gedeutet wurde. Die nachfolgenden psychoanalytischen Schulen sahen in der Amenorrhoe den Ausdruck eines oralen Konfliktes oder Beziehungen zu phobischen Fehlhaltungen, weil besonders die Angst vor der Schwangerschaft zu monatelangen pseudogestativen Amenorrhoen führen kann. In diesem Zusammenhang ist besonders auf Amenorrhoen hinzuweisen, die aus Prüfungs- oder Terminangst und aus Sexualängsten hervorgehen; hierbei ist aber auch der pathogene Hintergrund mit existentiellen Problemen wie sozialer Selbstbehauptung, Schamgefühl und Versündigungsideen zu sehen. Vielfach hat es der Gynäkologe mit solchen Formen sekundärer Amenorrhoen zu tun, die aus einer konflikthaften Persönlichkeit und Entwicklung erwachsen wie Ablehnung der weiblichen Rolle, verzerrte Selbstwahrnehmung der genitalen Sphäre bis hin zu Kastrationsängsten, Ängste der Menstruation im Zusammenhang mit infantilen Geburtsphantasien und dem Problem des Todes (5, 12).

Bei dem sehr seltenen Krankheitsbild der *Scheinschwangerschaft*, das mit Amenorrhoe einhergeht, kann häufiger als die Angst vor dem schwanger werden und als Schuldgefühle wegen verbotener geschlechtlicher Beziehung ein unbewußtes, denkend kaum vollzogenes und realisiertes Wünschen und Sehnen nach Mutterschaft zu der Pseudogravidität führen.

Insgesamt kann gesagt werden, daß es keine spezifische oder besonders charakteristische Konfliktsituation für weibliche Blutungsstörungen gibt. Angst kann genauso wie Schuldgefühl, sexuelle Disharmonien, depressive Verstimmungen, eheliche Konflikte Ausgangspunkt und Ausdruck verschiedenartigster psychoreaktiver, neurotischer oder psychosomatischer Leiden sein (5).

Je nach Angstform bzw. ängstlicher Verstimmung wird sich auch die Art der Therapie zu richten haben. Psychopharmaka werden wir bei vitaler Angst und bei psychotischer Angst einsetzen können. Daneben auch bei neurotischer Angst, allerdings werden hier psychotherapeutische oder verhaltenstherapeutische Maßnahmen meist nicht zu umgehen sein. Häufig kann schon eine Aufklärung und Eingehen auf die Konfliktsituation im Rahmen der gynäkologischen Sprechstunde zum Abbau von Befürchtungen und evtl. untergründigen Wünschen beitragen. Eine solche Gesprächsführung setzt voraus, daß der Arzt dem Patienten die Möglichkeit gibt, seine "Geschichte" zu erzählen, seinen Standpunkt erläutern und evtl. Schlußfolgerungen daraus ziehen zu können. MOLINSKI (11c) berichtet sehr eindrücklich von einer Patientin, die wegen Unterleibsschmerzen und Dyspareunie mit ihrem Mann zusammen eine kurze Psychotherapie erfuhr; es kam bei der Frau zum Schwinden der früher geklagten Beschwerden und der Dyspareunie. Anschließend hatte das Ehepaar auch mittags gel. Geschlechtsverkehr. "Mit ängstlicher Besorgnis fragte die Patientin, ob man denn schon mittags geschützt sei, wenn die Pille doch immer erst abends genommen werde". Und er fährt fort: "Mit welcher Belastung, mit welcher Angst muß diese Frau in den vergangenen 10 Jahren gelebt haben, wenn sie über die Pille so wenig aufgeklärt gewesen war".

"Rat und Stellungnahme tappen oft im dunklen, solange der Patient nicht seine geheimen Wünsche, Befürchtungen und Phantasien zum Ausdruck bringen konnte". Eine Gesprächsführung, in der möglicherweise erreicht wird, daß der Patient schließlich fragt: Ja, was soll *ich* denn nun tun, im Sinne des Wunsches einer Verselbständigung, kann helfen, Konflikte zu lösen und Ängsten vorzubeugen (11c).

Kommen wir nun noch zum Problem der Angst in der Geburtshilfe: Zwei Störungen in der Frühschwangerschaft sollen hier Erwähnung finden:

1. Die *Hyperemesis gravidarum*: Für ihre Entstehung werden verschiedene Ätiologien angegeben. Sicherlich wirken psychologische und biologische Faktoren zusammen im Sinne einer Ergänzungsreihe. Zu den psychischen Faktoren hat MOLINSKI in seinem Buch "Die unbewußte Angst vor dem Kinde" viele Befunde und verschiedene Fallbeschreibungen zusammengetragen (11a). Insbesondere sind es die oral verunsicherten Frauen, die einer Kombination von Ängsten und Konflikten in der Frühschwangerschaft ausgesetzt sind. U.a. können

sie sich im Symptom des unstillbaren Erbrechens äußern. Die Persönlichkeitsstruktur dieser Frauen ist durch orale und aggressive Gehemmtheiten gekennzeichnet. Das Kind wird hierbei in überwertiger Weise als ein oraler Konkurrent erlebt. Interessant ist der Befund, daß die Persönlichkeitsstruktur von Schwangeren mit Hyperemesis gravidarum denen sehr ähnlich ist, die unter der Geburt eine funktionelle Rigidität des Muttermundes zeigen (11a, 11b, 11d).

2. *Der Abort:* Außer vielen anderen ätiologischen Faktoren sollen auch Angst, Erwartungsspannung, Schuldgefühle, neurotische und psychoreaktive Konfliktstoffe zur Fehlgeburt führen.

Auch der *habituelle Abort* wurde psychosomatisch interpretiert. Die Psychoanalyse macht für die habituelle Abortentstehung ursächlich eine überstarke Mutterbindung oder eine fehlerhafte Einstellung zum Ehemann verantwortlich. Der Abort wurde zum Symbol der Ambivalenz zwischen narzißtischer Hemmung und Entwicklung zur unabhängigen Mutterrolle (5,12).

Die verschiedensten bewußten und unbewußten Ängste begleiten die Frauen im weiteren Schwangerschaftsverlauf: In der Schwangerschaftsvorsorge wird es neben Erwartungsfreude auch Erwartungsangst sein, die die Frau empfindet; vielleicht ist es die Furcht vor einer Mißbildung des Kindes, z.B. ausgelöst durch Störungen in der Frühschwangerschaft oder anderem. Ist ein Klinikaufenthalt notwendig (ich greife ein aktuelles Thema auf, z.B. das der Frühgeburtsbestrebungen), kommen neue Ängste und Befürchtungen hinzu: Wird die Schwangerschaft so lange halten, daß das Kind überleben kann? Ist es gesund, wenn es dauernd unter der Behandlung mit wehenhemmenden Medikamenten (β-Sympathikomimetika) stand? Welche Ängste sind es, die Schwangere eventuell bei wochenlanger strenger Bettruhe - Frauen, die an sich gesund sind - unter der Tokolyse-Behandlung durchleben und durchleiden? Ich habe darüber keine Untersuchungen gefunden. Werden nicht gerade unter der Therapie mit β-Sympathikomimetika, die bekanntlich zu erheblichen vegetativen Symptomen (ich nenne nur die Tachykardie) führen kann, Angstgefühle, Angstaffekte und andere Emotionen medikamentös erzeugt und schon bestehende gesteigert?

Am Ende der Schwangerschaft mag es besonders die Angst vor einer schmerzhaften Geburt sein, die die Frau bewegt. Vielleicht ist die letzte Geburt in schrecklicher Erinnerung oder die Freundin, die Mutter oder Nachbarn haben ihr die lange, schmerzhafte Geburt vor Augen gemalt.

Es ist das bleibende Verdienst von DICK-READ (3, 6, 10), mit der Formulierung des Angst-Spannungs-Schmerz-Syndroms eine erste Synopsis der psychosomatischen Faktoren der Geburt und besonders des Geburtsschmerzes gegeben zu haben (Abb. 3).

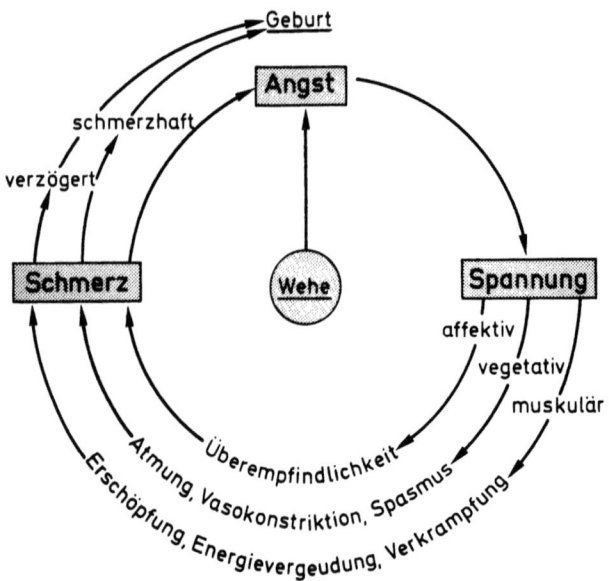

Abb. 3. Angst-Spannungs-Schmerz-Syndrom. Aus: "Die psychologische Geburtserleichterung". (Mit freundlicher Genehmigung des F.K. Schattauer-Verlags Stuttgart)

Wir kennen es alle: Die ständige Steigerung der durch Angst verursachten Verkrampfung, die schließlich zur Verzögerung der Geburt und sogar zu ihrem Stillstand führen kann. Die durch Angst oder durch einen anderen negativen Affekt ausgelöste Erwartungsspannung wird affektiv zu einem intensiveren Wahrnehmen der Geburtsschmerzen. Bei entsprechender Intensität greift diese affektive Seite der Spannung auf das Vegetativum über und löst Reaktionen aus wie vor allem Spasmen, die sowohl die Muskulatur als auch die Gefäße erfassen.

Der Spasmus wirkt sich vielfach in einer zervikalen Dystokie aus. Hinzu kann eine Verspannung der willkürlichen Muskulatur treten: Die Gebärende verkrampft sich, so daß bei Ingangkommen dieses Circulus vitiosus der Wehenschmerz das Maß des Erträglichen übersteigt. Nach jüngsten Untersuchungen stellen andere Formen von gestörtem Gebärverhalten nicht nur das somatische Korrelat von Angst, sondern auch ein Korrelat von anderen Affekten dar wie z.B. von retentiven Impulsen, von Ärger oder Perfektionsdrang (11b). Diese Affekte können oft sekundär zur Angst auftreten bzw. dazu angetan sein, Angst abzuwehren. Es muß jedoch betont werden, daß glücklicherweise viele Frauen, die durchaus ein gewisses Ausmaß von Angst bewußt erleben, ein sehr kooperatives und angepaßtes Verhalten unter der Geburt zeigen bis hin zu ausgesprochen - trotz Angst und Schmerz - zufriedenem Verhalten unter der Geburt. Diese Frauen sind nicht nur mit einem Bild der eigenen Weiblichkeit, das nur den mütterlichen Bereich beinhaltet, behaftet, sondern deren Bild von der eigenen Weiblichkeit wird auch auf den Partner bezogen (11d).

Eine sehr starke Angst unter der Geburt kann sich auch einmal schmerzverringernd auswirken. Dies beweisen die gel. schmerzfreien Geburten bei neurotischen Frauen. Natürlich wird es im allgemeinen umgekehrt sein: Verringerung der Angst wirkt schmerzlindernd: Letztlich wollen alle psychologischen und geburtserleichternden Methoden die Angstminderung durch eine frühzeitige ärztliche Aufklärung über den Geburtsvorgang, durch die Herstellung des Vertrauens der werdenden Mutter zum entbindenden Arzt und der Hebamme, sowie durch eine prophylaktische Relaxation der Muskulatur, durch gezieltes Training und körperliche Entspannung erreichen.

An dieser Stelle sei es mir gestattet, auf die regelmäßig durchgeführten Einführungskurse für Mütter bzw. besser für Mütter und Väter hinzuweisen. Die Teilnehmer des Kurses haben die Möglichkeit, neben dem aufklärenden Unterricht und Gespräch, den Kreißsaal mit allen apparativen Überwachungsmethoden, auch den Vakuumextraktor und den Reanimationstisch, zu sehen. Immer wieder wird nach der Geburt von Müttern, die diese Kurse besuchten, die sehr positiv erlebte angstabbauende Wirkung betont. Den Teilnehmern solcher Kurse sollte es auch möglich sein, ihre Ängste und Befürchtungen verbalisieren zu können.

Gerade unter der Geburt werden aber Persönlichkeit und Geschick von Hebamme und Arzt wesentlich bestimmen, ob die Frau die Geburt angstvoll oder angstfrei erlebt.

Letzteres wird sicherlich nicht durch ein Verhalten zu erreichen sein, das, von G. BENN selbst erlebt, aphoristisch so ausgedrückt wurde:

Pressen Sie, Frau! Verstehen Sie, ja?

Sie sind nicht zum Vergnügen da.

Ziehen Sie die Sache nicht in die Länge,

kommt auch Kot bei dem Gedränge!

Sie sind nicht da, um auszuruhn.

Es kommt nicht selbst. *Sie* müssen was tun!

LITERATUR

1. BRÄUTIGAM, W., CHRISTIAN, P.: Psychosomatische Medizin. Stuttgart: Thieme 1975
2. CANNON, W.B.: Wut, Hunger, Angst und Schmerz – eine Physiologie der Emotionen. München, Berlin, Wien: Urban & Schwarzenberg 1975
3. CHERTOK, L., LANGEN, D.: Psychosomatik der Geburtshilfe, Band 12 der Schriftenreihe zur Theorie und Praxis der medizinischen Psychologie. Stuttgart: Hippokrates Verlag 1968
4. CONDREAU, G.: Angst und Schuld als Grundprobleme der Psychotherapie. Bern, Stuttgart: Huber 1962
5. CONDREAU, G.: Psychosomatik der Frauenheilkunde. Bern, Stuttgart: Huber 1969
6. DICK-READ, G.: Mutterwerden ohne Schmerz. Hamburg: Hoffmann und Campe 1963
7. FREUD, S.: Freud-Studienausgabe. Frankfurt: S. Fischer
8. KIELHOLZ, P.: Angst – Psychische und somatische Aspekte. Bern, Stuttgart: Huber 1967
9. LUBAN-PLOZZA, B., PÖLDINGER, W.: Der psychosomatische Kranke in der Praxis. München: Lehmanns 1973
10. LUKAS, K.H.: Die psychologische Geburtserleichterung. Stuttgart: Schattauer 1968
11a. MOLINSKI, H.: Die unbewußte Angst vor dem Kind. München: Kindler 1972
11b. MOLINSKI, H.: Geburtshilfliche Symptomatik als Folge gestörten Gebärverhaltens. Z. Geburtsh. Perinat. *179*, 383-387 (1975)
11c. MOLINSKI, H.: Gesprächsführung bei Schwangerschaftskonflikten. Deutsches Ärzteblatt *72*, 3183-3186 (1975)
11d. MOLINSKI, H.: Bilder der eigenen Weiblichkeit, Ärger während der Geburt und Rigidität des Muttermundes. Zeitschr. Psychosom. Med. *14*, 90-101 (1968)
12. PRILL, H.-J.: Psychosomatische Gynäkologe. München, Berlin: Urban & Schwarzenberg 1964
13. RACHMAN, ST.: Angst – Formen, Ursachen und Therapie. München, Berlin, Wien: Urban & Schwarzenberg 1975
14a. RICHTER, H.-E.: Zur Psychoanalyse der Angst. In: "Aspekte der Angst" Hrsg. H. v. Ditfurth. Stuttgart: Thieme 1965
14b. RICHTER, H.-E.: Diskussionsbemerkung. In: "Aspekte der Angst" Hrsg. H. von Ditfurth. Stuttgart: Thieme S. 18
15. THOMÄ, H.: Anorexia nervosa. Stuttgart: Klett 1961

Das Sprechstundengespräch

H. J. Prill, Bonn-Bad Godesberg

Das Gespräch hat eine entscheidende Funktion in der Begegnung des Arztes mit dem Patienten. Ist es notwendig, daß eine so grundlegende Funktion ärztlicher Tätigkeit besprochen werden muß? Hat das Gespräch überhaupt eine berufsspezifische Bedeutung? Ist es nicht gleichzusetzen mit dem Gespräch, das wir auch außerhalb unserer Sprechstunde führen?

Das Gespräch in der Sprechstunde ist zunächst einmal darauf ausgerichtet, die Beschwerden und die Vorgeschichte der Patientin zu erfahren. Wenn dies auch vielfach von der Patientin schon vorher anderen Personen mitgeteilt worden ist, so hat das Gespräch über die Symptome doch eine berufsspezifische Bedeutung. Sind die Gedanken des Arztes doch in diagnostischer Hinsicht ganz anders orientiert wie die des Laien, der z.B. gerne kasuistische Vergleiche anstellt.

Die gesamte Konsultation gliedert sich in *drei Bereiche*. Zunächst werden die Beschwerden und die *Vorgeschichte* erhoben und danach eine Vermutungsdiagnose gestellt. Kritische Ärzte werden dies sicher für sich behalten, aber die Untersuchung eher gerichtet oder gar gezielt vornehmen. Während der *Untersuchung* als dem zweiten Teil der Konsultation wird das Gespräch meist nur auf die Erhebung des Befundes (Schmerz, bemerkte Veränderungen u.a.) konzentriert. Der "Gesprächsfaden" sollte nicht vollständig abreißen. Der dritte Akt des Gespräches besteht im allgemeinen in *Erklärung und Beratung* der Patientin, z.B. wie groß die Gebärmutter ist oder daß eine Adnexentzündung vorliegt. Der Arzt wird im Anschluß daran seine Therapievorschläge machen und die Patientin belehren, z.B. was sie zu unterlassen habe und was er ihr empfehlen würde. Dieser Ablauf des Gespräches ist uns allen geläufig und in jeder Sprechstunde notwendig.

Das Gespräch läuft aber meistens eingleisig ab. Es wird nicht miteinander über etwas gesprochen, sondern der eine redet und der andere hört (mehr oder weniger) zu. Wir nennen dies die *einpersonale Situation des Gesprächs*, d.h. es findet eher eine Erklärung oder Belehrung als ein Miteinandersprechen statt. Wird die Patientin zu ausführlich, dann ist der Arzt mit seinen Gedanken vielleicht schon bei der

Diagnose oder sogar der Therapie und hört nicht mehr richtig zu. Die einpersonale Gesprächssituation durch den Arzt wird wahrscheinlich am häufigsten praktiziert; sie ist im Therapieeffekt nicht günstig. Das Belehren und Erklären birgt bei allem guten Wollen des Arztes die Gefahr in sich, daß es bei der Patientin nicht "ankommt". Es geht hier weniger um das Erklären und Belehren bei ganz eindeutigen Diagnosen, wie z.B. einem Adnex-Tumor, sondern um die Situation bei funktionellen Erkrankungen, deren Erläuterung und Abgrenzung weit schwieriger ist. Gerade bei funktionellen Erkrankungen wird häufig eine gewisse "apostolische Funktion", wie BALINT sagt, beobachtet, in der der Arzt von vornherein aufgrund seiner voreiligen Diagnose überzeugt ist, der Patientin eine bestimmte Erklärung und Therapie "verabfolgen" zu können. Je früher er diagnostische Schlüsse zieht, desto schneller ist er natürlich dabei, mit der Patientin "fertig" zu werden. Dies kann zum Ziele führen, aber nicht durch das eigentliche ärztliche Gespräch. Es ist eben die einpersonale Erklärung oder Belehrung. Sie führt über ein erneutes Fragen und Beantworten zum Helfen in einer Krankheits- oder auch Konfliktsituation. Ist dieser Weg einmal beschritten, so kann kaum mehr in eine andere Richtung gegangen werden.

Das hier abzuhandelnde Sprechstundengespräch ist aber das *Miteinandersprechen*. Wir müssen einander etwas zu sagen haben und d.h. eben nicht, daß zunächst der Patientin alleine und danach der Arzt alleine spricht und damit schon das Gespräch beendet ist.

Die Bedingungen für das Gespräch sind:

Ernstnehmen
Zuhören
Emotionelle Zuwendung
Relevante Probleme

Es kann nicht darum gehen, die Prinzipien nacheinander im Gespräch gleichsam innerlich abzuhaken; sie müssen vielmehr alle gleichzeitig bei der Gesprächsführung beachtet werden.

Sie werden sagen, das *Ernstnehmen* sei doch das Selbstverständlichste in der ärztlichen Praxis. Mit dem Ernstnehmen ist aber etwas anderes gemeint. Ich meine die Anerkennung der Art und Weise, wie der Patient uns begegnet und was er auf dem Herzen hat. Wir können und dürfen es nicht einfach beiseiteschieben, wenn die Patientin mit etwas beginnt, was uns völlig unwichtig und oft gar nicht zur Sache gehörig erscheint. Denn es muß für die Patientin doch sehr wichtig sein, sonst würde sie es nicht an den Anfang stellen. Vielleicht ist es aber auch nur etwas Vorgeschobenes. Oder eine Patientin erzählt in sehr blumiger und detaillierter Weise ihre Symptomatik: z.B. der Schmerz dringe wie ein

Messer in sie hinein; es sei dann so, wie wenn es um 90 Grad in ihrem Leib herumgedreht, dann zur Hälfte herausgezogen und schließlich nach einer längeren Pause herausgerissen werde. Nimmt nicht schon bei dieser Art der Schilderung das Ernstnehmen beim Arzt ab, weil er innerlich denken wird, was hat diese Frau für eine blühende Phantasie. Der Arzt fragt eventuell noch einmal zurück, ob es wirklich so schlimm sei. Natürlich bestätigt die Patientin dies, denn sie will ja ernst genommen werden. Vielleicht denkt sie auch, ich muß es dem Arzt sehr einprägsam schildern, denn sonst wird er meine Schmerzen nicht verstehen.

Das Ernstnehmen ist also eine Funktion, die genau wie das Aushalten der Angst etwas ist, was durchgehalten werden muß, um sie zu verstehen.

Das Zuhören erscheint uns zunächst als ebenso banales Schlagwort wie das Ernstnehmen. Für manche Patientin ist es hilfreich, wenn ihr unter einer akuten und starken Belastung ein Aussprechen ermöglicht wird und der Arzt nur zuhört. Wenn aber in der darauffolgenden Zeit neue Belastungen auf die Patientin zukommen, wird immer mehr Zeit zum Zuhören gebraucht, wenn nicht das ärztliche Gespräch miteinander zu mehr als nur einer Entlastung, einem Ventil für die Patientin geführt hat. Das Gefühl, alles über sich erzählt zu haben, entlastet momentan, aber es befreit nicht.

Im Zuhören kommt es noch auf eine andere wichtige Sache an. Es geht nicht nur darum, daß Fakten, Lebensdaten, Symptome gehört und registriert werden, sondern es muß auch das Dahinterstehende begriffen werden. WEIZSÄCKER hat mit der Frage: "Was meint die Patientin im Eigentlichen?" dies treffend umschrieben. Wenn jemand erklärt, ein Schmerz sei vernichtend, so stellt sich eben nicht nur die Frage nach der Stärke des wirklichen Schmerzes, sondern auch nach der erheblichen Bedeutung für seine Leibempfindung; denn hier wird mit diesem Wort symbolisch zumindest ein ganzes Organ, wenn nicht ein Mensch vernichtet gesehen. Das "Eigentliche" können wir nur durch weiteres Zuhören und weiteres Ernstnehmen ermitteln. Zwei Ohren hören zu und mit dem dritten "inneren Ohr" muß das gehört werden, was eigentlich gemeint ist.

Die dritte Voraussetzung für ein Gespräch ist die *emotionelle Zuwendung* oder auch der *emotionelle Beistand*. Ein Ratschlag, bei dem die Patientin vorher gespürt hat, daß wir mitfühlen können, stärkt sie mehr, als wenn diese vorangehende emotionelle Zuwendung fehlt. Sie ist mehr als das Ernstnehmen; es gehört das Verstehen auf einer ganz anderen Ebene als auf der medizinischen dazu. Es geht darum, die Kausalkette zwischen Ursache und Wirkung in dem Verständnis der Patientin herauszufinden. VON WEIZSÄCKERs und BALINTs großes Verdienst ist es, daß sie uns von der Objektstufe zur Subjektstufe im Verstehen des Patienten geführt haben. Wesentlich dabei ist, daß die Patientin nicht nur rational, sondern auch gefühlsmäßig verstanden wird. Dies zu einer

berufsspezifischen Fähigkeit auszubauen, ist die wichtigste
Aufgabe in der ärztlichen Gesprächsführung.

Die Grundlage alles gefühlsmäßigen Verstehens ist die
Identifizierung mit der jeweiligen Patientin. Für den Gynäkologen gehört dazu, bereit zu sein, in "weiblicher Art und
Weise" zu verstehen. Der Arzt sollte fähig sein, das Bewußtsein seiner eigenen Rolle oder seines privaten Geschmacks
dabei auszuschalten.

Im Moment der Identifizierung muß bei dem Arzt soviel Verständnis vorliegen, daß von einem gemeinsamen Erlebnis gesprochen werden kann. Wenn der Arzt gefühlsmäßig verstanden hat, muß er sich wieder lösen und versuchen, "objektiv"
zu fühlen. Erst dies bedeutet berufsmäßiges Verstehen. Im
privaten Bereich dagegen führt die fortlaufende Identifizierung zu Liebe, Abhängigkeit und "subjektiver" Sympathie
(BALINT).

Die vierte Voraussetzung ist, daß *relevante Probleme* bestehen. Eine gewisse Auswahl von Problemkreisen wird immer
notwendig sein. Auch in einer kurzfristigen Psychotherapie
kann man nicht - wie in der analytischen Therapie - den
Patienten gerade das, was ihm in der Sprechstunde einfällt,
frei assoziieren lassen. In der Sprechstunde soll es immer
nur darum gehen, daß "Hier und Jetzt" seiner Probleme zur
Darstellung zu bringen. Zu wissen, ob ein Problem relevant
ist oder nicht, dürfte zumindestens dem psychotherapeutisch
Unerfahrenen nicht leicht fallen, denn häufig werden die
eigentlichen relevanten Probleme nicht gesagt. Z.B. konnten
vor 15 Jahren 75% der Patientinnen mit funktionellen gynäkologischen Störungen in der ersten Begegnung mit dem Arzt
über die sich hinter der Symptomatik verbergenden Eheprobleme nicht sprechen. Das primäre Symptomangebot ist also
häufig nicht das entscheidende Symptom, und noch weniger
beinhaltet es die kausale Funktionsstörung. Relevante Probleme zu erkennen, erfordert ein intensives Hinhören und
ein Offensein für zunächst alle angebotenen Probleme. Auf
relevante Probleme stoßen wir in dem Moment, in dem Deutungen dieser Zusammenhänge von der Patientin akzeptiert und
von ihr weitere Erklärungen dazu gegeben werden. Dabei müssen die Assoziationen der Patientin und nicht die Fragen
des Arztes den Gang des Gesprächs bestimmen. Der Arzt muß
sich fortgesetzt bemühen, die subjektive Situation der Patientin zu verstehen und sich in sie einzufühlen. Nicht die
Biographiedaten stehen im Vordergrund, sondern die Art und
Weise ihres Erlebens.

Es geht zunächst um die *Identifikation* durch gefühlsmäßiges subjektives Verstehen und dann um die *Interpretation*
durch ein berufsmäßiges Verstehen. Durch die Interpretation
des im Verlaufe des Gesprächs Erfahrenen und Verstandenen
entwickelt sich die Deutung, z.B. die Konfliktentstehung.
In der Deutung wird das Ungewisse und Beunruhigende benennbar und aufzeigbar. Die Deutung vermindert die Angst, weil

etwas aus dem unausgesprochenen Gefühlsbereich hervorgeholt wird. Der Konflikt wird auf einer rationalen Stufe besprechbar. Ist die Deutung zutreffend und für die Patientin in der vorgebrachten Weise annehmbar, führt dies zur Einsicht und Klärung ihrer Problematik. Die Abwehr gegen den Arzt wird damit gelockert oder sogar aufgehoben und der emotionelle Gesprächsbereich weiter eröffnet.

Nach der Erörterung der Bedingungen des Gesprächs soll jetzt die allgemeine und besondere Sprechstundensituation besprochen werden.

Wenn die Patientin im Wartezimmer sitzt, hat sie den Arzt als den ihren schon gewählt. Es kann sein, daß sie zu dem Arzt geht, weil sie selbst in der Nähe wohnt. Es mag aber auch sein, daß das Alter und die damit implizierte "Erfahrung" des Arztes oder aber die Empfehlung durch Verwandte oder Bekannte die Patientin veranlaßt hat, gerade diesen Arzt aufzusuchen. Vielleicht war es eine Bekannte, die ihr sagte, daß sie durch diesen Arzt von ihren Schmerzen befreit oder aber durch ihn eine langjährige Amenorrhe beseitigt wurde. Besonders dann werden große Hoffnungen und Erwartungen auf ihn gesetzt, wenn möglicherweise zuvor "negative Erfahrungen" bei mehreren vorher konsultierten Ärzten gesammelt worden waren. Vielleicht war es eine Patientin, die wegen einer Pelvipathie verschiedentlich untersucht wurde und immer wieder von den Ärzten hörte: "Ihnen fehlt nichts." Sie mag schon ganz mutlos sein, geht aber dennoch zum nächsten Arzt, "weil der Schmerz ja immer wieder auftritt und es doch etwas sein muß". Diese negative Einstellung wird sie dem Arzt nicht gleich entgegenbringen; auch wird sie nur schwer ihre belastete Gefühlswelt in der Begegnung mit dem Arzt überwinden können.

Auf der anderen Seite begegnet der Arzt der Patientin nicht nur als "Neutrum". Es können Ärgernisse, Sympathien oder auch andere Vorurteile sein, die der Arzt beiseiteschieben muß, wenn er der nächsten Patientin begegnet. Er muß sozusagen jedesmal wieder "von Null anfangen".

Bevor das Gespräch mit der neuen Patientin beginnt, geschieht schon etwas in dem sogenannten *präverbalen Begegnungsfeld*. Auch bei unvoreingenommener Begegnung wird vom Arzt registriert: wie kommt sie auf mich zu; ist sie schüchtern oder gehemmt; versucht sie, gleich aktiv das Gespräch zu führen oder erwartet sie vom Arzt, daß er damit beginnt? Ihr Verhalten trägt damit dazu bei, etwas über die aktuelle Situation zu erfahren. Hier besteht also der grundsätzliche Unterschied zur biographischen Anamnese darin, daß das Verhalten nicht mehr aus frühkindlichen Störungen ermittelt wird und dann der Wiederholungszwang als Motivation zur Fehlhaltung erkannt wird. Dies ist in der Sprechstundensituation aus zeitlichen Gründen nicht möglich, weshalb man der augenblicklichen Situation im übertragenen Sinne mehr Beachtung schenken muß.

Die einleitende Frage sollte möglichst offen gehalten werden wie z.B.: "Was führt Sie zu mir?" Die Patientin wird damit nicht auf ein bestimmtes Gesprächsthema festgelegt, wie etwa bei der Frage: "Was kann ich für Sie tun?". Die Fähigkeit der Patientin, im ersten Gespräch ihre persönlichen Sorgen vorzutragen, wird von den Ärzten überschätzt. Nur 42% der Patientinnen mit Eheproblemen antworten auf die Frage: "Würden Sie einem Arzt Ihre persönlichen Sorgen im ersten Gespräch anbieten bzw. würden Sie darüber reden, wenn er darauf zu sprechen kommt?" mit "ja", 31% mit "nein" und der Rest war "unentschieden". Auf eine zweite Frage, die lautet: "Würden Sie die persönlichen Probleme, die mit Ihrer Gesundheit nichts zu tun haben, Ihrem Arzt sagen?" antworteten 80% mit nein. Daraus kann geschlossen werden, daß etwa 80% der Frauen unbewußte psychosomatische Konfliktzusammenhänge nicht bereit sind zu benennen oder einen Widerstand dagegen entwickeln.

Eine Konfliktsituation läßt sich nicht dadurch erhellen, daß die Patientin auf einem vorgelegten Fragebogen in der Sprechstunde beantworten soll, ob ihr Symptom möglicherweise psychisch bedingt ist. Diese Art von Diagnostik ist keine adäquate Methode; vielmehr muß sie durch das Gespräch an diese Frage herangeführt werden. Eine sehr günstige, fokuszentrierte Frage kann im Verlaufe eines solchen Gesprächs z.B. sein: "Was halten Sie für die eigentliche Ursache Ihrer Krankheit?" Damit ist nicht nach der Ursache der Krankheit gefragt, sondern nach den Vorstellungen und nach den Phantasien, die die Patientin über ihre Krankheit hat. Mit einer derartigen Frage kann ein guter "Einstieg" in ihren persönlichen Konflikt gegeben sein.

Soll man sich in dem Gespräch mit der Patientin vor der gynäkologischen Untersuchung lediglich auf die anamnestischen Daten beschränken oder schon eine möglicherweise bestehende Konfliktsituation ansprechen, um einen engeren Kontakt, eine gewisse Sympathie, aufzubauen, bevor man untersucht? Ein fertiges Rezept kann hier nicht gegeben werden; vielmehr sollte im Einzelfall der Arzt entscheiden, welches Vorgehen günstiger ist. Z.B. wird bei einer sehr ängstlichen Patientin vor einer Untersuchung ein Abbau von Hemmungen in einem mehr oder weniger offenen Gespräch notwendig sein. Ein junges Mädchen, welches "an der Hand ihrer Mutter" in die Sprechstunde kommt, gibt mir doch das Signal, daß diese Mutter überbesorgt ist und die oft schon erwachsene Tochter durch eine psychische Retardierung bei dem Gynäkologen gehemmt und ängstlich sein muß. In der Phantasie dieser Frauen ist die gynäkologische Untersuchung oft eine "sexuelle Aggression". In ausgeprägtem Maße ist das bei Vaginismuspatientinnen der Fall, die man bei der Erstkonsultation nicht gynäkologisch untersuchen sollte, da in den allermeisten Fällen dies schon mehrere Ärzte vergeblich vorher versucht haben. Ein Vielfaches an Kontakt und Übertragung muß in diesen Fällen aufgebaut werden, um zu erreichen, daß am Ende die Patientin "erlaubt", eine Untersuchung vornehmen zu lassen.

Nach der gynäkologischen Untersuchung hat der Arzt eine wichtige Entscheidung zu treffen. Wenn es sich um eine Vorsorgeuntersuchung gehandelt hat und keine weiteren Probleme mehr bei der Patientin bestehen, wird mit einer Erklärung das Gespräch beendet sein. Ist ein operativer Eingriff erforderlich, so wird es um eine Beratung gehen, wann und ob und in welcher Weise diese stattfinden soll. Handelt es sich aber um funktionelle Beschwerden, die vielleicht schon mehrfach medikamentös behandelt worden sind, so beginnt der zweite Teil des Sprechstundengespräches, in dem die vorangegangenen anamnestischen Daten mit dem jetzt erhobenen Befund im Gespräch wieder aufgenommen werden. Die kausale naturwissenschaftliche Denkweise muß jetzt verlassen werden, um die Patientin in ihrer Gefühlswelt verstehen zu können. Äußert die Patientin z.B. zunehmende Ängste und werden sie vom Arzt nicht gemeinsam mit der Patientin ausgehalten, übertragen sie sich vielmehr auch auf ihn, so kann der Arzt der Situation nicht gewachsen sein. Er beginnt, die Beschwerden zu bagatellisieren, um die eigene Angst loszuwerden.

Es geht nicht darum, daß der Arzt "die Angst übernimmt"; sondern vielmehr darum, daß er verstehen lernt, was die Patientin persönlich ängstigt und was für sie dabei belastend ist. Natürlich wird der männliche Gynäkologe nicht dauernd wie eine Frau fühlen können, z.B. was für Empfindungen eine Frau in der Schwangerschaft hat. Eine soweit gehende Identifizierung ist sicherlich nicht erforderlich. Jedoch sollte er die Art und Weise verstehen lernen, wie die Patientin mit ihrer Angst "umgeht". Darin liegt das gemeinsame Erleben, daß die Identifizierung auf einer objektiven Stufe zunächst für den Arzt und dann für sie gegeben ist. Die Identifizierung auf der Subjektstufe mit der Patientin darf nicht zu lange erfolgen, da der Arzt anderenfalls in eine gewisse Abhängigkeit von der Patientin gerät, in der er nicht zum objektiven Fühlen oder - wie BALINT sagt - zum "berufsmäßigen Verstehen" gelangt. Berufsmäßiges Verstehen ist erreicht, wenn der Arzt von der Identifikation zu einer Interpretation kommt. Sie ist Voraussetzung dafür, daß der Patientin eine Deutung ihrer Konflikte gegeben werden kann. Deutung heißt auf der Ebene der Patientin, einem bisher unbekannten Zusammenhang Bedeutung verleihen. Es ist also der Interpretation des im Verlauf eines Gesprächs Erfahrenen und Verstandenen. Bedeutung verleihen geschieht in Analogieschlüssen. Dazu helfen aktuelle Situationen mehr als biographische Daten; zumal letztere in der Sprechstunde nicht vollständig besprochen werden können.

Man ist davon abgekommen, den genauen Ablauf früherer traumatischer Ereignisse detailliert zu erörtern, um damit möglicherweise die Ursache der jetzigen Störungen finden zu können.

In der Deutung wird das Ungewisse nennbar. Eine Verminderung der Angst tritt ein. Oft ist es zunächst nicht offenkundig, sondern evtl. erst nach Stunden, nachdem die Patientin die Deutung des Arztes verarbeitet hat. Was kann man deuten? Auf welche Zusammenhänge kommt es an? Dazu ein Beispiel: in einer Ehe bestehen erhebliche Schwierigkeiten; der Mann spricht nur noch selten mit seiner Frau. Sie fühlt sich mit den Kindern völlig allein gelassen, und die häusliche Tätigkeit füllt sie nicht mehr aus. Die Frau kommt in die Sprechstunde und gibt Schmerzen im Unterleib an, die als funktionelle Beschwerden diagnostiziert werden. Ist es sinnvoll, jetzt der Patientin zu sagen: "Sie regen sich so stark auf, daß sie im Unterleib Verkrampfungen bekommen, die wiederum ihre Schmerzen auslösen!" Sie wird wahrscheinlich gegen eine solche Deutung Widerstand entwickeln und dem Arzt sagen: "Herr Doktor, diese Beschwerden treten nicht dann auf, wenn ich mich aufrege, sondern zu einem Zeitpunkt, in dem ich mit meinen Kindern alleine bin oder in einer anderen entspannten Situation". Das heißt, obwohl der Kontext der Beschwerden klar ist, werden sie von der Patientin verdrängt. Sie entwickelt einen Widerstand dagegen, sich diesen Zusammenhang bewußt werden zu lassen. Der Arzt muß in diesem Fall versuchen, mit Analogieschlüssen zu zeigen, daß ein zeitlicher Zusammenhang zwischen Konflikt und Schmerzsymptom nicht zu bestehen braucht. Der Konflikt wird dann allmählich bewußtseinsfähiger, ohne daß die Patientin direkt mit ihrer Konfliktsituation konfrontiert wird.

Es erfordert einige Erfahrung, die Bewußtseinsfähigkeit der Konflikte beurteilen zu können. Die Deutung sollte soweit gehen, daß die Patientin einen Zusammenhang selbst zu sehen, beinahe imstande ist. Bei tiefer strukturierten Konflikten wird sie auf die Deutung nur mit einer Abwehr reagieren. Einsicht in die gesamte Problematik wird fast nie möglich sein, sondern nur in die einzelnen vorgebrachten Erlebnisse. Nach einem kürzlich erschienenen Buch von E. BALINT soll Psychotherapie in 6 Minuten und dem deutschen Titel zufolge sogar in 5 Minuten möglich sein. Mit dieser sogenannten Flush-(Blitz) Therapie werden allerdings nur Ärzte arbeiten können, die eine längere psychotherapeutische Ausbildung haben. Gemeint ist, daß der Arzt in den ersten 5 Minuten des Gesprächs mit einem Satz oder einem Ausdruck der Patientin konfrontiert wird, der schlaglichtartig die gesamte Situation beleuchtet. Der Arzt sollte diese starke gefühlsbetonte Äußerung aufnehmen und mit der Patientin besprechen. Solche kurzen Gespräche können sich über viele Konsultationen hin verteilen. Dazwischen liegt eine Reifungsphase der Patientin, in der die Möglichkeit zunehmender Einsicht gegeben ist. Spürt der Arzt dagegen einen starken Widerstand, so ist es sicherlich besser, das Thema im Sprechstundengespräch nur in Frage zu stellen und die Patientin nach einiger Zeit erneut einzubestellen, in der Hoffnung, dann relevante Probleme erörtern zu können. Oder der Arzt bietet der Patientin an, daß sie beobachten solle, in welchen Situationen das Symptom (z.B. Unterleibsbeschwerden) verstärkt auftrete. Beim nächsten Besuch ist dann eher ein Anknüpfungspunkt gegeben.

Natürlich kann der Arzt auch zu falschen Deutungen kommen. Er sollte sich darüber nicht ärgern. Seine Deutungen können sogar in Wahrheit richtig sein. Nur die Patientin ist nicht in der Lage, sie anzuerkennen, weil sie damit die Ursache ihrer Krankheit preisgeben würde; möglicherweise aus der Furcht heraus, daß ihr die Krankheit ausgeredet werden könnte.

Denn es ist oft schwieriger für die Patientin, Einsichten für sich zuzulassen, Selbsterkenntnis zu wagen und sich Konfliktsituationen zu stellen als das Symptom zu erleiden. Dies verdeutlicht, warum Patientinnen oft ein Gespräch darüber ablehnen. Hier muß der Arzt Geduld üben und auf den Leidensdruck der Patientin warten, der sie wieder dazu bringt, das Gespräch fortzuführen.

Was ist das Ziel des Sprechstundengesprächs? Der Arzt soll versuchen, die Patientin mit ihren Erlebnissen und Gefühlen zu verstehen, sich kurzfristig mit ihr zu identifizieren, um dann mit Hilfe des berufsmäßigen Verstehens zu einer Interpretation zu kommen; darauf sollte eine Bewußtseinserweiterung der Patientin resultieren.

Das Sprechstundengespräch ersetzt nicht die Psychotherapie. Es ist vielmehr eine durch viele und kurze Gespräche dosierte Therapieform, die eine psychisch-positive Relevanz haben kann. Im Sprechstundengespräch kann es oft nur ein einziger Satz sein, von dem aus weitere Überlegungen angestellt werden, ohne daß auf die Biographie der Patientin eingegangen werden muß. Ob der Patientin immer etwas "gegeben" wird, sollte nicht vom Arzt in Frage gestellt werden. Er kann dies oft nicht beurteilen, weil er in der Sprechstundensituation viel zu wenig von den Phantasien und Überlegungen der Patientin erfährt. Es ist unmöglich, in einem Sprechstundengespräch einen ganzen Konflikt abklären zu wollen. Vielmehr sollte bei einer erneuten Konsultation (z.B., weil bei der Patientin eine Ektopie weiterbehandelt werden muß oder ein Pillenrezept auszustellen ist) die Gelegenheit genutzt werden, um das Gespräch fortzuführen.

Es ist nicht erforderlich, am Schluß eines Gespräches der Patientin eindeutig zu erklären, wie ihre funktionellen Beschwerden aufgetreten sind und welcher psychosomatischer

Zusammenhang besteht. Dies vermögen auch psychotherapeutisch geschulte Kollegen oft nicht. Natürlich geht es um den Abbau von organischen Fehldiagnosen. Rational kann der Patientin leicht beigebracht werden, daß es sich um eine Funktionsstörung und z.B. nicht um eine Entzündung handelt. Ihr natürliches Kausalbedürfnis einer Symptomerklärung kann damit durchaus befriedigt sein.

Man sollte am Ende des Gesprächs den Mut haben, etwas offen zu lassen, so daß Überlegungen und Reifungsimpulse möglich sind. Oft läuft bei der Patientin, ohne daß man es merkt, während oder nach dem Gespräch soviel ab, daß es für die psychische Verarbeitunsmöglichkeit viel oder zuviel ist. BALINT hat den Arzt in diesem Zusammenhang als eine Droge bezeichnet, von der man im individuellen Fall nie sagen könne, wie stark, wie lange und mit welchen Nebenwirkungen sie auf den Patienten wirke. Es ist aber sehr wichtig, daß er dieses Pharmakon bei sich selber erkennen und in ihren Grenzen abzuschätzen lernt. Im Prinzip heißt das, weniger erklären und belehren zu wollen und mehr versuchen, sich zurückzunehmen; d.h. im Bereich der Psychotherapie auch, die Zeit außerhalb der Sprechstunde als einen Faktor anzuerkennen, der jedem Menschen die Gelegenheit gibt, zu reifen, sich zu entwickeln und mit Problemen fertig zu werden.

Derzeitige Möglichkeiten der Aus-, Weiter- und Fortbildung im Bereich der Psychosomatik der Gynäkologie

Viola Frick, Tübingen

Obwohl der Anteil psychosomatischer Störungen und Erkrankungen in der Gynäkologie und Geburtshilfe im Vergleich zu anderen medizinischen Fachgebieten groß ist, steht der Gynäkologe in seiner Praxissituation dieser Problematik oft hilflos gegenüber, da spezielle Aus- und Weiterbildungsmöglichkeiten bis jetzt noch fehlen, die als Basis des zunehmenden Fortbildungsangebotes notwendig wären.

Die folgende Übersicht über die derzeitigen Möglichkeiten der Aus-, Weiter- und Fortbildung in der Psychosomatik der Gynäkologie haben deshalb auch die Absicht, Gesichtspunkte für zukünftige Ausbildungsmodelle miteinzubeziehen, für deren Realisierung es sich mit aller Kraft einzusetzen gilt. In diesen Aspekten lehnen sich diese Ausführungen insbesondere an die von der Enquete zur Lage der psychiatrischen und psychotherapeutisch/psychosomatischen Versorgung der Bevölkerung in der BRD [1] ausgeführten speziellen Gesichtspunkte der Aus-, Weiter- und Fortbildung im Bereich der Psychotherapie/Psychosomatik an.

1. AUSBILDUNG IM BEREICH DER PSYCHOSOMATIK DER GYNÄKOLOGIE

Die Ausbildung sollte sowohl die Vermittlung von theoretischen, praxisnahen, psychosozialen Kenntnissen als auch die praktische Anwendung dieser Kenntnisse im beratenden und therapeutischen Umgang mit Patienten vermitteln. Ziel der theoretischen Ausbildung sollte es laut Enquete sein, ein Problembewußtsein dafür herzustellen, wie pathogene Konflikte entstehen, welche Faktoren ihr Anhalten bedingen und wie therapeutisches Handeln aussehen muß, um Veränderungen zu erreichen. Da jedoch gutes Grundlagenwissen allein nicht ausreicht, um auch den therapeutisch effektiven, praktischen Umgang mit psychosomatisch Kranken zu lernen, sollte die Vermittlung therapeutischen Wissens praxisbezogen erfolgen, d.h. nach Möglichkeit in Seminaren und Praktika, die sich auf das psychosoziale Feld der Gynäkologie und auf die Probleme der gynäkologischen Praxis beziehen.

Das in diesen Seminaren erarbeitete theoretische Grundwissen (vergleichende Verhaltenslehre, psychophysische Grundbeziehungen, Motivation und Konflikt, Lernen, Intelligenz, psychische und psychosoziale Entwicklung, Gruppendynamik und psychosoziales Verhalten, Arzt-Patient-Beziehhung und Persönlichkeitspsychologie) sollte vom Ausbildungsteilnehmer durch eigenes Literaturstudium vor- und nachbereitet und in den Seminaren diskutiert und supervisioniert werden.

Trotz der 1970 Gesetz gewordenen neuen Approbationsordnung, die die Einführung der Fächer Medizinische Psychologie, Medizinische Soziologie und Psychotherapie/Psychosomatik in das Medizinstudium zur Pflicht macht, vermißt die Mehrzahl der studierenden Mediziner wie auch der praktischen Ärzte und Gynäkologen "immer noch die hinreichende Vermittlung soziologischer, psychologischer und psychosomatischer Kenntnisse im Hinblick auf die Anforderungen der Praxis" (Enquete, S. 342). Eine Lösung dieses Ausbildungsdefizites ist langfristig nur darin zu sehen, daß die Ausbildung in Psychosomatik für den Gynäkologen auch in seine mehrjährige Ausbildung zum Facharzt an der Universitäts-Frauenklinik integriert wird. Die Enquete fordert für alle deutschen Universitäten die Schaffung von selbständigen psychotherapeutisch/psychosomatischen Einheiten, die als Ordinariate an Kliniken oder Abteilungen angegliedert sein sollen. Eine langfristige Planung könnte für die Gynäkologie vorsehen, daß an den Universitäts-Frauenkliniken der BRD Abteilungen für Psychosomatische Gynäkologie eingerichtet werden, die neben der psychotherapeutischen Versorgung auch die Aufgaben der Aus- und Weiterbildung übernehmen. Sinnvollerweise würden damit Universitäts-Frauenkliniken funktionstüchtige Ausbildungseinheiten darstellen, die eine praxisbezogene und auf die speziellen Belange der Gynäkologie zugeschnittene psychosomatische Ausbildung vermitteln könnten. Eine solche Ausbildung sollte aufbauend auf die schon oben erwähnten, im Studium zu vermittelnden Grundkenntnisse, Kenntnisse vermitteln vor allem im Bereich der Sexualmedizin, der Entwicklung von Geschlechtsrollen, in allen speziellen psychosomatischen Störungen und Erkrankungen der Gynäkologie und Geburtshilfe, vor allem jedoch auch Kenntnisse der Faktoren, die in die Arzt-Patient-Beziehung einfließen und den Umgang mit dem Patienten und seinen Problemen bestimmen.

Im Gegensatz zu diesen an der Problematik der Praxis gemessenen Forderungen fehlt eine solche Ausbildung in der Realität derzeit nahezu ganz. Dies gilt sowohl für die sich in der Ausbildung zum Facharzt für Gynäkologie befindenden Ärzte als auch für klinisch tätige oder niedergelassene Gynäkologen.

Von ca. 30 Universitäts-Frauenkliniken in der BRD als Ausbildungsstätten der Gynäkologen verfügt meines Wissens bislang keine Klinik über eine Abteilung für Psychosomatische Gynäkologie. Lediglich 10 von diesen Kliniken haben einen auf diesem Gebiet ausgebildeten Mitarbeiter, der entweder ein Psychologie-Studium absolviert hat oder/und in einer psychotherapeutischen Zusatzausbildung ist oder diese bereits abgeschlossen hat. Dies sind die Univ.-Frauenkliniken in Berlin, Erlangen, Düsseldorf, Frankfurt, Freiburg, Giessen, München, Tübingen, Ulm und Würzburg.

Diesem institutionellen Ausbildungsdefizit enspricht das Defizit an geeigneten Lehrmitteln. Gynäkologische Lehrbücher enthalten immer noch in höchst ungenügendem Maße Beiträge zur Psychosomatik. Neuere Lehrbücher zur Psychosomatik der Gynäkologie fehlen. Die Anfang der 60ger Jahre verfaßten Bücher von ROEMER (10) Gynäkologische Organneurosen" und PRILL (9) "Psychosomatische Gynäkologie" sind vergriffen und wurden nicht mehr neu aufgelegt. HÖCK (6) bezieht sich in seinem 1973 veröffentlichten Buch "Psychotherapie in der modernen Gynäkologie" im wesentlichen auf diese beiden Arbeiten. Ein weiteres Buch zur Psychosomatik der Frauenheilkunde stammt von CONDRAU (2), es ist meines Wissens noch im Handel. Darüber hinaus gibt es zunehmend Einzelbeiträge, die in den verschiedenen medizinischen Fachzeitschriften veröffentlicht wurden. Einige Übersichtsarbeiten sind im Literaturanhang aufgeführt.

2. WEITERBILDUNG

Weiterbildung im Bereich der Psychosomatischen Gynäkologie sollte der praktischen Tätigkeit nicht vorgeordnet sein, sondern sie begleiten. Sie sollte praxisnah erfolgen und deshalb regional organisiert werden, um allzu große Belastungen zu vermeiden, die mit einer größeren räumlichen Distanz der Berufsausübung von der Weiterbildungsinstitution verbunden sind.

Es scheint sinnvoll, davon auszugehen, daß Weiterbildung für die meisten Gynäkologen nicht bedeutet, daß sie ärztliche Fachpsychotherapeuten werden. Die Weiterbildung zum ärztlichen Fachpsychotherapeuten ist derzeit privat organisiert nach den Richtlinien und an den Institutionen der Deutschen Gesellschaft für Psychotherapie, Psychosomatik und Tiefenpsychologie (DGPPT) e.V.. Sie dauert in der Regel 4 - 6 Jahre. Nach dem Stand vom Frühjahr 1975 gibt es zur Zeit in der BRD etwa 420 Ärzte, die weitergebildet und fachpsychotherapeutisch tätig sind.

Eine andere Möglichkeit der Weiterbildung mit einer Qualifikation, die öffentlich rechtlich festgelegt ist, ist die Zusatzbezeichnung "Psychotherapie". "Voraussetzung zum Er-

werb der Zusatzbezeichnung ist in der Regel eine 3-jährige
Weiterbildung, die allen Ärzten (auch den Gynäkologen)
offensteht in psychotherapeutischen Institutionen (Krankenhäusern, Abteilungen, Praxis), die zu dieser Weiterbildung
berechtigt sind." (Enquete, S. 346).

Die Zusatzbezeichnung Psychotherapie stellt somit eine
zusätzliche Qualifikation dar, die innerhalb einer allgemeinen oder fachärztlichen Tätigkeit ausgeübt wird. Diese
Weiterbildung könnte wie eingangs erwähnt in die Weiterbildung zum Facharzt integriert werden oder sich anschließen. Die Weiterbildung zum Erwerb der Zusatzbezeichnung
Psychotherapie "erfolgt ohne einheitlichen Standard an
mannigfaltigen Institutionen, die nach Methodik, Umfang
des Weiterbildungsprogramms und seiner praktischen Handhabung stark voneinander differieren" (Enquete, S. 352).
Da in vielen Regionen solche Weiterbildungsinstitutionen
völlig fehlen, haben sich überregionale Weiterbildungstagungen etabliert, die jedoch mehr den Charakter von Fortbildungsveranstaltungen haben. Eine solche überregionale
Weiterbildungseinrichtung sind z.B. die Lindauer Psychotherapiewochen, die jährlich Ende April, Anfang Mai stattfinden. Eine ähnliche Zielsetzung hat die ebenfalls jährlich tagende Internationale Gesellschaft für Tiefenpsychologie (erweiterte Gemeinschaft Arzt und Seelsorger). Beide
Sekretariatsadressen für Tagungsanfragen stehen im Anhang.
Es ist wichtig, daß überregionale Weiterbildungstagungen
so organisiert sind, daß sie eine kontinuierliche Weiterbildung vor allem in jenen Bereichen sichern, wo dies unerläßlich ist. Dies gilt in erster Linie für Fallkontrollen,
aber auch für die Vermittlung von Selbsterfahrung. Die
Lindauer-Psychotherapiewochen haben ein solches kontinuierliches Weiterbildungsprogramm.

3. FORTBILDUNG

Fortbildungsangebote im Bereich der Psychosomatik der Gynäkologie werden zur Zeit in zunehmendem Maße gemacht. Dies
gilt auch für die Sexualmedizin, die ein wichtiger Bestandteil der psychosomatischen Gynäkologie ist. Wichtigste Aufgaben der Fortbildung sind die *Supervision* täglicher Praxisarbeit (Überwachung durch einen kompetenten Spezialisten),
*regionaler Erfahrungsaustausch mit Kollegen, Veranstaltungen zur theoretischen Vertiefung und zur Erlernung neuer
Methoden (Tagungen, Seminare)* und *Literaturempfehlungen*.

3.1. Supervision täglicher Praxisarbeit

Eine besondere Methode der Supervisionsarbeit hat unter dem
Namen ihres Begründers als "Balint-Gruppe" weite Verbrei-

tung gefunden. Von dem englischen Arzt und Psychoanalytiker M. BALINT ursprünglich für praktische Ärzte entwickelt, finden sich nun auch Balint-Gruppen für Ärzte anderer medizinischer Teilgebiete.

Die erste Balint-Gruppe für Gynäkologen arbeitete unter der Leitung von M. CLYNE 2 Jahre lang an jährlich 6 Wochenenden an der Univ.-Frauenklinik Tübingen. An ihr nahmen sowohl Ärzte dieser Klinik als auch praktisch und klinisch tätige Gynäkologen aus anderen Regionen der BRD teil. Seitdem gibt es zunehmend Balint-Gruppen für Gynäkologen, allein in München mehrere solche.

"Balint-Gruppen haben in erster Linie die Aufgabe, die Arzt-Patient-Beziehung zu diagnostizieren". (18, S. 18), d.h. sie sollen den Arzt befähigen, den Problemen, die in dieser Beziehung auftreten, zu begegnen, sie zu erkennen und diese Erkenntnis therapeutisch nutzbar zu machen. Balint-Gruppenarbeit ermöglicht damit auch dem Gynäkologen, im Rahmen seiner üblichen Praxissituation wirksamer auf die psychischen Schwierigkeiten seiner Patientinnen eingehen zu können, ohne deshalb nun außerdem auch Psychotherapeut sein zu müssen, und ohne sich vor die bedrückende Notwendigkeit gestellt zu sehen, am Ende einer langen anstrengenden Sprechstunde "Problempatientinnen" zu einem langwierigen Gespräch extra einbestellen zu müssen.

Erfolgreiche Balint-Arbeit sollte sich wenigstens über 2 Jahre erstrecken. Es ist ideal, wenn sich eine Gruppe regional ohne besonderen Zeit- und räumlichen Kraftaufwand treffen kann. Dann sind wöchentliche Sitzungen angemessen. In der Regel wird von problematischen Fällen berichtet, mit denen der einzelne nicht zurechtgekommen ist. Die Gruppe analysiert gemeinsam, welche Faktoren der Arzt-Patientbeziehung den adäquaten Umgang mit der Patientin und ihren Problemen behindert haben und erarbeitet damit gemeinsam Möglichkeiten für das weitere therapeutische Vorgehen. Arbeitet eine Gruppe wöchentlich regional, läßt sich der weitere Verlauf der Arzt-Patient-Beziehung und der Therapie besonders gut beobachten und kontrollieren. Besteht die Notwendigkeit für eine Gruppe, überregional zu arbeiten, so sind nach bisherigen Erfahrungen 5 - 6 Wochenendsitzungen (jeweils insgesamt 8 Stunden) pro Jahr günstig. Die Größe der Gruppe soll 10 Teilnehmer nicht wesentlich überschreiten. Der Leiter der Gruppe sollte psychoanalytisch ausgebildet sein, muß es jedoch nicht. Wichtig ist, daß er sich in den Bedingungen des gynäkologischen Praxisfeldes gut auskennt. Die Literatur zur Balint-Gruppenarbeit ist im Anhang aufgeführt.

3.2. *Erfahrungsaustausch mit Kollegen* ist deshalb besonders wichtig, weil sich der einzelne angesichts der Fülle psychosomatischer Probleme in seiner täglichen Praxis häufig

hilflos fühlt und deshalb der Hilfe der Supervision so
dringend bedarf. Es wäre wünschenswert, wenn sich regionale
Arbeitsgemeinschaften bilden würden, die theoretisches
Grundwissen erarbeiten und diskutieren und durch praktische
Balint-Gruppenarbeit ergänzen könnten.

3.3. Veranstaltungen

Spezielle Fortbildungsveranstaltungen zur Psychosomatik der
Gynäkologie werden in zunehmendem Maße von einzelnen Univ.-
Frauenkliniken angeboten. Einer Fortbildungsveranstaltung
wie der im März 1976 von der I. Univ.-Frauenklinik München
durchgeführten ist es zu verdanken, daß auf diese Weise
außerdem Lehrmittel entstehen, die inform dieses vorliegen-
den Readers auch überregional der Fortbildung dienen.
Regionale kleine Arbeitstagungen in Seminarform scheinen
dabei eine sinnvolle Ergänzung überregionaler Veranstaltungen und Balint-Gruppenarbeit zu sein. Fortbildungsveranstaltungen auf dem Gebiet der Sexualmedizin werden von der
Deutschen Gesellschaft für Sexualforschung angeboten und
wurden erstmals im Juni 1976 in Heidelberg durch die I.
Fortbildungstage für Sexualmedizin ergänzt.

3.4. Literatur

Ein wichtiges Instrumentarium der Fortbildung stellt nicht
zuletzt auch die Empfehlung geeigneter Literatur dar. Über
neuere Arbeiten auf dem Gebiet der Sexualmedizin informiert
die Zeitschrift "Sexualmedizin". Außerdem finden sich dort
aktuelle Informationen zu jeweils stattfindenden Weiter-
und Fortbildungsveranstaltungen. Einige neuere Übersichtsarbeiten über die Psychosomatik der Gynäkologie sind im
Literaturverzeichnis aufgeführt.
  Anschließend sei bemerkt, daß an Fortbildungsveranstaltungen aus dem Bereich der Psychosomatik und Sexualmedizin
die Gynäkologen sowohl als Veranstalter wie auch als Teilnehmer zunehmend beteiligt sind. Dies macht ein Interesse
der Gynäkologie an der Psychosomatik deutlich, das aus den
Problemen der täglichen Praxis erwächst. Es sollte ermuti-
gen, auch an den Univ.-Frauenkliniken Aus- und Weiterbildungsmöglichkeiten zu etablieren und auszuschöpfen und die
Fortbildung weiterhin zu intensivieren.

LITERATUR

1. Bericht über die Lage der Psychiatrie in der BRD - Zur
   psychiatrischen und psychotherapeutisch/psychosomati-

schen Versorgung der Bevölkerung. Unterrichtung durch
die Bundesregierung, Drucksache 7/4200, Verlag Dr. Hans
Heger, Postfach 821, 53 Bonn-Bad Godesberg

Basisliteratur, Übersichtsarbeiten

2. CONDRAU, G.: Psychosomatik der Frauenheilkunde. Bern: Huber 1965
3. EICHER, W.: Forschritte auf dem Gebiet der psychosomatischen Gynäkologie. Ärzteblatt Rheinland-Pfalz, Heft *9* (1974)
4. FREYBERGER, H., LEUTNER, V.: Psychosomatik und Psychotherapie bei funktionellen gynäkologischen Störungen.
5. FRICK, V.: Die Psychomatik gynäkologisch Kranker. In: Handbuch der praktischen Psychosomatik, Hersg. A. Jores, Bern: Huber 1976
6. HÖCK, K.: Psychotherapie in der modernen Gynäkologie. Leipzig: Thieme 1973
7. MEYENBURG, B., SIGUSCH, V.: Sexualität der Frau und Gynäkologie. Sexualmedizin *8*, 382-385 (1975)
8. MOLINSKI, H.: Psychosomatische Orientierung in Geburtshilfe und Gynäkologie. Medizin. Mschr. 28. Jahrg., *2*, 47-48 (1974)
9. PRILL, H.J.: Psychosomatische Gynäkologie. München, Berlin, Wien: Urban und Schwarzenberg 1964
10. ROEMER, H.: Gynäkologische Organneurosen. Stuttgart: Thieme 1953

Literatur zur Sexualmedizin

11. MASTERS, G.H., JOHNSON, V.: Die sexuelle Reaktion. Frankfurt/Main: Akad. Verlagsanstalt 1967
12. MASTERS, G.H., JOHNSON, V.: Impotenz und Anorgasmie. Frankfurt: Goverts/Krüger/Stahlberg 1974
13. SHERFEY, M.: Die Potenz der Frau. Köln: Kiepenheuer und Witsch 1974
14. SIGUSCH, V.: Ergebnisse zur Sexualmedizin. Köln: Wissenschafts-Verlag 1972
15. SEXUALMEDIZIN - Verlag und Herausgeber: Medical Tribune, Wiesbaden

Literatur zur Balint-Gruppenarbeit

16. BALINT, M.: Der Arzt, sein Patient und die Krankheit. Fischer 1970
17. BALINT, E., NORELL, J.S.: Fünf Minuten pro Patient. Frankfurt: Suhrkamp 1975
18. LUBAN-PLOZZA, B.: Praxis der Balint-Gruppen. Beziehungsdiagnostik und Therapie. München: Lehmanns Verlag 1974

Kontaktadressen für Balint-Gruppen

Dr. med. F. CONRAD, Marienplatz 2/IV, 8 München 2
Dr. med. H.G. RECHENBERGER, Nettelbeckstr. 3, 4 Düsseldorf

Kontaktadressen für Weiterbildungsveranstaltungen

Sekretariat der Lindauer Psychotherapiewochen,
Orlandostr. 8/IV, 8 München 2

Sekretariat der Internationalen Gesellschaft für Tiefenpsychologie, Gustav-Siegle-Str. 43, 7 Stuttgart 1

III. Sexualmedizinische Aspekte

Diagnostik und Therapie weiblicher Sexualstörungen in der gynäkologischen Praxis

Viola Frick, Tübingen

Störungen der Sexualität machen heute unbestritten einen großen Teil der psychosomatischen Probleme in der gynäkologischen Praxis aus. Hierzu zählen vor allem die Libido- und Orgasmusstörungen, die Dyspareunie und der Vaginismus.

Häufig wird die Frage gestellt, ob diese Störungen zugenommen haben, oder ob sie nur bereitwilliger und offener angesprochen werden. Die Beantwortung dieser Frage ist nicht einfach, da sie die Berücksichtigung vieler Aspekte verlangt. Mit Sicherheit hat sich mit der sexuellen Liberalisierung die Einstellung zur Sexualität im Sinne zunehmender Freizügigkeit und Offenheit geändert. Dies schließt eine größere Bereitschaft mit ein, Probleme als solche anzuerkennen und offen auszusprechen. Ob jedoch die sexuelle Praxis entsprechend repressions- und angstfreier geworden ist, muß bezweifelt werden, da sich die sozialen Verhältnisse und Bedingungen, unter denen Sexualität gelebt wird, nicht wesentlich verändert haben. Waren bislang vor allem Sexualfeindlichkeit und Doppelmoral Ursachen auftretender Störungen, so scheint jetzt vor allem der sexuelle Leistungszwang bedingender Faktor zu sein. Dem Zwang, Sexualität so zu praktizieren, wie es von bestimmten Zweigen der Presse weitreichend propagiert wird, entsprechen weder die inneren noch die äußeren Bedingungen derer, die diese Normen verwirklichen sollen. Die daraus resultierende Angst und die zunehmende Unsicherheit, wie diese neuen sexuellen Normvorstellungen in das in seinen traditionellen Regeln ohnehin schwer erschütterte System der Zweierbeziehung integriert werden können, dürften heute zentrale Bedeutung für das Verständnis der Entstehung und Behandlung von Sexualstörungen haben.

Da zur Zeit die psychotherapeutische Versorgungssituation in der BRD den aus dieser Problematik erwachsenden Anforderungen in keiner Weise entspricht und Zentren für Sexual-, Familien- und Partnertherapie ohnehin nahezu völlig fehlen, dürften der Gynäkologe und der praktische Arzt am stärksten mit der Problematik der weiblichen Sexualstörungen und Partnerkonflikte konfrontiert sein.

Dabei richten sich vor allem an den Gynäkologen massive Erwartungen in dieser Richtung, da die gynäkologische unter allen anderen ärztlichen Untersuchungssituationen insofern eine ganz spezielle Bedeutung hat, als sie das Tabu der

Intimsphäre und damit zusammenhängender Probleme ohnehin
aufbricht. Kritik und Idealisierung des Gynäkologen, die in
der gleichen auffälligen Weise existieren, scheinen zu
einem guten Teil ihre Ursachen in diesen Erwartungen und
Ansprüchen zu haben, denen sich der einzelne Arzt oft nicht
gewachsen fühlen muß, und durch die er sich aufgrund des
erschreckenden Ausbildungsdefizites auf diesem Gebiet auch
einfühlbar überfordert fühlen dürfte.

Mit einer Verbesserung des Verständnisses für die Notwendigkeit einer partnerschaftlichen Arzt-Patient-Beziehung,
in der die Frau ihre Probleme ansprechen darf und der Arzt
weder mit totaler Abwehr noch mit Überhöhung seiner Möglichkeiten reagieren muß, könnte ein Anfang gemacht werden.
Effektiv prophylaktisch tätig werden kann der Gynäkologe
vor allem in der Untersuchungssituation, denn die Art und
Weise, wie er sie gemeinsam mit der Frau nutzt, erhöht
oder reduziert die Chance, daß sie das nächste mal angstfrei wiederkommt. Frauen betonen immer wieder, daß Scham
und Angst nur dann groß sind, wenn sie sich nicht in die
Untersuchung mit einbezogen fühlen, wenn sie sich lediglich
als Objekt fühlen; so wie dies auch in ihrer Partnerbeziehung der Fall sein mag, auf die sie dann in gleicher Weise
mit Angst und Abwehr oder auch in Form einer Sexualstörung
reagieren können. Es ist deshalb wichtig, daß der Arzt der
Frau bei der Untersuchung zunächst hilft, sich zu entspannen, daß er ihr erklärt, was er tut und ihr berichtet, was
er sieht und tastet und ihr auch dies in verständlicher
Weise erklärt. Wichtig ist auch, daß er sie ermuntert,
Fragen zu stellen über ihr Genitale, das den meisten
Frauen fremd und unbekannt ist, ein Faktor, der bei vielen
Störungen des sexuellen Verhaltens und Empfindens eine
wichtige Rolle spielt. Über positive Reaktionen berichten
Ärzte, die der Frau bei der Untersuchung auch die Möglichkeit anbieten, sich ihr inneres Genitale im Spiegel anzusehen. Vielen Frauen ist der eigene Körper als Folge einer
körperfeindlichen Erziehung entfremdet. Dies kann in folgenschwerer Weise zu verleugnenden Verhaltensweisen beim Auftreten von Krankheitssymptomen führen und ist nicht selten
ebenso eine Mitursache gestörten Sexualverhaltens. Ein
kooperatives, aufklärendes Verhalten des Arztes bei der
Untersuchung vermag dabei zu helfen, diese Entfremdung
abzubauen.

In einer partnerschaftlichen Arzt-Patient-Beziehung ergeben sich natürlicherweise Fragen zu sexuellen Problemen
der Frau, die sie vielleicht direkt oder indirekt zum Arzt
geführt haben. Soweit sich dieser dazu imstande fühlt, kann
ein gemeinsamer Versuch der Lösung dieser Probleme unternommen werden. Dies schließt auch die Möglichkeit des offenen Eingeständnisses der Überforderung mit ein. Selbst
dann wäre der Frau jedoch mehr geholfen, als wenn sie die

Problematik verleugnen muß oder überhaupt nicht ansprechen darf. Schon durch das Anhören ist sie partnerschaftlich akzeptiert und ernstgenommen worden, und selbst wenn eine weitere Hilfe (Beratung, Therapie oder Überweisung) aus realen Gründen nicht erfolgen kann, kann dies eine erste wichtige therapeutische Erfahrung für sie sein.

Abgesehen von dieser Notwendigkeit zur Bereitschaft für eine partnerschaftliche Arzt-Patient-Beziehung gibt es sachliche Grundlagen für eine größere Sicherheit im therapeutischen Umgang mit sexuellen Problemen, die erlernbar sind, auch ohne "therapeutischer Spezialist" zu sein, und die durch Literaturstudium und den Besuch von Fortbildungsveranstaltungen vertieft werden können. Es wäre wünschenswert, wenn sich kleinere regionale Arbeitsgemeinschaften bilden würden, die gleichzeitig auch als Balint-Gruppe arbeiten und somit neben der Erarbeitung theoretischer Voraussetzungen auch die Sensibilität für alle Vorgänge in der Arzt-Patient-Beziehung vertiefen können und die Möglichkeit der kritischen Reflexion eigener Einstellungen bieten.

THEORETISCHE VORAUSSETZUNGEN

Um Sexualverhalten als *gestört* diagnostizieren zu können, ist es notwendig, die physiologischen, psychologischen und soziologischen Bedingungen des *ungestörten* Sexualverhaltens zu kennen. Die Kenntnis dieser Aspekte ist die Voraussetzung einer adäquaten Sexualberatung und Therapie. Diese darf ja nicht in persönlichen Erfahrungen begründet sein und aus wohlgemeinten Ratschlägen bestehen, sondern sie muß sich auf wissenschaftlich abgesicherte Ergebnisse beziehen. Da dennoch immer auch persönliche Erfahrungen und Meinungen des Arztes in sein therapeutisches Handeln einfließen, ist es unbedingt notwendig, die eigene Einstellung zur Sexualität zu kennen und darauf zu achten, sie nicht zur Maxime der Patientin zu machen. Die Teilnahme an einer Balint-Gruppe bietet hierfür eine besonders gute Kontrollmöglichkeit.

Im folgenden sollen einige wesentliche sexualphysiologische, psychologische und soziologische Grundlagen dargestellt werden.

SEXUALPHYSIOLOGIE

MASTERS und JOHNSON (8) veröffentlichen 1967 ihre an über 1000 Männern und Frauen gewonnenen Untersuchungsergebnisse zur sexuellen Reaktion, die sich mit Methoden der direkten

Beobachtung, physiologischen Messungen, Filmaufnahmen über alle Phasen des sexuellen Zyklusses, bei der Masturbation und beim Koitus gewonnen hatten. Aufgrund dieser Untersuchungen konnten erstmals exakte Informationen über sexualphysiologische Abläufe gewonnen und bis dahin irrtümliche Vorstellungen berichtigt werden. Eine Einschränkung erfahren diese Untersuchungsergebnisse allerdings dadurch, daß es sich um keine repräsentative Stichprobe handelt, sondern um freiwillige Teilnehmer vorwiegend aus der amerikanischen Mittelschicht. MASTERS und JOHNSON nennen den Ablauf der sexuellen Erregung bis zur Befriedigung den *sexuellen Reaktionszyklus*. Sie teilen ihn in 4 Phasen ein: *Die Erregungsphase, die Plateauphase, Orgasmusphase und Rückbildungsphase.*

Die Erregungsphase kann durch jede somatische oder psychische Stimulierung eingeleitet werden. Für die genügende Zunahme der sexuellen Erregung ist es wichtig, daß die Art der Stimulierung dem individuellen Bedürfnis adäquat ist. Dies setzt voraus, daß die Bedürfnisse und Erregungsmöglichkeiten bekannt sind und dem Partner auch angstfrei mitgeteilt werden können. Bei Sexualstörungen ist dies jedoch häufig nicht der Fall. Das therapeutische Vorgehen kann dann vor allem darin bestehen, daß Sensibilitäten für lustvolle Erregung (durch Einbeziehung aller Sinnesqualitäten) entdeckt und Wünsche und Bedürfnisse, aber auch Abneigungen und Hemmungen offener kommuniziert werden. Bei ausreichender Erregungszunahme erfolgt der Orgasmus unwillkürlich. Im Unterschied zum Mann ist die Frau in der Plateauphase, also selbst noch kurz vor dem Orgasmus, durch störende Reize jederzeit wieder irritierbar (Angst, Kinder oder Nachbarn könnten stören, Geräusche könnten gehört werden u.ä.). Die größere Irritierbarkeit der Frau, die häufige Ursache der Anorgasmie ist, wird von MASTERS und JOHNSON nicht erklärt. Sie könnte jedoch eine Folge der spezifischen Sozialisation der Frau sein, die sich aufgrund ihrer Erziehung sexuell gehemmter und unfreier fühlt als der Mann.

Der Orgasmus selbst erfolgt unwillkürlich, kann also nicht willentlich herbeigeführt werden. Er ist die natürliche Folge maximaler Lust. Wenn Lust nicht erlebt und genossen werden kann, statt dessen aber der Orgasmus als eine Art Leistungsziel angestrebt wird, wird die Erreichung des Höhepunktes nicht selten allein schon durch diesen Anspruch unmöglich gemacht.

Im Unterschied zum Mann ist die Frau zu multiplen Orgasmen fähig, d.h. sie braucht keine physiologisch notwendige Refraktärzeit in der Rückbildungsphase wie er und ist bei erneuter effektiver Stimulierung jederzeit zu einem neuen Orgasmus fähig. In der psychologischen Bedeutung der Refraktärzeit beim Mann liegt allerdings eine Quelle vieler Mißverständnisse. Der häufig von Frauen beklagte Wieder-

stand des Mannes gegen Zärtlichkeit nach dem Koitus, auch
als "fehlendes Nachspiel" bezeichnet, signalisiert der
Frau Ablehnung und mangelndes Interesse nach erfolgter Befriedigung.
Für den Mann bedeutet dies unter Umständen jedoch nur eine Art "Schonhaltung" gegen die Zärtlichkeitsbedürfnisse seiner Partnerin, die von ihm angstvoll als
Stimulierungsversuche zu erneuter Kohabitation gedeutet
werden können, von dieser jedoch keineswegs so gemeint sein
müssen. SHERFEY (13) leitete aus diesen physiologischen
Möglichkeiten die These von der Überlegenheit der sexuellen Potenz der Frau ab. Diese These von der physiologischen
sexuellen Überlegenheit relativiert sich sehr massiv dadurch, daß viele Frauen aufgrund ihrer psychologischen und
sozialen Situation Schwierigkeiten haben, überhaupt orgasmusfähig zu sein.

Eines der wichtigsten Untersuchungsergebnisse von MASTERS
und JOHNSON ist die Entdeckung der zentralen Bedeutung der
Klitoris im sexuellen Geschehen. Die irrtümliche Vorstellung, es gebe zwei unabhängige erogene Zonen, Klitoris und
Vagina, also auch zwei physiologisch verschiedene Arten
von Orgasmus, den klitoridalen und den vaginalen, hält
sich hartnäckig und ist Ursache vieler vermeintlicher Sexualprobleme. In den meisten "Ehebüchern" finden sich praktische Anweisungen, die sachlich falsche Ratschläge enthalten, weil sie die biologischen Grundlagen verkennen. MASTERS
und JOHNSON konnten nachweisen - und das dürfte ihr bedeutsamstes Ergebnis sein-, daß die Klitoris Rezeptor- und
Transformatorfunktion für die sexuelle Stimulation hat.
Anatomisch dem Penis zwar homolog, unterscheidet sich die
Klitoris in ihren Reaktionsmustern dennoch wesentlich, eben
spezifisch weiblich. Ihre Funktion besteht in der Aufnahme
von Reizen und deren Weiterleitung an höhere kortikale
Zentren.

Biologisch gesehen gibt es also keinen Unterschied zwischen klitoridalem und vaginalem Orgasmus. Die Klitoris
ist bei jedem sexuellen Geschehen mitbeteiligt. Dabei kann
ihre Stimulation direkt (z.B. durch manuelle Berührung)
oder indirekt (durch Druck und Zug der Penisbewegungen
beim Koitus) erfolgen. Dies schließt vor allem aber auch
die Möglichkeit der Stimulation durch psychisches Erleben
mit ein und weist deshalb dem Beziehungsaspekt der Partner
eine zentrale Bedeutung zu.

Je nachdem, welche *Bedeutung* die Partner dem beimessen,
kann es allerdings unterschiedliche psychologische Bedeutung
für eine Frau haben, ob sie den Orgasmus während des Koitus,
ausschließlich durch manuelle Stimulation des Partners oder
ausschließlich bei der Masturbation erlebt. Dabei spielen
gesellschaftlich vermittelte Norm- und Wertvorstellungen
sowie biologisch irrtümliche Annahmen eine Rolle.

SEXUELLE STANDARDS

Die erste gründliche Untersuchung menschlichen Sexualverhaltens stammt von KINSEY. In den Jahren 1938-1952 trug er durch die Methode der direkten Befragung statistische Daten über die sexuellen Standards (übliche sexuelle Verhaltensweisen) der Bevölkerung in den USA zusammen. Von aufschlußreichen Einzelergebnissen abgesehen, haben diese Untersuchungen vor allem gezeigt, daß bis dahin als abwegig geltende, im Sinne der gängigen Moral als abnorm bezeichnete Praktiken durchaus "normal" im Sinne der statistischen Norm waren.

An dieser Stelle können nur einzelne Ergebnisse neuerer Untersuchungen hervorgehoben werden. Der Interessierte sei auf die Untersuchungen von GIESE und SCHMIDT (11), SCHMIDT und SIGUSCH (12) zur Studenten- und Arbeitersexualität hingewiesen sowie auf die 1973 von SCHMIDT und SIGUSCH (11) veröffentlichte Dokumentation einer Untersuchung zur Jugendsexualität.

Nach den Ergebnissen der zuletzt genannten Untersuchung hat mit 15 Jahren jedes 10. Mädchen Koituserfahrung, mit 16 jedes 3. und mit 17 1/2 jedes 2. Von den 16-17jährigen Mädchen mit Koituserfahrung praktizieren jedoch nur 11% eine so sichere Kontrazeption wie die Einnahme der Pille, ca. 50% sind beim ersten Koitus vollkommen ungeschützt. Abgesehen davon, daß Jugendlichen nach wie vor kaum Freiraum zugestanden wird, in dem sie ihre ersten Sexualerfahrungen angstfrei und ungestört verwirklichen können, geben diese Ergebnisse Anlaß zu der Frage, inwieweit auch die unsichere Kontrazeption, d.h. konkret die Angst vor unerwünschter Schwangerschaft, die sexuelle Erlebnisfähigkeit mit beeinträchtigt. Denn ca. 50% der koituserfahrenen 16-17jährigen Mädchen haben nach diesen Ergebnissen zwar immer oder häufiger einen Orgasmus, ebenfalls ca. 50% dagegen nie, sehr selten oder sind sich dessen nicht sicher.

Diese Prozentzahlen sind vor allem für soziologische Erörterungen von Bedeutung. In der Praxis sollten sie immer im Zusammenhang mit der subjektiven Bedeutung gesehen werden, die eine Frau ihrem eigenen Sexualverhalten und Erleben beimißt.

DIE SEXUELLE SOZIALISATION DER FRAU

Über die Faktoren, die auf die psychosexuelle Entwicklung und damit auch auf die weibliche Identitätsfindung Einfluß haben, haben vor allem die Psychoanalyse und die Lernpsychologie wesentliche Erkenntnisse ermittelt.

Nach psychoanalytischer Auffassung durchläuft die psychosexuelle Entwicklung 4 Phasen: Die orale, die anale, die phallisch-ödipale und die genitale. Etwa zur Zeit des 4. Lebensjahres hat die Entdeckung, keinen Penis zu besitzen, d.h. die Angst, kastriert zu sein, nach dieser Auffassung zentrale Bedeutung für das Mädchen. Sehr stark verkürzt dargestellt ist es wichtig, daß es diesen Kastrationskomplex überwindet, nicht mehr mit dem Mann rivalisiert, sich positiv mit der Mutter identifiziert und ihre Sexualität von der Klitoris auf die Vagina überträgt. Dabei beeinflussen nach der Theorie FREUDs vor allem folgende Faktoren die spätere sexuelle Reaktionsfähigkeit der Frau: Die Eignung des Vaters als Liebesobjekt, der Verzicht auf ihn, indem statt seiner später der Sexualpartner als Liebesobjekt anerkannt wird, ausreichende Stärke, um der Entdeckung, kastriert zu sein, genügend gewachsen zu sein, Toleranz gegenüber der mit der Rolle der Frau nach FREUDs Ansicht verbundenen Passivität und die Fähigkeit zu lernen, die klitoridale Erotisierung zu reduzieren und die vaginale zu maximieren. Diese letzte Annahme FREUDs enthält den biologischen Irrtum der Existenz zweier verschiedener Arten von Orgasmus und wird von der modernen Psychoanalyse nicht mehr aufrecht erhalten. Auch das klassische Konzept FREUDs vom Penisneid, der nach psychoanalytischer Auffassung in seiner nicht bewältigten Form zur Frigidität führen kann, wird heute so interpretiert, daß es sich hierbei um einen begründeten Neid der Frau auf die gesellschaftlichen Vorrechte des Mannes handelt, die ihm bislang auch ein größeres Recht auf sexuelle Freiheit einräumten als ihr.

Lerntheoretische Untersuchungen beschäftigten sich vor allem mit der Frage, wie spezifisches weibliches Sexualverhalten im Sozialisationsprozeß gelernt wird. In diesen Untersuchungen wurde deutlich, daß nahe Bezugspersonen sich vom Tag der Geburt an Mädchen gegenüber anders verhalten als Jungen. So werden Mädchen bereits im Spiel in ihrer Bewegungsfreiheit mehr eingeengt, sie werden in größerer Abhängigkeit von Emotionalität erzogen und erfahren eine stärkere Unterdrückung sexueller Reaktionen. Sie lernen Passivität gegenüber dem Mann sowie eine Unterdrückung von Aggressivität und erotischen Wünschen. RICHTER (10) schildert in seinen repräsentativen Erhebungen an 16-60jährigen Frauen und Männern, wie sich das Selbst- und Fremdbild beider Geschlechter komplementär entspricht, wie geschlechtsspezifische Verhaltensweisen und Reaktionen auf diese Verhaltensweisen gemeinsam gelernt werden. So beschreiben sich die Frauen als ängstlicher, depressiver, erotisch gehemmter, unsicherer in enger Zusammenarbeit, ordentlicher, fürsorglicher und unfähiger, sich in sozialen Konkurrenzsituationen durchzusetzen. Dagegen ist das Selbst- und Fremdbild des Mannes gekennzeichnet durch Angstunterdrückung, Demonstration von Selbstsicherheit, Stärke, Dominanz, Ehrgeiz, Egozentrizität, Unordentlichkeit und Bequemlichkeit. Dementsprechend neigen Frauen im Krankheitsverhalten mehr zu vegetativen Beschwerden wie Kreislaufstörungen, Darmträgheit, Abgespanntheit, Nervosität, Schlaflosigkeit und Sexualstörungen, der Mann zu chronischen Verschleißerkrankungen wie Arteriosklerose, die durch seine anerzogene Verleugnungs- und Verdrängungstendenzen ungünstig beeinflußt, wenn nicht gar bedingt werden, indem er sich ständig leistungsmäßig überfordert, sich dies jedoch nicht einzugestehen vermag.

Die traditionelle Erziehung gesteht dem Mann zu, sexuell fordernd, aktiv und auch aggressiv zu sein, Frauen dagegen schreibt sie vor, passiv zu sein, eigene Wünsche zu unterdrücken, sexuelle Gefühle zu verschleiern und Sexualität überhaupt nur im Zusammenhang mit starken Emotionen, insbesondere dem Gefühl der Liebe, zu realisieren. Männer mußten bei traditioneller Erziehung bislang nahezu vollkommen eigene Zärtlichkeitsbedürfnisse unterdrücken und haben trotz größerer sexueller Vorrechte hierin eine schwere Benachteiligung erfahren.

Das hier aufgezeigte traditionelle Muster eines komplementären Sexualverhaltens und Reagierens, das sowohl für die Frau als auch für den Mann Unterdrückung und Verschleierung von Bedürfnissen und Gefühlen impliziert, macht deutlich, wie leicht sich daraus Sexualstörungen entwickeln können.

UNGESTÖRTES UND GESTÖRTES SEXUALVERHALTEN AUS LERNPSYCHOLOGISCHER SICHT

Nach den Erkenntnissen der modernen Lernpsychologie drängt ein Verhalten, das zu einer positiven Konsequenz führt, nach Wiederholung, ein Verhalten mit negativer Konsequenz dagegen zur Vermeidung. Den Darstellungen von KOCKOTT (4, 5, 6) folgend ließe sich die Entwicklung eines gestörten Sexualverhaltens folgendermaßen beschreiben: Ein Paar befindet sich in einer erotischen Situation. Ermöglicht die Beziehung dieser Partner eine adäquate und ausreichende sexuelle Stimulierung, so führt dies als Ausdruck der sexuellen Erregung zur Lubrifikation bei der Frau, zur Erektion beim Mann. Dies ermöglicht den ungestörten sexuellen Kontakt und führt bei ensprechend zunehmender Erregung zum Orgasmus. Die sexuelle Befriedigung bewirkt Entspannung und Zufriedenheit und erzeugt den Wunsch nach Wiederholung. Ist die erotische Situation dagegen inadäquat, besteht z.B. infolge einer Beziehungsstörung ein Mangel an Zuneigung oder sind die sexuellen Stimuli selbst unzureichend, können infolge mangelnder Erregung beim Mann Erektionsstörungen auftreten, bei der Frau ein Fehlen der Lubrifikation. Durch die Potenzstörung oder die durch die Trockenheit der Vagina mitbedingte Dyspareunie ist der sexuelle Kontakt gestört und hat meist eine Anorgasmie zur Folge. Abgesehen von der fehlenden Befriedigung führt der negative Ablauf eines so gestörten sexuellen Kontaktes zur Enttäuschung der Partner. In unglücklicher Weise schließt sich der circulus vitiosus, da die erlebte Enttäuschung Angst und Anspannung hervorruft. Da Angst und sexuelle Erregung antagonistisch sind, sich also gegenseitig hemmen, ist es eben diese Erwartungsangst, die zusätzlich zu der möglicherweise bestehenden Beziehungsproblematik beim nächsten sexuellen Zusammensein zu einer negativen Konsequenz führt.

Daraus ergeben sich folgende Hinweise für das diagnostische und therapeutische Vorgehen:

1. Der oder die Partner sollen möglichst genau beschreiben, in welcher Weise, wann und unter welchen Umständen die Störung auftritt und seit wann sie besteht. Dabei ist es wichtig, herauszufinden, inwieweit der sexuelle Kontakt ungestört ist.

2. Wenn möglich, sollen beide beschreiben, welche Vorstellungen sie von einem ungestörten Sexualverhalten haben, und welche subjektive Bedeutung sie der Störung für das eigene Erleben und für ihre Beziehung beimessen.

Im folgenden soll auf die weiblichen Sexualstörungen näher eingegangen werden, mit denen der Gynäkologe in der Praxis am häufigsten konfrontiert wird.

FRIGIDITÄT

Die Verwendung der Diagnose Frigidität ist heute umstritten, da dieser Begriff im populären Sprachgebrauch ausgesprochen negativ besetzt ist und für viele Frauen eher einer Beschimpfung gleichkommt. In der Sexualmedizin gewinnt deshalb zunehmend die Unterteilung in Libido- und Orgasmusstörungen an Bedeutung. Da der Begriff Frigidität in der wissenschaftlichen Literatur jedoch sehr verbreitet, gleichzeitig aber auch sehr unklar ist, sei er hier definiert als *absoluter oder relativer Mangel an Bedürfnis (Libido) zu sexuellem Kontakt sowie als absoluter oder relativer Mangel an sexueller Erregungs- und Empfindungsfähigkeit*. Im extremen Fall kann sich die Frigidität als Fehlen jeglicher Libido äußern, sie kann jedoch auch in leichteren Fällen als emotionale Hemmung, Angst vor Zärtlichkeit, als fehlende Hingabebereitschaft und als reduziertes Bedürfnis zu sexueller Aktivität auftreten. Eine ausgeprägte Frigidität hat fast immer auch eine Anorgasmie zur Folge, ist mit dieser jedoch keineswegs einfach gleichzusetzen, da es Frauen mit ungestörter Libido und sexueller Erlebnisfähigkeit gibt, die angeben, befriedigt zu sein, auch ohne einen Orgasmus zu haben.

Eine primäre Frigidität besteht dann, wenn Libido, Erregungs- und Empfindungsfähigkeit gefehlt haben, soweit sich eine Frau zurückerinnert. Sehr häufig handelt es sich dann um eine neurotische Störung, deren Symptomatik in der überwiegenden Zahl der Fälle bereits in frühester Kindheit und Jugend konditioniert wurde. Die Behandlung der primären Frigidität erweist sich meist als langwierig und schwierig und sollte deshalb immer von einem geschulten Psychotherapeuten durchgeführt werden.

Eine sekundäre Frigidität kann dagegen erst später auftreten, häufig nach Erlebnissen wie Schwangerschaft, Geburt oder operativen gynäkologischen Eingriffen, wenn diese Erlebnisse konfliktbesetzt sind. Eine sekundäre Frigidität kann sich auch als eine partnerabhängige Beziehungsstörung entwickeln.

Bedingende Faktoren einer bis in die frühe Kindheit zurückreichenden Lerngeschichte sexueller Erfahrungen, die zur Frigidität geführt haben, können sein: Fehlender Austausch von Zärtlichkeiten bei den Eltern, häufig von der Mutter vermittelter Eindruck, Sexualität sei lediglich lästige Pflicht einer Beziehung, nicht selten auch die direkte Information, davon habe man als Frau nichts, Strafandrohung bei erster sexueller Betätigung (Doktorspiele, Masturbation), Warnung vor sexuellen Beziehungen, Androhung von Sanktionen ("wehe, wenn Du mit einem Kind nach Hause kommst"), anerzogene Scham und Abneigung gegen körperliche Berührungen und Nacktheit, angstauslösende Erlebnisse (schmerzhafte Defloration, Überraschtwerden).

Bedingende Faktoren für eine Frigidität als Ausdruck einer Beziehungsstörung können sein: Unterdrückte Aggressionen, Dominanzprobleme, Angst und Unfähigkeit, sich dem Partner mitzuteilen, phantasierte Wünsche, die angstvoll als pervers erlebt werden, selbstverstärkende Mißdeutung durch den Partner, der Scham und Angst des anderen als Lieblosigkeit und eigenes persönliches Versagen mißdeutet und körperliche Abneigungen.

Ängste verschiedenen Inhaltes sind also wesentliche bedingende Faktoren der Frigidität. Da Angst und sexuelle Erregung - wie bereits erwähnt - physiologisch antagonistisch sind, ist die Reduzierung von Angst ein wichtiges Therapieziel. Dies kann durch Beratung, d.h. den Abbau irrtümlicher Vorstellungen, durch Vermittlung sachlicher Informationen sowie durch Bewußtmachung verursachender Faktoren und eine Verbesserung der Interaktionsstile in der Partnerbeziehung geschehen. Hinweise für verhaltenstherapeutische Maßnahmen in der Behandlung der Frigidität und Anorgasmie finden sich bei KOCKOTT (4, 5, 6), MANDEL und MANDEL (7) und bei MASTERS und JOHNSON (9).

ANORGASMIE

Wenn eine Frau sich nicht sicher ist, ob ihr das Erlebnis Orgasmus überhaupt bekannt ist, läßt sich dies in abgewandelter Form mit der sachlich beschreibenden Frage feststellen, ob sie jemals, wenn sie sexuell erregt war, im Bereich der Scheide oder der Geschlechtsorgane überhaupt ein Gefühl des Zusammenziehens, Pochens oder Pulsierens erlebt hat SIGUSCH (13). Wichtig ist es dann vor allem festzustellen, was eine Frau, die sich über einen fehlenden Orgasmus beklagt, damit meint oder ausdrücken will. Wird sie vom Partner geschickt, weil ihre Anorgasmie seinen eigenen Potenzvorstellungen nicht entspricht? Glaubt sie, den Orgasmus nicht so zu erleben, wie er - oft sehr überzeichnet - allgemein beschrieben wird und hat sie deshalb das Gefühl, keine "normale" Frau zu sein? Oder leidet sie wirklich unter fehlender Befriedigung? Mit zunehmender Propagierung durch die Massenmedien kommen Klagen über eine Anorgasmie in der Praxis so häufig vor, daß es sich empfiehlt, den Leidensdruck und seine Ursachen sehr sorgfältig abzuklären. Oft hat schon die Klärung irrtümlicher Vorstellungen (insbesondere die Vorstellung, es gebe 2 verschiedene Arten von Orgasmus, wobei der klitoridale ein nicht normaler, minderwertiger sei) und ein entlastendes Gespräch über die Wirksamkeit gesellschaftlicher Zwänge effektive therapeutische Bedeutung. Wie bei der Frigidität bietet dann auch die Abklärung der Frage, ob es sich um eine primäre oder sekundäre Anorgasmie handelt, Hinweise für das weitere therapeutische Vorgehen. Bei der *primären Anorgasmie* wurde noch niemals ein Orgasmus bei einer sexuellen Betätigung irgendwelcher Art erreicht. Eine *sekundäre oder situative* Anorgasmie liegt vor, wenn wenigstens einmal orgastisch reagiert wurde (auch bei der Masturbation), d.h. wenn der Orgasmus als Erlebnis bekannt ist.

Häufige Ursachen von Orgasmusstörungen sind: Repressive Sexualerziehung: Der Zwang, sexuelle Empfindungen von früher Kindheit an zu unterdrücken und zu verschleiern, mangelnde Kommunikation zwischen Eltern und Kind über sexuelle Probleme, fehlende Vorbilder für eine positive weibliche sexuelle Identifikation und Unterdrückung der sexuellen Reaktionsfähigkeit durch Ansichten wie "anständige Mädchen lassen sich auf so etwas nicht ein", "Sex ist ein Privileg der Männer", "Sexualität muß der Fortpflanzung dienen". Nicht selten ist die Anorgasmie auch eine Folge einer ejaculatio praecox oder sonstiger Potenzstörungen des Partners. Die primäre Anorgasmie hat wie die primäre Frigidität immer eine weit in die frühe Kindheit zurückgehende Lerngeschichte und sollte deshalb immer von einem geschulten Therapeuten behandelt werden.

Die situative Anorgasmie ist häufig Folge oder Ausdruck von Beziehungskonflikten (Dominanzprobleme, mangelnde ge-

genseitige Akzeptierung, Angst, den Partner zu verlieren).
In den meisten Fällen müssen deshalb auch die Beziehungsaspekte in die Therapie mit einbezogen werden.

DYSPAREUNIE

Der Begriff Dyspareunie umfaßt den schwierig durchzuführenden Koitus sowie Schmerzen während und nach der Kohabitation. Es ist ratsam, als ätiologische Momente objektive Befunde genau abzuklären, da in vielen Fällen ein organischer Befund zumindest mitbeteiligt sein kann.

Eine der häufigsten Ursachen ist jedoch die ungenügende Lubrifikation der Vagina, meist eine Folge mangelnder sexueller Erregung. Als Ursachen kommen infrage: Mangelndes Interesse am Koitus oder mangelnde Beziehungsfähigkeit, sexuelle Leistungsängste, Angst vor Schwangerschaft bei unzureichender Kontrazeption u.ä.

Bei der Dyspareunie handelt es sich meist um eine selbstverstärkende Konditionierung: Der einmal empfundene oder auch nur erwartete Schmerz löst Angst aus. Diese führt zu Verspannung und Verkrampfung und folglich wiederum zu Schmerz und Angst. Nicht selten entwickelt sich deshalb bei einer Dyspareunie ein Vaginismus.

Die Therapie muß sich zunächst auf das Beheben vorhandener organischer Ursachen richten. Dann empfehlen sich besonders verhaltenstherapeutische und partnerorientierte psychotherapeutische Maßnahmen.

VAGINISMUS

Der Vaginismus kann sich in unterschiedlichem Schweregrad bei der gynäkologischen Untersuchung, bei der Dyspareunie und schließlich in der Unfähigkeit zeigen, den Koitus zu vollziehen.

Bei diesem psychophysischen Symptom kontrahieren sich Perineum und äußere Drittel der Vagina spastisch und erschweren oder verhindern die immissio penis. Der absolute Vaginismus, der bewirken kann, daß eine Frau trotz längerer sexueller Partnerbeziehung noch Virgo ist, ist ein unbewußter Reflex auf ein erwartetes oder phantasiertes Eindringen des Penis. Die zugrundeliegende Angst wurde meist in früher Kindheit in einem sexuell-repressiven Erziehungsklima konditioniert. In der Eltern-Kind-Beziehung findet sich häufig eine dominante, sexualfeindliche Mutter und ein sich entsprechend schwach verhaltender, nicht selten als labil erlebter Vater. Bei der späteren Partnerwahl wird häufig ein dem Bild des Vaters entsprechender "schwacher" Mann gewählt, der von der Frau als ausgesprochen rücksichts- und verständnisvoll dargestellt wird, und der sich fast niemals den mit dem Vaginismus verbundenen Frustrationen durch eine Zweitbeziehung entzieht. Die sich hinter dem Vaginismus verbergende Angst der Frau ist Ausdruck ihrer eigenen geschlechtlichen Verunsicherung und entspricht nicht selten den Phantasien der Mutter über die Bedrohlichkeit der männlichen Sexualität. Meistens handelt es sich um sexuell unwissende Frauen, die Angst vor der Berührung ihres Genitales haben und es weder zulassen können, es selbst auszukundschaften noch den Partner eindringen zu lassen.

Therapeutisch hat es sich bewährt, den Mechanismus des Symptoms (Angst - Verkrampfung - Schmerz - Angst) bewußt zu machen und eine Erforschung des eigenen Körpers zu ermöglichen, die auch die Vagina beinhaltet. Ziel eines solchen Vorgehens ist es, daß die betroffene Frau die Bedeutung ihrer Angst erkennt und ihre Unwissenheit über sich und ihren Körper in Wissenheit und Sicherheit umzuwandeln vermag.

MASTERS und JOHNSON (9) empfehlen die schrittweise Dilatation (richtiger gesagt Entfaltung) der Vagina mit zunehmend größeren Hegarstiften. Wenn jedoch eine aktive Beteiligung der Frau an einer Veränderung ihrer Einstellung aufgrund zunehmender Bewußtwerdung und eine Verbesserung ihrer Beziehungsfähigkeit als therapeutisches Ziel angestrebt werden, ist dem zuerst beschriebenen Vorgehen der Vorzug zu geben. Je nach Möglichkeit kann dann auch der Partner in die Therapie mit einbezogen werden.

LITERATUR

1. CLYNE, M.: Virgin Wives - ein circulus vitiosus. Sexualmedizin *11*, 500-502 (1973)
2. FRIEDMANN, L.: Virginität in der Ehe. Stuttgart: Klett 1963
3. GIESE, H., SCHMIDT, G.: Studentensexualität. Reinbek: Rowohlt 1968
4. KOCKOTT, G.: Kriterium Libido. Sexualmedizin *1*, 7-8 (1975)
5. KOCKOTT, G.: Diagnostik von Kohabitationsstörungen
6. KOCKOTT, G.: Verhaltenstherapie sexueller Deviationen. Sexualmedizin *9*, 449-453 (1972)
7. MANDEL, A., MANDEL, K.H., STADTER, E., ZIMMER, D.: Einübung in Partnerschaft durch Kommunikationstherapie und Verhaltenstherapie. München: Pfeiffer 1971
8. MASTERS, G.H., JOHNSON, V.: Die sexuelle Reaktion. Frankfurt/M.: Akad. Verlagsanstalt 1967

9. MASTERS, G.H., JOHNSON, V.: Impotenz und Anorgasmie. Frankfurt: Goverts/Krüger/Stahlberg 1974
10. RICHTER, H.E.: Konflikte und Krankheiten der Frau. Arch. Gynäk. *214*, 1-15
11. SCHMIDT, G., SIGUSCH, V.: Jugendsexualität. Stuttgart: Enke 1973
12. SCHMIDT, G., SIGUSCH, V.: Arbeitersexualität. Neuwied und Bonn: Luchterhand 1971
13. SHERFEY, M.: Die Potenz der Frau. Köln: Kiepenheuer und Witsch 1974

Funktionelle Sexualstörungen beim Mann

O. Benkert, München

Die Terminologie im Bereich funktioneller Sexualstörungen ist oft unsystematisch und bedarf einer Erläuterung. Unter funktionellen Sexualstörungen wird eine gestörte Sexualfunktion verstanden, bei der organische Ursachen nicht feststellbar sind. Die Sexualfunktion kann pathologisch vermindert oder - in sehr seltenen Fällen - pathologisch gesteigert sein. Handelt es sich um eine verminderte Funktion, so werden Begriffe wie "Potenzstörung", "impotentia coeundi" und "sexuelle Potenz" benutzt. Sie werden in der deutschsprachigen Literatur zur Beschreibung eines Symptomkomplexes mit Störungen der Erektionsfähigkeit, des sexuellen Verlangens und der Ejakulation verwendet. Eine genaue Definition der "Potenzstörungen" hat MATUSSEK (10), der sich im wesentlichen auf KEMPER (5) stützt, vorgenommen.
Die Krankheit wird aufgegliedert in:
1. Störungen der Libido (Impotentia concupiscentiae)
2. Störungen der Erektion (Impotentia erectionis)
3. Störungen der Ejakulation (Impotentia ejaculationis)
4. Störungen der Emotionalität (Impotentia satisfactionis)

Häufig ist nur eines dieser Symptome bei einem Patienten gestört und tritt im Beschwerdebild besonders hervor; es wird dann zum Leitsymptom der Krankheit (2).

Über Störungen der *Libido* klagen die Patienten - im Vergleich zu Störungen der Erektion oder Ejakulation - relativ selten. Dennoch kann ein vermindertes sexuelles Verlangen eine Partnerschaft tiefgreifend stören.

Es ist zweckmäßig, den Libidobegriff durch den Ausdruck "sexuelles Verlagen" - entsprechend dem englischen "sex drive" oder sexual urge" - zu ersetzen. "Sexuelles Verlangen" läßt keine Verwechslung mit dem psychoanalytischen Libidobegriff aufkommen.

Am schwerwiegendsten werden vom Patienten die Störungen der *Erektion* erlebt. Die Erektionsfähigkeit kann eingeschränkt oder aufgehoben sein. Dabei ist oft auch die Dauer der Erektionsfähigkeit vermindert. Beide Funktionseinschränkungen verhindern die Durchführung eines befriedigenden Geschlechtsverkehrs. Häufig ist bereits eine Einführung des Gliedes trotz manueller Hilfe nicht möglich. Beim gesunden Mann sollte die Dauer der Erektion nach Einführung mindestens 1 min betragen.

Auch Störungen der *Ejakulation* werden von vielen Patienten als schwere Behinderung bei der Durchführung des Geschlechtsverkehrs empfunden. Am häufigsten ist die vorzeitige Ejakulation (Ejaculatio praecox). Es gibt in der Literatur keine einheitlichen Daten, von welchem Zeitpunkt an eine Ejakulation als pathologisch einzustufen ist. Sicher pathologisch ist eine Ejakulation vor der Einführung des Gliedes, fraglich pathologisch ist sie 30-60 sec. nach Einführung. Die Fähigkeit, die Ejakulation länger als 1 min hinauszuzögern, kann als normal angesehen werden. Bei der Ejaculatio retarda ist die Ejakulation pathologisch verzögert; manchmal ist sie dann erst durch Masturbation erreichbar. Eine fehlende Ejakulation beim Geschlechtsverkehr (Ejaculatio defizienz) kommt sehr selten vor. In den meisten Fällen setzt mit der Ejakulation auch der Orgasmus ein; das gleichzeitige Auftreten ist aber - besonders im Alter - nicht obligat.

MATUSSEK (10) betont die mögliche Störung der *Emotionalität* beim Geschlechtsverkehr: Bei normaler Erektionsfähigkeit und funktionsgerechter Durchführung des Geschlechtsverkehrs kann die Kohabitation nicht lustvoll erlebt werden. In der Sprechstunde bereitet aber die Abgrenzung zwischen einem gestörten sexuellen Verlangen und einer gestörten Emotionalität Schwierigkeiten und ist oftmals nicht möglich.

Mit den Begriffen Störungen des sexuellen Verlangens, Störungen der Erektion, der Ejakulation und der Emotionalität wird allein die Phänomenologie des Krankheitsbildes beschrieben; es ist mit diesen Begriffen jeweils noch keine Aussage über die Genese der Störung gemacht. Dagegen wird in den Begriffen (oder Diagnosen) "organische Impotenz", "psychische Impotenz" oder "konstitutionelle Impotenz" und sogar in dem übergeordneten Begriff "funktionelle Sexualstörung" eine symptomatologische Aussage mit einer ätiologischen Aussage verknüpft. Eine solche Vermischung ätiologischer und symptomatologischer Gesichtspunkte sollte aber in der Diagnosenstellung vermieden werden.

Es wird deshalb die Anwendung einer mehrgliedrigen Diagnose vorgeschlagen, in der nach Beschreibung der Symptomatologie und einiger wichtiger Verlaufskriterien Angaben zu bekannten oder vermuteten Ursachen der Krankheit gemacht werden (2).

Zum Verständnis insbesondere möglicher ätiologischer Faktoren bei Patienten mit sexueller Impotenz sollen einige Bemerkungen über das sexuelle Normverhalten und über altersbedingte physiologische Veränderungen der Sexualfunktion folgen.

Das *sexuelle Normverhalten* unterliegt einer großen Variationsbreite. Unterschiede im Sexualverhalten werden besonders aus verschiedenen Kulturkreisen und Religionen beschrieben. Das sexuelle Normverhalten des amerikanischen Mannes wurde 1948 erstmals von KINSEY (6) statistisch erfaßt. MASTERS und JOHNSON (1966) haben dann später auch die Physiologie der Sexualfunktion genau untersucht und u.a. dazu beigetragen, daß die altersbedingten Veränderungen der Sexualfunktion besser bekannt wurden.

Im *Alter* nimmt das sexuelle Verlangen im allgemeinen ab und der Geschlechtsverkehr wird seltener durchgeführt. Die Ejakulationshäufigkeit nimmt ebenfalls ab und ein Orgasmus tritt häufig auch ohne Ejakulation ein. Die Ejakulationslatenz nimmt im Alter zu und die Kontrolle der Ejakulation wird sicherer. In Zusammenhang mit der verminderten Sexualfunktion im Alter wird häufig die Frage diskutiert, wieweit diese Funktionsänderungen mit endokrinologischen Veränderungen korrelieren. Es ist bekannt, daß im höheren Alter die Testosteron-Plasma-Konzentration abnimmt und die Plasma-Konzentration des Luteinisierungshormons ansteigt. Ob zwischen den veränderten Hormon-Plasma-Konzentrationen und der verminderten sexuellen Aktivität im Alter ein ursächlicher Zusammenhang besteht, ist bisher nicht geklärt. Auch im sog. *"Klimakterium virile"*, einem Syndrom aus vegetativen Beschwerden, psychischen Beschwerden und sexueller Impotenz im höheren Lebensalter, wird - in Anlehnung an die hormonabhängigen klimakterischen Symptome der Frau - als Ursache für die Störung eine verminderte Testosteron-Sekretion angenommen. Der experimentelle Nachweis für das Bestehen eines solchen Zusammenhangs ist aber noch nicht erfolgt.

Während der Exploration eines Patienten mit sexueller Impotenz muß neben der Symptomatik auch der *Verlauf* der Krankheit genau erfaßt werden. Vorrangig ist dabei die Kenntnis über die Länge und die Kontinuität der Störung. Oft tritt sexuelle Impotenz nur bei bestimmten Partnerinnen auf. Ist es bei einem Patienten bisher noch niemals zu einem befriedigenden Geschlechtsverkehr gekommen, so spricht man von "primärer sexueller Impotenz". Bei "sekundärer sexueller Impotenz" kommt es nach einem Zeitraum normal erlebten Geschlechtsverkehrs entweder langsam oder auch plötzlich zu einer sexuellen Funktionsstörung.

Häufig kann es wichtig sein, die Symptomatik über einen mehr oder weniger langen Zeitraum genauer zu objektivieren. Dann können Fragebögen, auf denen der Patient täglich zu den wichtigsten Fragen im Bereich des Sexualverhaltens Stellung nimmt, verwendet werden (2).

Schließlich nehmen Fragen und Überlegungen zur *Ätiologie* der Krankheit bei der Exploration und später bei der Therapie-Entscheidung einen wichtigen Raum ein. Grundsätzlich muß nach organischen *und* psychischen Ursachen bei sexueller Impotenz gesucht werden. Obwohl genaue Angaben über die Häufigkeit ätiologischer Faktoren bei Patienten mit sexueller Impotenz nicht vorliegen, wird allgemein angenommen, daß psychische Ursachen wesentlich häufiger als organische Ursachen für das Auftreten sexueller Impotenz verantwortlich zu machen sind. Da aber gerade eine ursächliche Therapie bei einigen organischen Störungen möglich ist, muß bei allen Patienten mit sexueller Impotenz eine intensive organische Diagnostik erfolgen. Es gibt einige Krankheitsbilder, vorwiegend aus dem Bereich der Inneren Medizin und der Neurologie, bei denen neben der Grundstörung auffallend häufig sexuelle Impotenz als Begleitsyndrom auftritt. Das Auftreten sexueller Impotenz wird dann als *organisch* bedingt gedeutet. Organische Ursachen der sexuellen Impotenz werden auch bei äußeren Verletzungen und dermatologisch-andrologischen Erkrankungen im Genitalbereich angenommen.

Besonders häufig wird sexuelle Impotenz in Zusammenhang mit folgenden Krankheiten beobachtet:

Stoffwechselkrankheiten (z.B. Diabetes mellitus)

Endokrinologische Krankheiten (z.B. Hypogonadismus)

Neuroendokrine Störungen (z.B. Hypophysenvorderlappen-Tumoren)

Gefäßerkrankungen (z.B. Arteriosklerose)

Neurologische Erkrankungen (z.B. Syphilis, Multiple Sklerose, degenerative Erkrankungen)

Dermatologisch-andrologische Erkrankungen im Genitalbereich (z.B. Phimosis, Prostatitis)

Medikamenteneinfluß (z.B. Alkohol, Opiate, Neuroleptika)

Äußere Verletzungen im Genitalbereich

Zum Ausschluß dieser organischen Ursachen führen wir neben einer internistischen, einer neurologischen und einer andrologischen Untersuchung eine EEG-Ableitung, eine Röntgen-Schädel-Leeraufnahme, eine Röntgenaufnahme der Lendenwirbelsäule und eine eingehende neuroendokrinologische Untersuchung der Hypothalamus-Hypophysen-Gonaden-Achse durch (2).

Parallel zu der Suche bzw. der Ausscheidung organischer Ursachen folgt die Differenzierung der *psychischen Ursachen* bei Patienten mit sexueller Impotenz.

Auch diese Ursachen können genau definiert werden (10, 1). Sie werden in situative, partnerabhängige, persönlichkeitsbedingte und unbewußte psychische Ursachen aufgegliedert. *Situative Ursachen* sind bei sexueller Impotenz häufig. Ungünstige Bedingungen beim sexuellen Zusammensein, Unerfahrenheit und Ungeschicklichkeit bei der Durchführung des ersten Geschlechtsverkehrs oder Angst vor einer Schwangerschaft können einen ungünstigen Einfluß auf die Sexualfunktion ausüben. Auch kann - besonders im höheren Alter - ein einmaliges zufälliges Versagen der Ausgangspunkt für eine dauernde sexuelle Störung sein. Situative Ursachen können

in einer ausführlichen Exploration immer erkannt werden.
Dagegen ist die Erfassung *persönlichkeitsbedingter Ursachen*
schwieriger und oftmals dem Psychiater vorbehalten. Selbstunsicherheit, Kontaktstörungen, ein zu hohes Anspruchsniveau mit pathologischer Leistungseinstellung kommen als Ursache in Frage. Nicht verarbeitete Schuldgefühle sind oftmals ein Hinweis für persönlichkeitsbedingte Ursachen. Nicht selten ist eine Depression Ursache einer sexuellen Funktionsstörung. Unkenntnis über sexuelles Normverhalten und falsche Aufklärung können ebenfalls den persönlichkeitsbedingten Ursachen zugeordnet werden. Bei *partnerabhängigen Ursachen* liegen meist akute Partnerkonflikte oder Untreue des Partners vor. Schließlich werden immer wieder *unbewußt psychische Ursachen* bei Patienten mit sexueller Impotenz aufgedeckt. Ödipale Fixierung, unbewußte Rivalitätskämpfe, unbewußte Ängste und unbewußte Schuldgefühle sind dabei häufige Ursachen.

Eine besondere Bedeutung kommt sowohl bei akuten als auch bei chronischen Verläufen der *Versagensangst* zu. Es kann zu einem Circulus vitiosus (s. Schema) kommen, für dessen Aufrechterhaltung eine Hemmung durch Selbstbeobachtung und zusätzlich eine starke Forderung oder ein Rückzug der Partnerin wichtige Bedingungen sind.

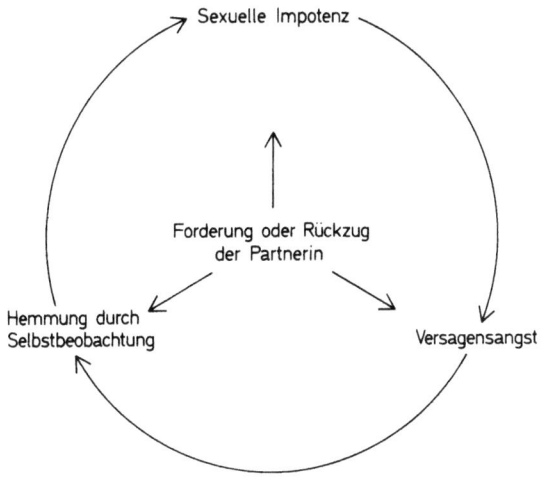

Es ist nicht immer möglich, allein organische oder allein psychische Ursachen für die Entstehung einer sexuellen Funktionsstörung verantwortlich zu machen. Ein Zusammentreffen mehrerer ursächlicher Faktoren ist häufig feststellbar. So sind z.B. bei einer länger anhaltenden Störung, die primär organisch bedingt ist, fast immer auch sekundäre psychogene Komponenten eruierbar. Zur Erkennung organischer und psychischer Ursachen bei sexueller Impotenz wird von einigen Autoren das Phänomen der sog. *"spontanen Erektionen"* herangezogen. Spontane Erektionen treten nachts und frühmorgens in Abhängigkeit von den REM-Phasen im EEG auf (3, 4). Es wurde vermutet, daß bei vorhandenen nächtlichen spontanen Erektionen, aber bei fehlender Erektionsfähigkeit beim Geschlechtsverkehr, eine psychische Ursache wahrscheinlich ist, während gänzlich fehlende Erektionen für eine organische Ursache sprechen. Der Nachweis eines solchen Zusammenhanges ist aber bisher experimentell noch nicht gelungen.

Die Kenntnis der Symptome, des Verlaufes und der Ätiologie sind die Voraussetzung für den Beginn einer Therapie, wobei die ätiologischen Faktoren den größten Stellenwert haben. Es ist selbstverständlich, daß bei *organischen Ursachen* die Grundstörung behandelt werden muß, daß aber zusätzlich - besonders bei länger anhaltender Störung - eine intensive Sexualberatung notwendig sein kann.

Bei *gesicherten psychischen Ursachen* müssen psychotherapeutische Verfahren angewandt werden. Darunter werden einmal Sexualberatung und zum anderen spezielle Verfahren wie z.B. Gesprächstherapie, Verhaltenstherapie oder Psychoanalyse verstanden. Für die Therapie funktioneller Sexualstörungen wurde von MASTERS und JOHNSON (8) ein psychotherapeutisches Verfahren ausgearbeitet, das Grundlage für viele verhaltenstherapeutische Modifikationen war.

Am erfolgversprechensten ist die Therapie sexueller Impotenz bei *situativen Ursachen*. In problemorientierten Gesprächen erfolgt eine Sexualberatung über Verhalten beim Geschlechtsverkehr, Aufklärung über Schwangerschaftsverhütung etc. Die Partnerin muß in die Gespräche mit einbezogen werden. Bei *persönlichkeitsbedingten Ursachen* sollte schon in der ersten Exploration entschieden werden, ob eine allgemeine Sexualberatung oder eine spezifische Psychotherapie notwendig wird. Die Hinzuziehung eines Psychiaters kann diese Entscheidung erleichtern. Werden bei der Exploration Selbstunsicherheit, Kontaktstörung oder psychopathologische Auffälligkeiten offenbar, so ist die Überweisung an einen Psychiater unumgänglich. Bei *partnerabhängigen Ursachen* hat sowohl bei akuten Partnerkonflikten als auch bei tieferliegenden Partnerproblemen eine Gesprächstherapie bei einem Ehetherapeuten eine gute Erfolgschance. Diese problemorientierte Gesprächstherapie kann im allgemeinen nicht vom Allgemeinarzt oder vom Psychiater vorgenommen werden. Schließlich kann eine klassische psychoanalytische Therapie bei *unbewußt psychischen Ursachen* erfolgreich sein; die Indikation hierfür wird vom Psychoanalytiker gestellt.

Es gibt bis jetzt noch keine Untersuchungen, in denen gezeigt werden konnte, daß ganz bestimmte psychotherapeutische

Verfahren für spezifische sexuelle Funktionsstörungen besonders geeignet sind. Auch fehlen bei den meisten psychotherapeutischen Verfahren Effektivitätskontrollen. Systematische Kontrolluntersuchungen sind bisher nur von verhaltenstherapeutischen Untersuchungen bekannt geworden (7).

Neben der Psychotherapie ist eine medikamentöse und operative Behandlung bei Patienten mit funktionellen Sexualstörungen möglich. Bei der *medikamentösen Behandlung* werden entweder männliche Sexualhormone oder nicht-hormonelle Pharmaka verordnet. Hormonsubstitution ist bei Patienten mit sexueller Impotenz nur dann erfolgversprechend, wenn durch Hormonanalysen ein Androgendefizit z.B. bei Hypogonadismus nachgewiesen worden ist. Bei der nicht-hormonellen Medikation stehen die "Aphrodisiaka" bei der Verordnung an erster Stelle. Die Wirksamkeit dieser Substanzen ist bisher in kontrollierten Untersuchungen nicht nachgewiesen worden. Es kann daher angenommen werden, daß die bei einzelnen Patienten immer wieder beobachtete therapeutische Wirkung auf einem Placebo-Effekt oder einer spontanen Besserung beruht.

In eigenen Untersuchungen zeigte jeder zweite Patient eine therapeutische Wirkung auf Placebo (2). Weiterhin muß die Medikation von Psychopharmaka bei Patienten mit sexueller Impotenz erwogen werden: Neuroleptika haben in den meisten Fällen einen dämpfenden Effekt. Antidepressiva sollten nur dann verordnet werden, wenn eine depressive Stimmungslage als Ursache für die sexuelle Störung in Frage kommt. In einem solchen Fall ist die Verordnung eines Antidepressivums mit geringer anticholinerger Wirkung (z.B. Mianserin) zu empfehlen, da Anticholinergika die Erektionsfähigkeit ungünstig beeinflussen. Tranquilizer können bei Patienten mit Versagensangst gezielt über einen bestimmten Zeitraum eingesetzt werden. Der Erfolg ist oft gut; wieweit es sich dann um einen spezifischen Effekt der Tranquilizer oder um einen Placebo-Effekt handelt, muß in den meisten Fällen offenbleiben. Ein wichtiges Therapieziel, sowohl der Psychotherapie als auch der medikamentösen Behandlung liegt in der Unterbrechung des oben dargestellten Circulus vitiosus, und es ist bei sexueller Impotenz psychogener Genese durchaus gerechtfertigt, in einem ersten Therapieversuch diesen Placebo-Effekt auszunutzen. In einem solchen Falle ist es zweckmäßig, dann auch Placebo-Tabletten zu rezeptieren. Wird das Therapieziel aber innerhalb einiger Wochen nicht erreicht, müssen psychotherapeutische Maßnahmen eingeleitet werden.

Bei genitalen Verletzungen und auch bei Therapieresistenz werden plastisch-*chirurgische* Maßnahmen empfohlen. Die Indikationen für solche Therapieverfahren sind aber bei therapieresistenter sexueller Impotenz noch nicht ausreichend abgesteckt.

Bei allen therapeutischen Bemühungen ist aber das gute Einfühlungsvermögen und die positive Zuwendung des Arztes eine wesentliche Voraussetzung für den Behandlungserfolg. Zusätzlich ist bei den meisten psychotherapeutischen Verfahren das gute Einverständnis beider Sexualpartner die wichtigste Bedingung für einen Therapiebeginn.

LITERATUR

1. BECK, D.: Psychopathologie der Potenzstörung. Münch. med. Wschr. *20*, 772-775 (1971)
2. BENKERT, O.: Neuroendokrinologische und pharmakotherapeutische Untersuchungen bei Patienten mit sexueller Impotenz. Berlin, Heidelberg, New York: Springer 1977
3. JOVANOVIC, V.J.: Sexuelle Reaktionen und Schlafperiodik bei Menschen. In: Beiträge zur Sexualforschung, Band 51 (BÜRGER-PRINZ, H., SCHMIDT, G., SCHORSCH, E., SIGUSCH, V. Hersg.). Stuttgart: Enke 1972
4. KARACAN, I., WILLIAMS, R.L., THORNBY, J.I., SALIS, P.J.: Sleep-related penile tumescence as a function of age. Am. J. Psychiatry *132*, 932-937 (1975)
5. KEMPER, W.: Die funktionellen Sexualstörungen. Stuttgart: Thieme 1950
6. KINSEY, A.C., POMEROY, W.B., MARTIN, C.E.: Sexual behavior in the human male. Philadelphia, London: Saunders Company 1948
7. KOCKOTT, G., DITTMAR, F.: Verhaltenstherapie sexueller Störungen: Diagnostik und Behandlungsmethoden. Nervenarzt *44*, 173-183 (1973)
8. MASTERS, W.H., JOHNSON, V.E.: Human sexual response. Boston: Little Brown and Company 1966. (Deutsche Fassung: Die sexuelle Reaktion. Übersetzt: SIGUSCH, V., WILSON, W.J., Reinbeck: Rowohlt 1970)
9. MASTERS, W.H., JOHNSON, V.E.: Human Sexual Inadequacy Boston: Little Brown and Company 1970. (Deutsche Fassung: Impotenz und Anorgasmie. Übersetzt: SUPPLITT, G., Frankfurt/Main: Goverts Krüger Stahlberg Verlag 1973)
10. MATUSSEK, P.: Funktionelle Sexualstörungen. In: Die Sexualität des Menschen. Handbuch der medizinischen Sexualforschung. (GIESE, H., Hrsg.) S. 786-828. Stuttgart: Enke 1971

Die Transsexualität

G. Kockott, München

Vor ca. 10 Jahren war das Syndrom der Transsexualität noch kaum bekannt. Heute findet man in der Literatur eine ganze Reihe von Arbeiten zu diesem Thema, obwohl es sich um ein seltenes Syndrom handelt. Grund hierfür dürfte sein, daß Patienten mit diesem Syndrom sich heute eher trauen, mit ihrer Problematik einen Arzt zur Beratung aufzusuchen. Die Arbeit soll dem Zweck dienen, dem Arzt für eine solche Beratung Hilfe an die Hand zu geben.

1. DIAGNOSE

Der wesentliche Grundzug der Transsexualität ist die *vollständige psychische Identifikation mit dem Gegengeschlecht*. Biologische Männer fühlen sich als Frau, biologische Frauen als Männer. Transsexuelle haben das Gefühl, irrtümlich im falschen Körper zu leben; sie wünschen sich die sog. Geschlechtsumwandlungsoperation, die man besser eine kosmetische Anpassungsoperation nennen sollte, und eine Namens- und Personenstandsänderung. Die männlichen Transsexuellen wollen nicht nur weibliche Kleidung tragen, sondern den sozialen Status einer Frau führen, als Frau anerkannt sein. Umgekehrt wünschen sich die weiblichen Transsexuellen die Beseitigung der weiblichen Attribute und die Anerkennung in der männlichen Rolle. Im Vergleich zu den männlichen Transsexuellen haben sie es etwas leichter, mit Kompromißlösungen zurecht zu kommen, da in unserer Gesellschaft der weibliche Geschlechtsrollentyp nicht so eingeengt ist wie der männliche: Frauen - relativ männlich gekleidet - fallen nicht auf, Männer - relativ weiblich gekleidet - erregen Anstoß.
Die Transsexualität ist also keine sexuelle Deviation, sondern ein Auseinanderklaffen von psychischer und körperlicher Geschlechtsidentität. Die Sexualität selbst spielt meist eine sekundäre Rolle. Männliche Transsexuelle wünschen sich häufig, das Leben einer alleinstehenden Dame führen zu können. Wird eine erotische Partnerschaft gesucht, dann zu einem heterosexuell orientierten Partner. Der männliche Transsexuelle wünscht sich einen Mann, der ihn voll

als Frau akzeptiert, der weibliche Transsexuelle sucht den
Kontakt zu einer Frau, die ihn voll als Mann akzeptiert.
Diese *scheinbar* homosexuellen Beziehungen haben dann mit
homosexuellem Erleben nichts zu tun. Transsexuelle betonen
immer wieder diesen Unterschied zur Homosexualität.

Im allgemeinen sind Transsexuelle von ihrer Primärpersönlichkeit her zunächst nicht unbedingt auffällig. Sekundär jedoch, als Folge der Transsexualität, ergeben sich
psychische Probleme aufgrund der Konflikte mit der Umwelt.
Im allgemeinen erreichen sie keine Anerkennung in der gewünschten Geschlechtsrolle und haben größte Schwierigkeiten,
eine Partnerschaft einzugehen. Bei der Arbeitssuche, bei
Abschluß von Verträgen, Ausweiskontrollen, bei Krankenhausaufnahme geraten sie immer wieder in größte Schwierigkeiten,
aus denen heraus sich Isolierung und Vereinsamung entwickeln kann. Die Folge davon sind häufig depressive Verstimmungen.

Sie sind häufig gezwungen, halblegale Berufe anzunehmen,
oder sie leben vom Sozialamt. Selten gelingt ihnen soziale
Integration, meist nur, wenn sie eine Tätigkeit ausüben
können, in der sie von niemandem abhängig sind, oder sie
führen ein Doppelleben. Manche Transsexuelle sind als
"Therapieversuch" eine Ehe eingegangen. Diese Ehen sind
häufig gescheitert.

2. DIFFERENTIALDIAGNOSE

Nicht immer, wenn eine Neigung besteht, die Kleidung des
Gegengeschlechtes zu tragen, ist dies Ausdruck einer Transsexualität. Diese Neigung finden wir auch bei der Homosexualität und beim Transvestitismus.

Bei der Homosexualität dient diese Tendenz dem Wunsch,
einen männlich aktiven Partner zu finden. Die Homosexualität wird bejaht, die Sexualität spielt eine große Rolle.

Der Transvestitismus steht dem Kleiderfetischismus nahe.
Das Anlegen der weiblichen Kleidung führt zu einer starken
sexuellen Erregung. Transvestiten betrachten sich gern
selbst vor dem Spiegel, werden dadurch sexuell erregt, es
kommt zur Masturbation mit Orgasmus und zu einem vorübergehenden Erlöschen des transvestitischen Dranges. Sie sind
häufig heterosexuell orientiert, wieder spielt die Sexualität eine große Rolle.

Übergänge vom homosexuellen und transvestitischen Verhalten zur Transsexualität kommen vor. Die Abgrenzung ist
nicht absolut scharf möglich. In der Regel spielt jedoch
bei der Transsexualität der Sexualbereich eine geringe
Rolle und der Wunsch nach einer kosmetischen Anpassungsoperation gewinnt dagegen zentrale Bedeutung. Zur Zeit
scheint dieser Wunsch noch immer bestes differentialdiagnostisches Merkmal zu sein.

3. HÄUFIGKEIT

Die männliche Transsexualität scheint etwa drei- bis viermal häufiger vorzukommen als weibliche Transsexualität. Jedoch ist eine hohe Dunkelziffer anzunehmen, insbesondere bei den weiblichen Transsexuellen. Sie können mit Kompromißlösungen eher leben, wie bereits erwähnt, und werden deshalb nicht bekannt. Nach einer vorsichtigen Schätzung nimmt man an, daß in der Bundesrepublik etwa 1000 bis 2000 Transsexuelle leben.

4. ÄTIOLOGIE

In der Literatur findet man von rein psychoanalytischen bis zu ausschließlich biologischen alle Arten eines Erklärungsversuches. Eine Reihe tierexperimenteller Untersuchungen und neuere Studien über die Lebensgeschichten der Transsexuellen haben einige Annahmen wahrscheinlicher gemacht.

Tierexperimentelle Untersuchungen

Bei verschiedenen Tiergattungen gelingt der Nachweis, daß das Testosteron in der Embryonalzeit nicht nur verantwortlich ist für die anatomische Ausbildung der Genitalien, sondern daß das Testosteron in einer bestimmten Zeit der Embryonalentwicklung auch das spätere Sexualverhalten entscheidend beeinflußt. Blockiert man die Testosteronausscheidung in dieser kritischen Phase, dann verhalten sich männliche Tiere nach der Geburt nicht männlich, sondern weiblich. Diese kritische Phase liegt beim Meerschweinchen und beim Affen pränatal, bei der Ratte und beim Frosch postnatal. Die Blockierung der Testosteronausscheidung in dieser kritischen Phase gelingt bei Tieren nicht nur durch die Gabe von Antiandrogenen, sondern auch durch Dauerstreß, Barbiturate und Antibiotika.

Untersuchungen bei verschiedenen Probandengruppen

Vor einigen Jahren untersuchte EHRHARDT [1] die Kinder von Frauen, die während der Schwangerschaft Gestagene erhalten hatten, die dem Testosteron sehr ähnlich waren, um einen drohenden Abort zu verhindern. Die weiblichen Kinder aus diesen Schwangerschaften verhielten sich auffällig burschikos, ließen aber keine Störung ihrer Geschlechtsidentität erkennen.
Für eine ungestörte Festlegung der Geschlechtsrollenidentifikation dürfte die Intaktheit einer sog. zentralnervösen Sexualsteuerung von großer Bedeutung sein. Hierbei

könnte der Temporallappen eine besondere Aufgabe haben. In einer Untersuchung an 28 Transsexuellen konnten wir feststellen, daß ein Drittel dieser Transsexuellen pathologische EEG-Befunde aufwies, meistens mit temporal gelegenen Veränderungen. Dieser Prozentsatz ist signifikant höher als in der Durchschnittsbevölkerung und bei anderen psychischen Auffälligkeiten (3).

Andererseits spielen bei der endgültigen Festlegung der Geschlechtsidentität die Umweltfaktoren eine ganz erhebliche Rolle. MONEY und Mitarbeiter (4) sprechen von 7 Faktoren, welche die Festlegung der Geschlechtsrolle beeinflussen: 5 biologische (Keimdrüse, Sexualhormone, chromosomales Geschlecht, äußere und innere Genitalien) und 2 psychosoziale Faktoren: das bei der Geburt zugeordnete Geschlecht und das Geschlecht, nach dem das Individuum aufgezogen wird. Aus ihren Untersuchungen folgern sie, daß die psychosozialen Variablen für die Bestimmung der Geschlechtsrolle ausschlaggebend seien und die biologischen Faktoren in ihrer Bedeutung übertreffen können. Es ist somit denkbar, daß bei Transsexuellen Besonderheiten in den psychosozialen Faktoren eine ursächliche Rolle spielen könnten.

Untersuchungen der Familienstruktur scheinen bestimmte Elternbeziehungen bei Transsexuellen zu zeigen. Nach GREEN (2) behüte bei männlichen Transsexuellen die dominierende, etwas virile Mutter das später transsexuelle Kind mit Überängstlichkeit und habe sehr engen Kontakt zu dem Kind. Der Vater wird oft als weich und passiv beschrieben. Man muß jedoch kritisch anmerken, daß gleiche Familienkonstellationen auch bei der Homosexualität angenommen und als verursachend angesehen werden.

Eine überzeugende ätiologische Erklärung gibt es somit bisher nicht. Am ehesten ist noch anzunehmen, daß bei Transsexuellen durch pränatale, genetische und/oder hormonale Einflüsse Uneindeutigkeit der Geschlechtsdifferenzierung bei der Geburt besteht. Kommen nun noch Umwelteinflüsse nach der Geburt hinzu, die diese Unsicherheit verstärken, so kann sich eine Transsexualität entwickeln. Der Beginn dieser Entwicklung läge somit pränatal. Sie tritt krisenhaft in den Vordergrund während der Pubertät, weil jetzt die Diskrepanz zwischen dem somatischen Geschlecht und der psychischen Geschlechtsidentität deutlich zutage tritt.

5. THERAPIE

Die Behandlung mit Psychopharmaka hat sich als völlig erfolglos gezeigt. Die Grundüberlegung für diese Therapie war, daß die Überzeugung, trotz biologisch eindeutiger Geschlechtszugehörigkeit dem Gegengeschlecht zuzugehören, ein systematisierter Wahn, also ein psychotischer Zustand sei. So schien der Versuch einer psychopharmakologischen Behandlung indiziert. Eine Psychotherapie mit dem Ziel, die psychische Geschlechtsidentität mit der körperlichen wieder in Einklang zu bringen, wird von den Transsexuellen von vorherein strikt abgelehnt oder sehr bald abgebrochen. Der Transsexuelle kommt zum Arzt deshalb, um Hilfe zu erhalten, seinen Körper seiner psychischen Geschlechtsrolle anzupassen. In der Tat scheint zur Zeit dieser Weg der Anpassung des Körpers an die psychische Geschlechtsidentität der einzige Weg zu sein, über den rehabilitative Hilfe möglich ist.

In den USA haben sich hierfür spezielle Therapiezentren entwickelt, in denen ein Team von Psychologen, Psychiatern, Gynäkologen, Endokrinologen, Chirurgen und Urologen beratend tätig ist. Hier erfolgt detaillierte Diagnostik und eine strenge Auswahl für die Behandlung. Die Behandlung ist eine ganze Kette von Maßnahmen, an deren Ende die kosmetische Anpassungsoperation stehen kann. Dabei werden männlichen Transsexuellen Hoden und Penis entfernt und operativ eine künstliche Vagina geformt. Eventuell erfolgt zusätzlich eine operative Brustvergrößerung. Beim weiblichen Transsexuellen wird eine Mastektomie vorgenommen, eine Hysterektomie und Ovarektomie. Die Konstruktion eines artifiziellen Penis ist bisher selten gelungen. Die Operationsergebnisse sind bisher recht unterschiedlich.

Es scheint mir wichtig, nochmals auf den irreführenden Namen einer sogenannten Umwandlungsoperation hinzuweisen. Transsexuelle glauben häufig, nur diese Umwandlungsoperation sei nötig, um voll akzeptiert und integriert in der angestrebten Geschlechtsrolle leben und sich bewegen zu können. Diese Auffassung ist leider vollkommen unzutreffend. Der Transsexuelle muß lernen, daß die Operation nur letzter Schritt einer Reihe therapeutischer Maßnahmen sein kann.

Die einzelnen Schritte der rehabilitativen Behandlung

Das therapeutische Vorgehen erfordert zumindest die Zusammenarbeit eines Psychiaters, eines Gynäkologen bzw. Chirurgen und eines Sozialarbeiters, um den sozialen, medizinischen und juristischen Problemen gerecht zu werden.

Ein operativer Eingriff sollte erst erfolgen, nachdem die psychosexuelle Entwicklung abgeschlossen ist. Da postpubertäre Anpassungsschwierigkeiten zu berücksichtigen sind, sollte das Mindestalter bei 20 Jahren liegen. Vor einer Operation sollte der Transsexuelle 1 bis 2 Jahre sorgfältig ärztlich beobachtet und betreut werden, um die Stabilität des Wunsches nach Geschlechtsrollenwechsel zu überprüfen, den Wechsel vorzubereiten und um sich ein Urteil zu bilden, ob der Transsexuelle diesen Wechsel auch psychisch

verkraften kann. Mindestens 1 Jahr vor einer Operation
sollte der Transsexuelle bereits in der angestrebten Rolle
gelebt haben (sog. Alltagstest), um selbst zu erfahren, ob
er in der angestrebten Rolle leben kann, bevor der endgültige operative Schritt getan ist. Während dieser Zeit kann
durch zusätzliche hormonelle Behandlung die Entwicklung
in der angestrebten Richtung erleichtert werden. Sollte
sich zeigen, daß dem Transsexuellen der Geschlechtsrollenwechsel nicht möglich erscheint, so sind fast alle hormonell bedingten Veränderungen durch Absetzen der Medikation
reversibel. Bei männlichen Transsexuellen wird bis zu 3 mal
100 mg Östrogen pro Woche empfohlen, jedoch sollten die
Nebenwirkungen der Thrombosegefahr und des Mammacarcinoms
bedacht werden. Testosterongaben bei weiblichen Transsexuellen können neben erwünschten Veränderungen unangenehme
Sensationen im Bereich der Klitoris bewirken.

Erst nach einem positiven Durchlaufen dieser vorbereitenden Schritte kann eine Anpassungsoperation unterschiedlichen Ausmaßes erfolgen. Es ist jedoch nicht selten, daß
Transsexuelle auch ohne operativen Eingriff oder mit nur
geringen operativen Veränderungen ihr Gleichgewicht gefunden haben, sofern sie nur sozial ihre erwünschte Geschlechtsrolle weitestgehend leben können. Transsexuelle, die in
dieser Form vorbereitet wurden, sind vorwiegend mit gutem
Erfolg operiert worden. So haben bereits 1970 MONEY und
Mitarbeiter über 17 männliche und 7 weibliche Transsexuelle
berichtet, die sie durchschnittlich 3 Jahre nach dem operativen Eingriff untersuchten. Nach den Kriterien: dauerhafte
Partnerbeziehung, berufliche Situation, Straffälligkeit,
Häufigkeit psychiatrischer Behandlung und subjektive Bewertung des Geschlechtswechsels war in der Mehrzahl der
Transsexuellen eine deutliche Besserung der psychischen
und sozialen Situation eingetreten. Aber erst kürzlich
warnte MONEY (6) wieder vor einer übereilten Operation.
Er berichtete von einem jungen Mann, der operiert wurde,
ohne vorher in der weiblichen Rolle gelebt zu haben. Nach
der Operation entwickelte sich eine ausgeprägte Depression,
die zu einer teilweisen Rückoperation führte (Mastektomie).
Der Patient lebt jetzt wieder als Mann mit einem Zustand
nach Penisamputation.

Nach der Operation ist die Weiterbetreuung des Transsexuellen wegen der medizinischen, vor allem aber wegen
der beruflichen und juristischen Probleme unbedingt erforderlich. Die juristische Situation kann in diesem Zusammenhang nur kurz erwähnt werden. In diesem Bereich
herrscht in Deutschland noch große Unsicherheit. Namensänderungen gelingen von Fall zu Fall, wobei von den amtlichen Stellen nicht eindeutig weibliche oder männliche
Vornamen akzeptiert werden. Gelegentlich gelingt es Transsexuellen, auch einen Paß mit einem Bild in der angestrebten Rolle zu erhalten. Personenstandsänderungen sind je-

doch zur Zeit in Deutschland nicht möglich. Diese unklare juristische Situation hängt wie ein Damoklesschwert über den Transsexuellen, und eine Änderung ist in absehbarer Zeit noch nicht abzusehen.

Tabelle 1. Voraussetzungen für eine kosmetische Anpassungsoperation - Vorschlag einer Kommission der deutschen Gesellschaft für Sexualforschung -

1. Abgeschlossene psychosexuelle Entwicklung
   Operation nicht unter 20 Jahren
2. Gründliche diagnostische Abklärung
   somatisch (gynäkologisch, endokrinologisch, andrologisch)
   psychiatrisch
3. Präoperativ: 1 bis 2 Jahre ärztliche Beobachtung
4. Mindestens 1 Jahr lang präoperativ in angestrebter Geschlechtsrolle leben. In dieser Zeit Hormontherapie
5. Indikation zur Operation von 2 unabhängigen Spezialisten
6. Aufklärung über Operationsrisiken und über unsichere rechtliche Situation
7. Postoperative ärztliche und soziale Nachbetreuung
8. Kontraindikation, wenn Transsexualität Ausdruck einer Psychose oder eines hirnorganischen Anfallsleidens ist.

In der Tabelle sind die Voraussetzungen für eine Anpassungsoperation nochmals zusammengestellt. Grundlage hierfür war der Vorschlag einer Kommission der deutschen Gesellschaft für Sexualforschung zur rehabilitativen Behandlung der Transsexualität.
Abschließend sei noch einmal betont, daß ein operativer Eingriff bei der Transsexualität ohne Gewährleistung von Vor- und Nachsorge einem Kunstfehler nahe kommt. Die Notwendigkeit dieser Vor- und Nachsorge bietet aber auch die Chance der interdisziplinären Zusammenarbeit zwischen dem Chirurgen oder Gynäkologen einerseits und dem Psychiater und Sozialarbeiter andererseits.

LITERATUR

1. EHRHARDT, A.A.: Der Einfluß von fötalen Hormonen auf Intelligenz und geschlechtsspezifisches Verhalten. In: Praxis der klinischen Psychologie II E. DUHM (Herausgeber). Göttingen: Hogrefe 1971

2. GREEN, R., MONEY, J.: Transsexualism and Sex Reassignment. Baltimore: The Johns Hopkins Press 1969
3. KOCKOTT, G., NUSSELT, L.: Zur Frage der zerebralen Dysfunktion bei der Transsexualität. Nervenarzt *47*, 310 (1976)
4. MONEY, J., HAMPSON, J.G., HAMPSON, J.L.: Imprinting and the establishment of gender role. Arch. Neurol. Psychiat. (Chic.) *77*, 333 (1957)
5. MONEY, J., EHRHARDT, A.A.: Transsexuelle nach Geschlechtswechsel. In: G. SCHMIDT, V. SIGUSCH, E. SCHORSCH (Hrsg.): Tendenzen der Sexualforschung. Stuttgart: Enke 1970
6. MONEY, J., WOLFF, G.: Sex Reassignment: male to female to male. Arch. Sex. Behav. *2*, 245 (1973)

Sachverzeichnis

Abort 151
  habitueller 151
Abtreibung 11, s. auch
  Schwangerschaftsabbruch
Abwehrmechanismen 68
Adaptationslehre 142
Adoptionsrecht 12
Aggression 4, 5, 68, 148, 151
Aggressionshandlungen 101
Aggressionsniveau 4
Akutkrankenhaus 53, 54, 62, 63
Algopareunie 131
Alkoholismus 89
Alltagstest 202
Amenorrhoe 124, 148, 149
  psychogene 124, 149
  sekundäre 149
Amentielle Syndrome 96, 101, 102, 103, 105, 106, 108
Angst 141 - 154
  Abwehrmaßnahmen 143
  chronische 142, 143
  Operation 142 - 144, 146
  phänomenologisch 142
  phobische 149
  psychotische 146, 150
  Somatisierung 143

  Testmethoden 141
  unbewußte 58, 146 - 148, 150, 151
Angstaffekte 142, 143, 151, 152
Angstformen 144, 150
Angstgenese 144, 145
Angstminderung 153
Angstneurosen 94, 103, 143, 146 - 148, 150
Angstreduzierung 184

Angst-Spannungs-Schmerz-Syndrom 151, 152
Angstsyndrome 143, 145
Angstzustände 143
Anorexia nervosa 149
Anorexie, reaktive 149
Anorgasmie 122, 131, 183, 185
Antidepressiva 195
Antikonzeption 77 - 85, 150, s. auch Empfängnisverhütung
Antikonzeptionsberatung 81, 82, 84, 85
Aphrodisiaka 195
Arbeitersexualität 180, 188
Arzt-Patient-Beziehung 77, 81, 85, 112, 166, 169, 176, 177
Aufklärung, sexuelle 34 - 36, 40
Aufklärungsgespräch 112 - 116
Aufklärungspflicht 111, 118
Ausdrucksverhalten, körperliches 142

Balint-Gruppe 168 - 172, 177
Befreiung, sexuelle 25
Befriedigung 185
Beratungsgespräch, psychosoziales 110
Beruf, Rolle 58, 59
Berufstätigkeit 14, 15, 27
Beta-Sympathicomimetika 151
Betäubung 9
Bewußtseinstrübung 62
Beziehungskonflikte 185
Beziehungsstörung 184
Bezugsperson 59
Brustoperationen 117, 118, 201

Dekompensation, soziale 9
Delir 90, 105, 106

Depressionen 44, 58, 62, 63, 72, 90, 148, 150
  endogene 98, 108
Deviation, sexuelle 197
Diagnose, terminale 55
Doppelrolle, Frau 20, 22, 24, 27, 31, 48
Drogenentzug 107
Dysmenorrhoe 143, 148
  habituelle 148
Dyspareunie 122, 147, 150, 183, 186
Dystokie, zervikale 152

Eheberatung 67
Ehe, kinderlose 126, 127
Ejaculatio defizienz 190
Ejaculatio praecox 185, 190
Ejaculatio retarda 190
Ejaculationsstörungen 190
Emanzipation 4, 17, 25
  sexuelle 79
Empfängnisverhütung 77 - 85, s. auch Antikonzeption
  Gegenmotivationen 78
  Nebenwirkungen 80 - 82
  Versagerquote 77
Erektionen, spontane 194
Erektionsstörungen 182, 183, 189
Erregunsphase 178
Ersatzbefriedigung 9
Erwartungsangst 113, 151, 183
Erwerbstätigkeit, Frau 20, 21, 24, 30, s. auch Beruf
Euthanasie 62, 63
Existenzphilosophie 141, 144

Familienplanung 13, 25, 32, 48, 83
Familie, vaterlose 19, 26
Fettsucht 10
Flush-Therapie 162
Frau, Doppelrolle 20, 22, 24, 27, 31, 48
Frauen-Enquete 20
Frau, Konsumartikel 28, 29
Frau, Morbidität 9
Frigidität 183, 184

Frühschwangerschaft 150, 151
Furcht 144, 151

Geburt, schmerzhafte 151, 152
Gefälligkeitssterilisation 131
Gegengeschlecht 201
Geschlechtsidentität 197, 200
  psychische 201
Geschlechtsrolle 166
  biologische Faktoren 200
  psychosoziale Faktoren 200
Geschlechtsrollenwechsel 201, 202
Geschlechtsumwandlungsoperation 197, 201
Geschlechtsverkehr 13, 38, 39, 147, 150, 190
Gesellschaft, mutterlose 19, 26
Gesprächspsychotherapie 70, 71
Gewissensangst 146, 148
Gleichberechtigung 4, 6, 7, 23, 26
Gleichheitsgrundsatz 23, 24
Grenzsituation 59, 64
Gruppendynamik 166

Haftamenorrhoe 124
Handlungsperspektiven 59
Heilkrampfbehandlung 108
Heultag, Wochenbett 92, 95, 100, 103
Heterosexualität 198
Homosexualität 198
Hormonentzugssyndrom, psychisches 93, 108
Hormonsubstitution, Klimakterium 135 - 139
Hyperemisis gravidarum 150, 151
Hypertonie 4, 7, 8
Hypochondrie 95
Hysterektomie 113 - 115

Identifikation 28, 158, 161
Impotenz 189 - 192
Impulse, retentive 152
Infarkt 4, 8, 9

Intensivstation 55
Interaktionsmuster 70, 71

Jugendsexualität 180, 188

Kastrationsangst 149
Kastrationskomplex 181
Kleiderfetischismus 198
Klimakterium 135 - 139, 148
　Hormonsubstitution 135 - 139
　Östrogene 137 - 139
Klimakterium virile 191
Koituserfahrung 180
Kommunikationsregeln 70
Kommunikationstherapie, integratives Konzept 67 - 71, 74
Konditionierung 186
Konfliktanalyse 72
Konflikte, analorale 147
Konflikte, prägenitale 147 - 149
Konkurrent, oraler 151
Konsumartikel, Frau 28, 29
Kontrazeption 37, 38, 40, 49, s. auch Empfängnisverhütung
Konversion 143
Konversionshysterie 95
Kosmetische Anpassungsoperation 197, 198, 201 - 203

Lage, physisch-psychische 57, 59
Leistungsängste, sexuelle 186
Leistungszwang, sexueller 175
Libidosteigerung 131
Libidostörungen 147, 148, 183 - 187, 189
Libidoverlust 131
Liebesobjekt 181
Lindauer Psychotherapiewochen 168
Lubrifikation 182, 186

Mastektomie 117, 118, 201
Masturbation 198

Medikamentensucht 89
Menarche 148
Menstruation 148, 149
Mißbildung 145, 151
Modelltheorie 9
Morbidität, Frau 9
Mütterhilfe 31, 42
Mutterbindung 151
Mutter-Kind-Beziehung 91
Mutter-Kind-Problem 14, 25
Mutterrolle 151
Mutterschutz 22

Namensrecht 24
Nachuntersuchung, Schwangerschaftsabbruch 45, 46
Nebenwirkungen, Empfängnisverhütung 80 - 82
Neuroleptika 108, 109, 195
Neurose 51, 68, 89, 109, 143, 146, 148
Neurotische Depression 94, 103
Neurotische Reaktionen 91, 92, 94, 95
Normen, gesellschaftliche 17
Normverhalten, sexuelles 190

Oligophrenie 88
Operation, Angst 142 - 144, 146
Organneurosen 143
Orgasmus 178 - 180, 182, 185, 198
　klitoridaler 179, 181
　vaginaler 179, 181
Orgasmusphase 178
Orgasmusstörungen 183 - 187
Östrogene, Klimakterium 137 - 139
Ovulationshemmer 13, 25, 36, 145, 150

Paarberatung 67
Paarbeziehung 67, 69
　Regelkreis 69
Paragraph 218 12
Partnertherapie 67 - 72
Patient, Rolle 55, 59

Penis, artefizieller 201
Penisamputation 202
Penisneid 181
Petting 39
Phobie 94
Plateauphase 178
Potenzstörungen 185, 189
Promiskuität, sexuelle 11
Psychisches Hormonentzugssyndrom 93, 108
Psychoanalyse 144
Psychologie, präoperative 111
Psychopathie 88
Psychopharmaka 150, 195
Psychosen 96, 146
 affektive 98, 99, 108
 endogene 96, 100, 109
 exogene 109
 manisch-depressive 99, 101, 108
 Prodomi 103
 schizo-affektive 99, 104
 schizophrene 97, 101, 102, 108
 Wochenbett 87, 90, 94 - 110
Psychosendisposition 104, 107
Psychosexuelle Entwicklung 181
Psychosomatik, Literatur 167, 170, 171
Psychosomatik, Weiterbildung 165 - 170
Psychotherapie 69, 150
 Zusatzbezeichnung 167, 168
Pubertät 148
Pubertätsmagersucht 149

Realangst 142, 144
Reaktionen, depressive 89
Reaktionen, neurotische 91, 92, 94, 95
Reaktionszyklus, sexueller 178
Reanimation 56
Regelkreis, Paarbeziehung 69
Regelkreis-Modell 69 - 70
Rigidität, funktionelle 151
Risikofaktoren 4, 10, 15
Rolle, Beruf 58, 59
Rolle, Patient 55, 59
Rollenbild 21
Rollenverteilung 18, 19, 28, 29

Rollenwechsel 59, 70
Rückbildungsphase 178

Säuglingssterblichkeit 11
Scheidungsrecht 23
Scheinschwangerschaft 149
Schwangerschaft, unerwünschte 40
Schwangerschaftsabbruch 11, 12, 40 - 50, 109, s. auch Abtreibung
 Nachuntersuchungen 45, 46
Selbstverbalisation, innere 70
Sexualberatung 116, 117
Sexualerziehung, repressive 185
Sexualfunktion, Alter 191
Sexualgenuß 148
Sexualität 49, 79
Sexualmedizin 52, 166
Sexualphysiologie 177 - 180, 190
Sexualstörungen 51, 143, 147, 148, 175 - 196
 psychogene 95
Sexualtabu 147
Sexualverhalten 30, 39, 77, 182 - 187
Sexuelle Deviation 197
Sexuelle Impotenz 191, 192
Sexueller Reaktionszyklus 178
Signalangst 144, 147 - 149
Situation, normlose 57
Situationskategorie 55, 56
Sozialisation, sexuelle 180 - 183
Sozialmedizinischer Dienst 31 - 33
Sozialpädiatrie 12
Sozialrolle, Frau 10
Sprechstundengespräch 155 - 164
Standards, sexuelle 180
Statuspassage 55
Sterbehilfe 63, 64
Sterben, Hollywood-Version 54
Sterben, verlängertes 56, 57
Sterbeprozeß 53, 56, 57, 59, 61, 63
Sterberiten, religiöse 59
Sterbeziffern 8, 9
Sterblichkeit, gesamte 7

Sterblichkeit, perinatale 3, 13
Sterile Ehe 119
Sterilisation 80, 109, 129, s. auch Tubenligatur u. Tubensterilisation
negative Folgen 132
Sterilität, funktionelle Störungen 119 - 122
Sterilität, psychogene 124 - 128
Stillen, Psychopharmaka 91
Streßfaktoren 7
Streßlehre 142
Streß, psychosozialer 4, 9
Studentensexualität 180, 187
Suiziddrohungen 44
Suizid, erweiterter 101
Supervision 168 - 170

Tagesmutter 14
Testmethoden, Angst 141
Thymoleptika 108, 109
Tiefenpsychologie, Behandlungsverfahren 52
Tod, erwarteter 54, 61 - 63
Tod, Krankenhaus 53
Tod, menschenwürdiger 63, 64
Tod, Tabu 58, 60
Tod, unerwarteter 54
Todesangst 62
Todesursachen, Häufigkeiten 8, 9
Tokolyse 151
Tranquilizer 195
Transformation 143
Transsexualität 197 - 203
Transvestitismus 198
Trennungsangst 147, 148
Tubenligatur 80, s. auch Sterilisation

Tubensterilisation 129, s. auch Sterilisation
psychogene Faktoren 130

Umschulung 3, 5, 14
Ungleichberechtigung 7
Untersuchungssituation 176

Vaginismus 147, 186, 187
absoluter 186
Verhaltensanalyse 68, 69 74
Verhaltensmuster, angeborene 10
Verhaltensregel 56
Verhaltenstherapie 71
Verhaltensstörungen 12
Verhaltensweisen, geschlechtsspezifische 181
Vermeidungsverhalten 142
Versagensangst 193, 195
Versagerquote, Empfängnisverhütung 77
Verstehen, berufsmäßiges 158, 161
Versündigungsideen 149
Vitalangst 146, 150
Vorsorgeuntersuchungen 145

Wahnvorstellungen 100
Wochenbett, Heultag 92, 95, 100, 103
Wochenbettpsychosen 87, 90, 94 - 110

Zwangsneurosen 94, 103
Zyklusstörungen 143, 148

Springer Gynäkologie

Eine Auswahl

Breast Cancer:
A Multidisciplinary Approach
Proceedings of the National Conference on
Breast Cancer in Montreal, Oct. 31- Nov. 1,
1975, organized by the Institut d'hématologie
oncologie de Montreal
Editors: G. St-Arneault, P. Band, L. Israël
74 figures, X, 195 pages. 1976
Cloth DM 68,−; US $ 30.00
(Recent Results in Cancer Research, Vol. 57)
ISBN 3-540-07897-5

G. Dallenbach-Hellweg
Histopathology of the Endometrium
English Translation by F.D. Dallenbach,
2nd, revised and enlarged edition
142 figures, 2 colored plates,
IX, 325 pages. 1975
Cloth DM 124,−; US $ 54.60
ISBN 3-540-07215-2

P.J. Keller
Hormonale Störungen in der Gynäkologie
Diagnostik und Behandlung
99 Abbildungen zum Teil farbig, 9 Tabellen.
Etwa 170 Seiten. 1977
DM 19,80; US $ 8.80
(Kliniktaschenbücher)
ISBN 3-540-08043-0
In Vorbereitung

K. Knörr, F.K. Beller, C. Lauritzen
Lehrbuch der Gynäkologie
Unter Mitarbeit von F.W. Ahnefeld,
H. Breinl, H. Knörr-Gärtner, H. Roemer,
R. Schuhmann
240 Abbildungen, XV, 431 Seiten. 1972
DM 44,−; US $ 19.40
ISBN 3-540-05593-2

H. Ludwig, H. Metzger
The Human Female Reproductive Tract
A Scanning Electron Microscopic Atlas
546 micrographs, XI, 247 pages. 1976
Cloth DM 146,−; US $ 64.30
ISBN 3-540-07675-1

R.O. Meudt, M. Hinselmann
Ultrasonoscopic Differential Diagnosis in Obstetrics and Gynecology
Echoskopische Differential-Diagnose in
Geburtshilfe und Gynäkologie
199 figures. VIII, 138 pages. 1975
Cloth DM 98,−; US $ 43.20
ISBN 3-540-06991-7

H. Schams, J. Bretscher
Ultrasonographic Diagnosis in Obstetrics and Gynecology
Ultraschalldiagnose in Geburtshilfe und
Gynäkologie
Echographie en obstétrique et gynécologie
Diagnostico con ultrasonido en obstetricia
y ginecologia
La diagnosi ecografica a ultrasuoni nell'
ostetricia e nella ginecologia
140 figures (with 185 separate illustrations),
V, 193 pages. 1975
Cloth DM 78,−; US $ 34.40
ISBN 3-540-07254-3

Strahlentherapie
Radiologische Onkologie
Herausgeber: E. Scherer
Unter Mitarbeit zahlreicher Experten
272 Abbildungen, 107 Tabellen
XXII, 800 Seiten. 1976
Gebunden DM 160,−; US $ 70.40
ISBN 3-540-07772-3

Therapy of Feto-Placental Insufficiency
First International Symposium,
Parma, Italy 19-20 May 1973
Editor: B. Salvadori
263 figures. XIII, 354 pages. 1975
Cloth DM 72,−; US $ 31.70
ISBN 3-540-07032-X

A. Verhagen
Tumor und Gravidität
12 Abbildungen, 82 Tabellen
VIII, 146 Seiten. 1974
Gebunden DM 68,−; US $ 30.00
ISBN 3-540-06773-6

Preisänderungen vorbehalten

SPRINGER-VERLAG
BERLIN HEIDELBERG NEW YORK

W. Arnold, Universität Würzburg
Der Pauli-Test
Anweisung zur sachgemäßen Durchführung, Auswertung und Anwendung des Kraepelinschen Arbeitsversuches
5., korrigierte Auflage. 32 Abbildungen, 29 Tabellen. 182 Seiten. 1975
DM 28,—; US $ 12.40
ISBN 3-540-07461-9
Die vorherigen Auflagen erschienen im Barth-Verlag, München

N. Birbaumer, Universität München
Physiologische Psychologie
Eine Einführung an ausgewählten Themen
Für Studenten der Psychologie, Medizin und Zoologie
169 zum Teil farbige Abbildungen. XII. 268 Seiten. 1975
DM 48,—; US $ 21.20
ISBN 3-540-06894-5

H. Hörmann, Ruhr-Universität Bochum
Psychologie der Sprache
Verbesserter Neudruck. 69 Abbildungen. XII, 395 Seiten. 1970
Gebunden DM 68,—; US $ 30.00
ISBN 3-540-04879-0

G.R. Lefrancois
Psychologie des Lernens
Report von Kongor dem Androneaner
Übersetzt und bearbeitet von W.F. Angermeier, P. Leppmann, T. Thiekötter
41 Abbildungen, 10 Tabellen. XI, 215 Seiten. 1976
DM 28,—; US $ 12.40
ISBN 3-540-07588-7

Lehrbuch der speziellen Kinder- und Jugendpsychiatrie
Von H. Harbauer, R. Lempp, G. Nissen, P. Strunk
3. überarbeitete Auflage.
43 Abbildungen. XIV, 475 Seiten. 1976
Gebunden DM 98,—; US $ 43.20
ISBN 3-540-7650-6

Psychodrama
Theorie und Praxis
Band 1
G.A. Leutz
Leiterin des Moreno-Institutes Überlingen/Bodensee
Das klassische Psychodrama nach J.L. Moreno
17 Abbildungen. XIV, 214 Seiten. 1974
DM 38,—; US $ 16.80
ISBN 3-540-06824-4

F.L. Ruch, P.G. Zimbardo
Lehrbuch der Psychologie
Eine Einführung für Studenten der Psychologie, Medizin und Pädagogik
Übersetzt und bearbeitet von W.F. Angermeier, J.C. Brengelmann, T.J. Thiekötter, W. Gerl, S. Ortlieb, G. Ramin, R. Schips, C. Schulmerich.
2. korrigierte Auflage. 257 zum Teil farbige Abbildungen, 20 Tabellen. XIV, 565 Seiten. 1975
DM 38,—; US $ 16.80
ISBN 3-540-07260-8

I. Marks
Bewältigung der Angst
Furcht und nervöse Spannung — leichter gemacht
Herausgeber: Brengelmann, J.C., München
Übersetzt aus dem Englischen von G. Ramin; R. Bender
XIII, 168 Seiten. 1977
Geheftet DM 28,—; US $ 12.40
ISBN 3-540-08077-5

Preisänderungen vorbehalten

Springer-Verlag
Berlin-Heidelberg-New York

MIX
Papier aus verantwortungsvollen Quellen
Paper from responsible sources
FSC® C105338

If you have any concerns about our products,
you can contact us on
ProductSafety@springernature.com

In case Publisher is established outside the EU,
the EU authorized representative is:
**Springer Nature Customer Service Center GmbH
Europaplatz 3, 69115 Heidelberg, Germany**

Printed by Libri Plureos GmbH
in Hamburg, Germany